高/蒙/河/考/古/随/笔

（增订本）

考古不是挖宝

高蒙河 ◎ 著

上海古籍出版社

图书在版编目(CIP)数据

考古不是挖宝 / 高蒙河著. -- 增订本. -- 上海：上海古籍出版社, 2025.5. -- (高蒙河考古随笔).
ISBN 978-7-5732-1533-8

Ⅰ. K87-49

中国国家版本馆CIP数据核字第2025DZ2660号

责任编辑：宋　佳
技术编辑：耿莹祎
美术编辑：黄　琛

高蒙河考古随笔
考古不是挖宝（增订本）
高蒙河　著
上海古籍出版社出版发行

（上海市闵行区号景路159弄1-5号A座5F　邮政编码201101）
　（1）网址：www.guji.com.cn
　（2）E-mail：guji1 @ guji.com.cn
　（3）易文网网址：www.ewen.co
上海雅昌艺术印刷有限公司印刷

开本700×1000　1/16　印张23.5　插页3　字数343,000
2025年5月第1版　2025年5月第1次印刷
印数：1—3,100
ISBN 978-7-5732-1533-8
K·3818　定价：108.00元
如有质量问题，请与承印公司联系

引言　致敬考古

2023年，1933年在上海创刊的中国最早的科普刊物《科学画报》迎来了创刊90周年庆，编辑部约我写一篇有关未来十年中国考古学发展的文章。

我是这本刊物的老作者了，从2012年起在该刊开设"公众考古"专栏，每个月都交一篇"小作文"，一写就是十多年。主办该刊的上海科学技术出版社在中国考古学诞生一百年之际，让我选取过去写的100篇"小作文"，攒了一本小册子——《考古真好》，没想到出版当年便入选了2023年首届"上海好书"主题出版类的书单。

我并不了解主题出版类，只知道人文社科类、文学艺术类、科普生活类、少儿读物类，便去问《考古真好》的责任编辑徐梅女士："啥叫主题出版类？"她回复我说："主题出版是指出版单位围绕党和国家工作大局，就重大活动、重大事件、重大会议、重大节庆日等进行的选题策划和出版活动。简单说，就是围绕国家特别重视和倡导的题材做出版。"

每个人的一生，既需要努力，也需要实力，还需要运气，更需要时代机遇。我的考古小册子能入选国家特别重视和倡导的题材，实乃我的幸运——因为我赶上了国家越来越重视考古的时代，赶上了社会越来越关注考古的时代，赶上了公众越来越喜欢考古的时代，赶上了走过了一百年的中国考古学越来越进入的黄金时代——这样的时代，竟然被我"赶上了"！

于是，"赶上了"的我就写了一篇比平时用千字文给"公众考古"栏目写"小作文"字数更多的"大作文"，即《科学化、公众化、国际化——未来十年的中国考古》，通篇讲了考古学的"三化"趋势，谈了我的感受，用以致敬考古，感谢时代。现节选如下，权作本书的引言吧：

1933年创刊的《科学画报》发刊词中说"要中国真正科学化，我们要极端注意的，就是本国民众和儿童。民众是国家的根本，儿童是将来的主人"。我理解这段话的意思是，一是要科学化，二是要公众化，三是科学化还要转化成公众化特别是年轻化，因为科学是要为人类现在和未来发展进步服务的。

同理，考古既要科学化，也要公众化，接下来还要国际化。科学的考古如何取得更多发现和研究成果，公众的考古怎样把考古成果惠及大众特别是少年儿童，走出国门的考古如何增强中华文明的传播力和怎样做大中国方案的影响力，都是未来十年中国考古的基本遵循和前行之路。

说到未来十年的中国考古，就不能不提走过百年之路的中国考古。

1921年瑞典人安特生发掘了河南渑池县仰韶村史前遗址，拉开了中国考古大幕。一百多年来，中国考古取得的大量发现和研究成果，常被人们用四句话来概括：延伸了历史的轴线，增强了历史的信度，丰富了历史的内涵，活化了历史的场景。

先说考古延伸了历史的轴线。中国有文字记载的历史从先秦时期的文献算起只有三四千年。一百年来，考古学者们"上穷碧落下黄泉，动手动脚找东西"，发现了陕西蓝田、云南元谋、北京周口店和山顶洞等100多处旧石器时代遗存，证明了中国是人类进化和东亚地区人类起源的摇篮，把中国有人类活动的历史上溯到了200万年前，复原出司马迁等史学家都鲜有记载的远古历史。这些考古成果无不延伸了历史的轴线，为编写中国古史，奠定了非常坚实的学术基础。

再说考古增强了历史的信度。我们常说"中华文明史，上下五千年"，但国外过去却认为以安阳殷墟甲骨文、金文和青铜器为代表的中华文明史只有3500年，比西方晚得多。但一百年来，我们通过浙江良渚遗址为代表的一系列考古成果，彻底更正了西方传统错误认识。

良渚遗址1936年发现于浙江杭州良渚镇，近90年来的发现研究证明，在距今5 000年前，这里就建成了拥有100多平方公里范围、由300多处遗址群构成的规模巨大的聚落群，有比夏王朝还早一千年的良渚王国的都城。良渚古城遗址2019年被列入世界遗产名录，中华五千年文明史不但成为信史，还得到了世界的承认。

接下来说考古丰富了历史的内涵。中华五千年文明史是丰富多彩的，比如四川广汉三星堆遗址发现的祭祀坑，就引发了国内外的广泛关注。三星堆遗址代表的古蜀文化，过去仅在《华阳国志》等一些文献中有些许记载。而考古成果显示，三星堆出土的青铜尊、青铜罍多与河南安阳殷墟为代表的商代遗存相似，显然是从中原地区交流过来的。三星堆出土的青铜神树、大立人像、纵目人像，还有金面具、金杖等前所未见，尽显西南地区本地文化的独特风格。

再接下来说考古活化了历史的场景。考古学原本只是用实物资料来研究人类历史的一门科学。到改革开放后，各地基本建设例如三峡水利工程和南水北调工程等，又发展出对文物古迹进行抢救和保护的考古新领域。而到了新世纪，又出现了对考古成果展示传播、利用活化历史场景的工作。

这几年，公众考古活动更加多样化，考古图书报刊大增，影视也从早期的纪录片传播走向了更为大众喜闻乐见的综艺节目制作播出，像近些年主流媒体推出的《国家宝藏》《中国国宝大会》《中国考古大会》《何以文明》《何以中国》《万里走单骑——遗产里的中国》等，都是为了让更多的公众特别是年轻人了解文化遗产，喜欢文化遗产，共享文化遗产。

在文旅融合时代，未来十年的中国考古将发挥越来越大的作用。考古成果的展示传播将从博物馆进一步走向更大空间的考古遗址公园，而国家近年提出建立国家文化公园也为考古成果的保护利用提供了更大舞台。大型户外考古文创、沉浸式体验等活化利用新形式也将陆续登场。打造中国原创考古主题乐园，也不再只是概念上和图纸上的美丽愿景。

常言道继往开来，回顾一百年来中国考古之行，展望未来十年中国考古之道，中国考古走过了从考古专业到考古行业，从考古产业到考古事业的发展之路。未来十年的中国考古将沿着两条道路继续前行：一条是持续践行科学发现和研究初衷，务实求真，复原历史，揭示人类社会历史发展规律；另一条是不断拓展保护、利用的全新领域，把考古成果转换成可以活化利用的社会文化资源。

与此同时，中国考古未来十年还将发展出一条比过去百年考古更加国际化的新路，会在考古成果助力中华民族现代文明建设过程中，向世人全面真实地展示古代中国和现代中国，增强中华文明的传播力和影响力，向世界考古之林贡献中国经验、中国方案。近日中央广播电视总台上线的展示中华文明探源工程成果的"何以文明"数字艺术大展，走出国门，走进联合国就是一个典型的代表，增强了中华文明的传播力和影响力。

走过百年的中国考古，已经春华秋实，硕果累累；未来十年的中国考古，不但将大有可为，而且会大有作为。

以上，就是我在回顾中国考古学百年来时路和展望中国考古学未来十年发展路的思考和感受。这也是我时隔多年，鼓起勇气，重新增订《考古不是挖宝》的背景和动因吧。目的很简单，牢记公众考古的使命，不忘提高社会公众科学素养的初衷，激发社会公众特别是少年儿童的科学志趣和考古兴趣，让更多的人了解考古，喜欢考古，爱上考古，共襄考古。

致敬考古！感谢时代！

2024年甲辰龙年春节于上海虹桥

目录

001　引言　致敬考古

001　前言　考古迷人

013　**壹　考古发现中国**

015　世界十大发现　中国考古上榜

022　百年考古　中国发现

031　殷墟是中国考古的摇篮

045　良渚是实证中国五千年文明史的圣地

061　**贰　有多少考古发现纯属偶然**

063　一百多年前的三大文物发现

070　敦煌石窟算不算考古发现

077　偶然发现是考古的宿命

093　**叁　考古学家是不幸的侦探**

095　我们有多少文物家底

107　世界的庞培

115　中国的喇家

125　如果曹操墓没有被盗

139	肆	为什么不挖秦始皇陵
141		秦陵乾陵　挖与不挖
152		开启秦陵的成本与代价
164		兵马俑的"发现权"

173	伍	上海不是无古可考的地方
175		中国东部　有个上海
184		盛极而衰的江南
198		黄河流域古人来上海干什么
205		考古上海　水陆两栖

215	陆	考古不只是挖挖挖
217		如果评选最遗憾的考古发现
225		考古失误种种
235		考古遗憾一箩筐

247	柒	文物不再是藏藏藏
249		有没有"国宝级"文物
265		司母戊鼎的新重量
272		鼎是中国符号

281	捌　考古改写了多少历史
283	胡子考古惹了谁
309	司马迁的误识
315	百年考古交出世纪答卷
326	附录一　历年全国十大考古新发现（1990—2023）
342	附录二　世界考古论坛·上海"重大田野考古发现"（2013—2023）
345	附录三　禁止出国（境）展览文物目录
358	附录四　中国世界遗产名录（1987—2024）
361	后记　考古不是挖宝
365	增订本后记　致敬考古，感谢时代

前言 考古迷人

这世上有一种发现，叫考古发现。

这世上有一种发现，叫考古发掘。

这世上有一种发掘，叫考古不是挖宝。

发现，是考古这一行与生俱来的专业属性；挖宝，是普通百姓对考古这一行的普遍印象。有一年，上海图书馆邀请我去讲"考古不是挖宝"的话题，还出了一版图文海报。讲座前我进馆时路过海报，见一个工人模样的老伯伯看着海报自言自语道："考古不是挖宝？那考古就是挖墓！"说完他转身离去，并没有进去听我的讲座。

发现也好，挖宝也罢，挖墓也好，转身离去也罢。受人关注，街谈巷议，共享考古，便成了考古不同于很多学科的社会特点。多年以来，北京老山汉墓、浙江杭州雷峰塔地宫、云南抚仙湖水下遗址、四川广汉三星堆、广东南海Ⅰ号沉船、河南安阳曹操墓、辽宁"致远舰"水下考古、江西西汉海昏侯墓地、上海长江口二号古船等考古实况报道，不断激发社会公众对考古发现的直接热情，看考古发现展变成了一种文化生活方式，更是触发了各级政府对考古资源带动的文旅消费的支持和投入。

从一个曾经被普遍认为的冷门学科，到如今堪用颇具人气这样的字眼来形容，虽说还不能算华丽转身，也不讲化茧成蝶，但考古发现的魅力可见一斑，考古升温的热度可谓高矣。

考古发现的确很迷人，很有魔力，从平民百姓到领袖人物，不论男女老少，不管白领蓝领，对它不感兴趣者，恐怕不多。

先说领袖人物。

最受领导人关注的考古发现成果，还得数1979年建成开放的秦始皇兵马俑博物馆，即现在的秦始皇帝陵博物院。据统计，截至2020年1月，秦始皇兵马俑博物馆已接待海内外观众达8 000多万人次。其中接待外国国家元首、政府首脑187批，副总统、副总理和议长506批，部长级贵宾1 852批。这是秦始皇在世时怎么也想不到的。秦始皇生前还不可能想到，他统一六国后连接起来的长城，曾让毛泽东主席发出了"不到长城非好汉"的感叹。他死后陪葬的兵马俑，又被希拉克称为"世界第八大奇迹"。据说，希拉克一生酷爱中国文化，在1978年访华时，时任巴黎市长、后来任法国总统的他就参观了尚未对外开放陈列的兵马俑，成为见证这一考古发现的第一位外国政府首脑。面对栩栩如生的兵马俑，希拉克感叹："世界上有七大奇迹，秦俑的发现堪称第八大奇迹。"希拉克的这一评价被国际媒体广为引用，成了秦始皇兵马俑走向世界的广告，秦始皇兵马俑也成了中国的一张国际名片。

细数参观过兵马俑的我国历届中央和地方政要，恐怕数不过来，还是数数哪位没去过，可能快捷一些。咱们的国家领导人不但去看，还关心着如何保护。有资料说，1974年兵马俑发现两个多月后，《人民日报》的内参报道就引起了毛泽东主席和周恩来总理的重视。当时的副总理李先念批示："迅速采取措施，妥善保护。"第一时间建议修建兵马俑博物馆的，是主管航空工业的聂荣臻元帅。这又叫人想到了陈毅元帅。1955年我国筹建第一个遗址博物馆——西安半坡原始社会遗址博物馆时，就是前去参观的陈老总当即同意，特事特办，打电报给国务院，一次调拨建馆经费30万元开始兴建的。当时主持发掘的考古前辈石兴邦先生后来回忆说，在秦俑面世以前，凡中央领导、世界名人来西安时，必看半坡博物馆。两个考古遗址博物馆，就这样惊动了两位战功赫赫的元帅。好像很少有哪个行业的发现成果，能让领导人们如此上心，如此关注，如此兴致勃勃，如此给予积极帮助。

相关链接

中国早期考古得到社会支持

中国人第一次主持的考古发掘也得到了当时政府的帮助。1926年冬，清华研究院和美国弗利尔艺术陈列馆共同组织山西夏县西阴村田野考古发掘，由李济、袁复礼主持。梁启超对此次合作极感兴趣，并给予大力赞助。他曾两度亲笔写信给阎锡山，请他对这一新兴科学事业给予官方支持。后来因这次发掘而获"中国考古之父"之称的李济深情地回忆道："梁启超教授是非常热心于田野考古的人，他主动地把我推荐给山西省模范省长阎锡山。"在当地政府的协助下，中国人主持的第一次考古发掘得以非常顺利地完成。

再讲平民百姓。

二十年前后的2006年，就有个来自兵马俑博物馆的另类例子。一位在中国江南一所艺术学院里学习行为艺术的德国青年，有一天身穿自制的秦兵马俑服装，把脸抹成兵马俑肤色，乘人不备，跳进一号坑修复区秦兵马俑兵阵，立正站在兵马俑身边，上演了惟妙惟肖的"人俑秀"。这位跳入俑坑的德国青年说自己是出于对兵马俑的喜爱，目的是和秦俑拍照，不是故意扰乱秩序，也没破坏文物。管理者可能是看在秦始皇的面上，网开一面，只批评教育，没严厉处罚，放了他一马。

再说远一点的。1972年发现湖南长沙马王堆汉墓时，为了争睹出土女尸的真容，据说长沙市的流动人口陡增5万。还有人算过一道简单的算术题，说若排起队来参观，全长沙人要半年才能轮流看一遍。后来只好大规模陈列开放，由于博物馆当时的接待能力有限，每天只能入场14 000人，这已使博物馆工作人员疲于应付，不少人走后门还看不上。有人半开玩笑半埋怨地说："挖了一个死人，害了一批活人，得罪了一群好人。"人潮涌动、争先恐后参观马王堆汉墓的盛况，上报到了北京周恩来总理那里，经他批评制止，方才告一段落，这才避免了古尸和衣帛等出土文物可能因长时间暴露展出而发生变质的灾难性后果。

在我多年的执教生涯中，几乎每年暑假停课前，都会有学生到讲台前满怀期盼地问："高老师，这个暑假能不能带我去考古啊？"我上的是全校学生可以选修的通识教育课，他们有学财会的，有学护理的，反正都不是学考古的。每次我去考古前，也会有朋友打来电话："老兄啊，挖到宝贝言语一声，兄弟我立马带几个哥们儿过去看！"还有一回，一位已退休的美国植物学家托关系来问："有没有办法来中国参加考古，全部自费。"……类似的事儿数不胜数，基本是年年有，月月有。说真的，考古实在是一个很容易募集到志愿者的行业。一次我和朋友开玩笑说，如果哪天有考古部门组织自费考古团，排大队报名那都算客气的，走后门恐怕都得找硬关系，不会比奥运志愿者的报名场面差。朋友是个四川人，连声说："要得，要得。"

这么有人气的考古学，对一般人来说，其实还很神秘，离我们的现实生活也很遥远，以至于一些人认为考古没多少实际用处——它既不能当饭吃，也不能当舞跳，既不能当股票买卖，也和置房购车不搭界。可也有许多人不这么想，他们说，人类追求和享受的不少东西都是考古发现所带来的，保不齐还和正心、修身、齐家、治国、平天下有关呢。这话说得似乎有点大，有点玄乎，其实倒也未必。但这两种不同的想法告诉我们，要弄明白考古发现与现实世界的关系，还真就没么简单。这有点像"两脚踏东西文化，一心评宇宙文章"的林语堂先生所说的，"人们公认，自我认识是极难的事"。

我手头有一份针对在校大学生的问卷调查，关于考古学魅力之所在，他们各抒己见。有些是学生自己琢磨出点道道来的回答，有些是借用贤人哲士悟出的话语。笔墨随兴，浓淡相宜，撮要列在下面：

说法一：人类对自己的过去有着天生的好奇心，犹如我们对自己未来充满着想象力。

说法二：考古学之所以备受瞩目，是因为在这个领域中不仅产生了许多重要的成果和杰出的学者，而且考古学的每一次重大发现都导致了中国人文学术的重大变化和进展。

说法三：考古是冷门，是象牙塔里的学问，没有哪个学科给人这样的印象。能打个平手的恐怕只有航天技术了，航天问天，做的是上天的事；考古掘土，干的是下地的活。这叫我们这些活在现实地界上的众生如何不向往？！

说法四：考古解开的是，我们从哪里来；航天探求的是，人类到哪里去。有位著名的考古学家C. W. 西拉姆说过一句座右铭式的话："全球各地都在开展发掘工作，这是由于我们需要认识过去的5 000年，以便把握未来的100年。"

说法五：前些年，亚特兰蒂斯号航天飞机曾把世界上第一位女游客送上太空，许多人可能没注意，亚特兰蒂斯的名字和古代一个突然消失的伟大城市同名。为解开这个考古之谜，人们已耗去了难以计数的精力。我国的"神舟"号、"嫦娥奔月"飞天计划、美国的"阿波罗"号等，都取自传统文化的故事或寓意。我想这不是巧合，而是整个人类共有的文化心理使然。不分国域，不分种族，不避体制。人类历史的考古和人类未来的航天，就这样在文化价值上融合起来了。

说法六：考古是为我们的祖国和民族进行文化寻根。我相信用不了多少年，考古谈资将不仅成为社会时尚，关注考古还能成为你的旅行目的、收藏参考、艺术品位和人生修养的考量要素，乃至你会由此成为一位保护祖国或家乡考古遗产的志愿者、捐助人。

说法七：考古新发现以一种独特的方式参与了人类古代知识的建构，与当代社会的知识系统和信息时代之间形成了互动。

说法八：考古之谜，实质上是文化之谜。对像我这样学计算机专业的人来说，做着"形而下"的技术，喜欢的是"形而上"的学问。

说法九：人这种生物，不但有生物性的一面，还有社会性的一面，更有思想性的一面。我们都是由过去塑造而成的，因而对过去的发现，在某种意义上是一种自我发现的过程。

说法十：在经济高速发展极大地改善了人们的生活之后，考古学很自然成为人们在精神领域的一大需求。所以，吃饱穿暖解决的是今天的生存权问题，追寻昨天和探索明天解决的是发展权问题。

说法十一：考古发掘出的问题，总是比发掘出的文物多得多。考古发现在带来惊喜的同时，也带来争端、好奇心和神秘感，更重要的是它延伸了现代人的想象力，所有的证据都挑战或证明着已有的结论。

说法十二：考古让世人知道，任何实物证据都可以做多层理解，可以有不同的结论。多样化而不是权威化，平等性而不是垄断性，之一而不是唯一，难道这不是考古学提供给这个世界最好的观念进化吗？对许多人来说，这个议题已经远远超出了题目自身。考古学带给我们的已经不是考古学本身，不论你是考古学家，还是考古爱好者。

说法十三：考古蕴涵着无数发现的过程，这些过程本身的故事和不是故事的历史真实，能带给你的绝对不只是特殊知识和谜案解密，而是你在考古以外不太容易得到的人生启示、思考和感悟。

说法十四：考古不但使我们知道得更多，还能激发我们的科学好奇心，使我们学会用"证据在哪里""它们是什么关系""为什么会是这样"之类的句式，提出理性的问题。让我们的思考钻探得更深、让我们的感悟嫁接得更广。

说法十五：学术点说，考古是个学科；工作上讲，考古是个行当。其实不管是学问还是饭碗，考古大体要做的，就是把以前的东西从地下挖出来。

说法十六：如果你认为过去和未来与你无干，那你可能就是位不喜欢思索的人；如果你认为过去和未来同等重要，你大概就是位珍惜现在的人；如果你觉得过去与现实相距遥远，那你可能就是对历史不太有兴趣的人；如果你感到现实与未来没有关系，那你可能就是一位缺乏浪漫和想象力的人。

说法十七：好奇本来是人类的天性，它需要后天的精心培养，外部环境的细心呵护，否则就会被泯灭和扼杀。对考古的好奇心，是在现代社会功利主义思想的影响下，人们还有意无意地保留的那么一点自由探索精神、内心的满足感和自我价值实现。考古发现实际是在张扬这种自由探索精神，是在唤起我们民族对宇宙万物和久远历史的好奇，培养热爱真理、追求知识的求真态度和理性觉悟，确立一种非功利主义的社会价值观——理想主义价值观。

说法十八：考古是一种生活方式，承载着我们的价值观，是完整人格的一个观察所。

说法十九：考古学在所有学问中，极富媒体上镜率和曝光度。如果能给下辈子提前预定个工作，偶一定做考古这行。

说法二十：高考结束后爸爸妈妈为了犒劳我，带我去了埃及旅游，从那以后我就被考古吸引住了。

说法二十一：我是学旅游管理的，想知道考古发现怎么才能开发成旅游目的地。

说法二十二：WO也想成为考古家，但遭到所有家人的反对，我就考了历史专业来弥补理想的遗憾！

说法二十三：同寝室的室友去考古工地实习，有一天连发7条短信给我，说她挖到了一座汉墓，叫人艳羡。她回校后，还舍不得换下印着"三峡考古"的T恤，向来素面朝天的她竟有了极高的瞩目率和回头率。考古，神！

说法二十四：我老叔就是一名考古学家，但他们的工作太辛苦了！整天在野外风吹日晒的，家也顾不上。我老婶有句经典的顺口溜："嫁人不嫁考古郎，一年四季守空房。有朝一日回家来，带回一堆臭衣裳。"哈哈。

说法二十五：我非常喜欢考古，虽然我不懂，但我很感兴趣，每当听到有关考古的新闻都非常兴奋。考古虽苦，听说收入也不高，但能为自己的梦想努力，面包会有的，牛奶也会有的！

说法二十六：在目前的社会，先投身其他行业，攒了足够的钱，然后再实现自己的兴趣——考古。

……

好了，以上一个个不同角度的说法，可能已把我们的思索，兑换成了每个朋友设身处地的答案。而我的思考是：考古学的魅力在于我们能用一把手铲，发掘出人类对未知领域的探索精神。这话有点绕，如果直白点说，那就是人都有想知道事情真相的本能。人的好奇心与生俱来，想了解奥秘，想知道谜底，想把未知变成已知，想把想象变成人类自己的真切体验。从人类具有的这个共同属性讲，考古恰恰就是能够让人们的好奇心得到满足的学问。

考古的真相，一般人觉得是挖到了什么。这没错，但不全对。行话是挖到什么不叫本事，怎么挖的才是能耐，这就应了"行有行规""道有道行"那类老话。行有行规不假，行里还出状元，这状元就是考古高手。有了高手，就有中手，当然还不乏低手。是高手挖，是中手挖，或者是低手挖；还是高手带着中手挖，中手带着低手挖；看谁挖，怎么挖，这就有了挖好挖坏的区别，就有了挖得规矩或挖得遗憾的结果，就有了嬉笑怒骂的经历，就有了苦辣酸甜的人生。因为每当考古发现带给人们众多的知识、趣味乃至惊喜时，考古学家又赶往了下一个寂寞而清苦的野外地点，能不能有新发现，不知道；能不能在发现中求得真相，也是未知。就这样，日复一日，月复一月，年复一年，于是，考古成为了人生。

考古这行光会挖还不行，否则考古人就成了"形而下"的考古匠，这个行业只是被今人叫作"工具"、古人叫作"器"的奇技淫巧的活计。匠人的习性是重复，瞧上去像"下里巴人"干的活，出不了大名，当不上大家，更休想成为大师。因此，野外挖完了还要回到室内，业内戏称为"沙发考古"。其实，坐着考古与蹲着考古相比，一点也不轻松，不但是体力活，还是个脑力活：要整理出甲乙丙丁，要分析出子丑寅卯，讲出一二三四的原因，谈出ABCD的价值，看上去"阳春白雪"得多。行话又说，研究出结果不是水平，用什么方法研究才见高低，用哪套理论指导才有"腔调"。考古学家的天性是发现，是突破，是创新，这就把考古一下子"形而上"起来了。这就如中国考古学会前理事长苏秉琦先生所指出的："考古学是一门科学，发现（包括一些重大发现）仅仅是它的一个环节，它能给我们以启发，却不允许我们满足于现状。如何解释这些发现，或者说用什么样的理论、方法来指导我们正确地解释这些发现，才是最重要的。"读他这段话，我想考古匠与考古学家的区别，就不用再啰嗦了。

其实，考古学家们担负的何止是体力劳动与脑力劳动的双重艰辛，一个关键环节往往因为缺少一件实证文物，就使他们不知要搜寻、等待多少岁月；一项课题研究往往需要他们付出十几年、几十年甚至是几代人的努力。所以从事考古行业不仅需要钻研精神，还要懂得坚守，耐得住长久的寂寞。在绝大部分时间里，考古工作者犹如一棵无人知道的小草，没有掌声，没有花香。但一有发现，他们又像猎豹，如箭离弦般披袍跨鞍，飒爽出征。他们年轻犹如朝阳，律动宛若清风，舒展恰似丹鹤，怀着寻回过往的伟大使命，将生命的舞台转至青山绿水间，去寻找他们真正关心的三个实物证据：第一是古今器物的变迁，第二是古今制度的变迁，第三是古今观念的变迁。从这种技术—制度—思想的逻辑结构中，解读古往今来人与人的关系，人与社会的关系，人与自然的关系，人与自己的关系。

然而，直到现在，我们对这三个所谓证据的历史变化线索和轮廓的诸多细节，仍然所知甚少。在新闻中，人们时常会看到连篇累牍的考古发现报道，不但引起各界的关注，并仍在持续不断地刷新着人类对于自身的认识。但是，在这个知识爆炸的时代，即便是对于专业人士，这类信息和进展仍然是太多太快了，考古报告多如牛毛，看都来不及。专业人士之外的大众对历史与考古的兴趣不是职业化的，他们关心历史的动力始于一种好奇，一种不可遏制的本能，一种强烈的了解人类过去的愿望，但是往往也只能望考古而兴叹。

所以，考古真相不是一个结果，而是一个寻找的过程。或者说既是过程，也是结果。到底是过程吸引人，还是结果牵动人，抑或是考古学家们的故事感动人，都是见仁见智的事。这叫萝卜白菜，各有所爱。你怎么看考古，考古的人怎么看你，就像是你在窗前看风景，风景里的人看你一样，原本都是互动的，都是一个景，都是这本书要与你一起唠叨的考古事。

说到这个分儿上，就要进入本书的正式篇章了。如果在这之前，还需要一个阅读基调，我推荐下面一段字数不长但挺能让我们有所感悟的著名论断：

考古学是可以研究人类过去的99％的部分的唯一科学。

只有考古学能够告诉我们有关我们的过去的真正具有根本意义的事件——人类首先是在何时、何地以及如何出现的；艺术、技术、文字的发展；农业、复杂社会、城市化的起源和发展。这些还只是遍布全世界的研究者，殚精竭虑地加以研究的各种各样的大量课题中的几个，而在每个领域都有大量的工作仍然有待去做，去将更多的碎块拼入有关人类过去的巨大拼图玩具之中。由于具有独一无二的长期视野，考古学是我们观看这张"大图"的唯一手段。

如果我们要知道我们正在去往何处，那我们就需要去追溯我们的轨迹，去看看我们来自何处。这就是为什么考古学如此重要的原因。

这是英国考古学家兼考古畅销书作家保罗·G. 巴恩（Paul G. Bahn）博士，在他的名著《当代学术入门——考古学》一书中写下的文字。他的著作在我国有许多中译本，恐怕目前还没有第二位西方考古学家的书在中国出版得这样多，卖得这样好，读者这样广，获得专业内外这样的认同。当然了，需要说明的一点是，他对中国考古学的研究似乎还带那么点水分，甚至未能完全摆脱门缝式的西方眼光，这在以后的章节里还会具体说到。但这是任何作者都可能具有的局限性，我们不能以此作为怪罪他的理由。

问题是，什么时候我们中国也会有这样雅俗共赏的读本呢？不论考古、航天、体育，不论年龄、性别、社会分工……一起来思考哲人尼采提出的"我是谁？""我从哪里来？""我要到哪里去？"这三个千古未解之谜，一起去证明那四个与人类俱来的永恒关系的变化：人与自然、人与社会、人与人、人与自己。

为祖先，为子孙，也为我们自己的生活方式，让我们击节加油，一起去探探这考古的深浅如何？尽管我们很难理解古人，就像我们很难理解自己；尽管我们对古代文明的探讨还不免流于浅薄，就像我们对现代文明的掌握还不那么得心应手。

下面，让我们翻开这本从考古发现角度写的书，一起进入下一页吧——友情提醒的是，翻的时候大可不必正襟危坐，但催不催眠，我不晓得。

篇末议题

1. 中国考古学会前理事长苏秉琦先生在85岁高龄时,以"六十年圆一梦"为题总结了自己的一生,并深情而富有哲理地说了下面一段话,不知你看了会有什么感想?

  梦是幻想,梦想成为现实,是偶然的事,梦能圆,叫作"圆梦",我的梦真的圆了。这可非同小可,这是一代人、几代人的大事哟!不能等闲视之,应大书一笔。这个梦是啥呢?

  一、考古是人民的事业,不是少数专业工作者的事业。人少成不了大气候。我们的任务正是要做好这项把少数变为多数的转化工作。

  二、考古是科学,真正的科学需要的是"其大无外,其小无内"。是大学问,不是小常识。没有广大人民群众的参加也不成,科学化与大众化是这门学科发展的需要。

2. 1969年人类登上月球的前一年,也就是1968年,在美国终于公映了一部拍摄了好多年的科幻电影《2001:漫游太空》。此前,投资人不堪忍受漫长的拍摄周期,打电话给导演库布里克,责问他是不是要把片子拍进21世纪?!

投资人后来才知道这是一部严肃的科幻片,电影伊始,就有一个至今被奉为经典的镜头:300万年前的一个黑猩猩,向太空扔出一根人骨头,徐徐上升中,骨头慢慢地幻化成一艘飞船……此情此景,拓展了人类生命的界限,难道是在告诉我们生命有涯,但人类的想象无边?还是在向世界传达着生命周而复始的理念?抑或是在表现人类对宇宙的敬畏?讲人性的善与恶,外星人的善与恶,人类的特殊与平凡?

壹

考古发现中国

根据中国层出不穷的考古发现
可以断言中国考古进入了一个黄金时代

——[英]格林·丹尼尔

世界十大发现　中国考古上榜

1973年7月,晚年的毛泽东主席在中南海南书房接见了美籍华人、诺贝尔奖得主杨振宁博士。谈话中,作陪的周恩来总理请杨振宁博士想个好办法,激励一下中国科学的发展。杨振宁博士便推荐了一本美国综合性科学月刊《科学美国人》（*Scientific American*）,建议将其译成中文。

杨振宁博士当年介绍的这个杂志（缩写SciAm,也作SA）,是美国最古老的一本连续出版的科普杂志,据说自1845年8月创刊以来,早到爱迪生,近到比尔·盖茨都喜欢翻阅。比创刊于1933年的、中国最早的科普刊物《科学画报》,早了近一百年。迄今为止,已有包括爱因斯坦在内的至少一百五十多位诺贝尔奖得主,在上面发表了两百多篇文章。这本杂志强调科学与人文精神并举,内容几乎涉及所有重大科学主题的现状和发展前景,并密切关注它们对人类社会和经济生活的影响。

就是这份已创刊一百八十年,月发行量逾百万,拥有中、英、法、德、日等近二十种版本的杂志,在20世纪末又组织专家,权威性地评选了20世纪全世界10项最伟大的考古发现。入选名单如下：

1. 死海古卷：1947年起发现写在羊皮纸和皮革上的《旧约全书》的最早抄本。

2. 图坦卡蒙法老墓：1922年在埃及帝王谷发现的唯一未遭盗掘的年轻法老王陵。

3. 最早的美洲人类：1908年起美国新墨西哥州发现1万年前人类已到达

美洲的证据。

4. 乌尔遗址：1922年起在伊拉克发现的迄今世界上最早的城市，距今5 500年。

5. 地中海沉船：土耳其南部水下发现公元前14世纪装载大量货物的不明国籍沉船。

6. 阿尔卑斯山冰人：1991年在意大利和比利时国境线发现公元前3300年的冰冻人。

7. 解读玛雅象形文字：记录公元200—1500年玛雅文明的象形文字有80％释读成功。

8. 利基家族在非洲寻找人类起源：该家族用了一个世纪在非洲找到了人类起源的证据。

9. 拉斯科史前壁画：1940年在法国洞穴发现了17 000年前旧石器时代的壁画和雕塑。

10. 秦始皇兵马俑：1974年在中国发现秦始皇陵兵马俑陪葬坑。

不知道大家看到这个评选结果的第一感受是什么？我手头没有找到直接的资料，难以了解《科学美国人》评选的标准是什么。没有标准，就先凭直觉吧。直觉告诉我，首先，应该祝贺这些上榜的伟大考古发现，它们代表了几乎世界各地的古老文化和文明杰作。其次，在考古学诞生以来的近两百年里，堪称伟大的考古发现难以数计，即便是起步于1921年的中国考古，也有了百年的发现历程，这岂能是这组数字所能综括和凝练的？！

评选总是伴随着欢喜和遗憾，我更喜欢多多益善的评选结果，比如英国考古学家巴恩博士在《考古的故事——世界100次考古大发现》一书中精选出的远东地区著名的考古发现：

北京人与爪哇人

中国和印度的岩画

红山文化和良渚文化的玉器

布满东方壁画的墓穴

安阳

远东青铜器

东方皇陵兵马俑

远东的雕像

这份名单里,与中国有关的考古发现在总数上有所上升,看上去养眼多了,也舒坦不少——因为一串总比一个好。可细数起来,我发现巴恩博士列举的100项世界考古大发现,欧洲有41项,占了近一半。其他各大洲,亚洲有20项,非洲有15项,澳洲有5项,美洲有19项。由此看来,世界上的伟大考古发现主要集中在欧洲,这既正常,又不太正常,这既说得过去,又不太说得过去。

相关链接

《考古的故事——世界100次考古大发现》

　　这是一本世界一流考古学家撰写的通俗性考古读物,以图文并茂的形式,集科学性、趣味性、资料性于一体,介绍了世界考古史上100例具有里程碑意义的重大考古发现。虽然该书涉及欧洲的篇幅略多,有关中国的资料与事实也颇多出入,但该书介绍的考古发现几乎覆盖了整个地球表面,涉及了考古的各个时代,综合了考古学的发现成果和研究成果。

　　所谓正常,是因为现代考古学诞生在欧洲,在那里已经有了将近两百年的发展历史。欧洲一直是考古活动开展得最集中的地区,发现的数量自然不会少。说不太正常,一是由于考古学传到其他各大洲的时间都相对较晚,发现的数量自然要少，像中国有考古活动的历史刚刚一百年。在亚洲，日本比我们开放得早，1877年就发掘了东京郊区的新石器时代绳纹文化的大森贝冢遗址，而我们到1921年才有河南省三门峡市渑池县仰韶村的考古发掘。二是从各大洲历史文化发展看，欧洲并非古老文明诞生发展的唯一区域，大家耳熟能详的古希腊和古罗马，也不过是两三千年前发达过一阵子，当时与罗马并雄的有东方的汉代都城长安城，后来罗马偃旗息鼓，文明发展出现了断裂，没有像汉长安那样随着中华文明延续到后来。

而在这之前的5 000年前后，文明起源的中心区域则是尼罗河流域的古埃及文明、两河流域的苏美尔文明、印度河流域的哈拉帕文明、黄河和长江流域的中华文明等四大古文明中心，欧洲都处在边缘地带。我在复旦大学上课或在各处做讲座时，经常把这个话题分享给同学和听众们，希望能引起他们的关注和思考：为什么这四大古文明中心不在欧洲而在亚非两洲？为什么这些5 000年前的原生文明都诞生在旧大陆的大河流域？为什么它们都处在北纬30°线上下？为什么它们都出现在5 000年前而不是别的时间段？难道它们前世有约吗？

话说回来，欧洲考古学在20世纪大放异彩，并不是因为它有多少考古发现，而是因为欧洲建立了科学考古学，并把考古学传到了世界各地。后来，欧美又把考古发现的评选话语权掌握在了手里。掌握了话语权后，滥没滥用呢？好像也没有，好像也没太以欧美的考古发现为中心，这从《科学美国人》的评选范围上就看得出来：亚洲4处、欧洲2处、非洲2处、美洲2处，这就使评选有了覆盖全球的"世界值"。

因此，我在这里更想说的有两点：一是中国考古发现的上榜数量怎样实现新的增长点；二是中国如何在世界考古学界具有发言权甚至话语权，而不是只有参与权的中国增长极。

如果21世纪末再评选世界100项考古大发现，我看中国考古发现的占比数会有很大的提升。首先，世界上似乎没有哪个国家像中国这样在历史文化遗产方面拥有无比丰富的考古资源，何况中国还是世界上唯一经历五千年历史发展而从未中断的文明古国。其次，中国的经济文化建设事业正在快速发展，配合基本建设的大规模考古活动正在或已经把中国变成了"世界上最大的考古工地"。

众所周知，早些年的三峡考古和南水北调考古，集中了几乎全国的考古大军。发掘点之多，发掘面积之大，出土成果之丰富，堪称旷古未有。众所共知，近些年的"夏商周断代工程""中华文明探源工程""考古中国"重大项目以及走向沿海和深海的水下考古工作等，已经取得和正在取得的成果，可谓春华秋实，硕果累累。更重要的是，2020年前后，我们又提出了建设有中国特色、中国风格、中国气派的考古学的目标。我相信，到21世纪末的时候，无论世界上哪个组织再评选世界考古大发现，都会更加重视中国考古发现的成就，都会赞誉中国考古为21世纪的世界考古所作出的中国贡献。

说到中国考古的世界贡献，就得说说中国走向世界的考古和"世界考古论坛·上海"了。换言之，如果说中国考古在20世纪有了参与权的话，那么21世纪的中国考古在发言权特别是话语权上，如何获得新的"段位"，并实现拥有发言权乃至话语权的"华丽转身"，就看我们"走出去"和"请进来"的开放心态和国际作为了。

我印象很深的是，20世纪90年代初期到日本东京大学文学部考古学研究室做访问学者，我的指导老师是文学部部长、研究室主任藤本强教授，他的研究领域是旧石器时代考古和西亚考古，副主任今村启尔教授研究日本考古和东南亚考古。后来了解到，日本考古界特别是大学的教授们，很多都参与了国外的考古活动，经常遇到他们说起最近又到哪个国家考古去了的趣闻轶事。

叫人惊讶的还有，我听过藤本强教授用英文给学生们授课，了解到东京大学的教授多会用自己母语以外的他国语言上课，听课的也有很多来自各国的留学生。我不止一次向在日本碰到的中国访问学者们感叹，咱们中国考古至少落后日本考古30年。因为我20世纪80年代在吉林大学读研究生时，刚刚有国外的考古学家来国内讲学，我所知道的中国考古学人中，只有我的大师姐杨建华开始做外国考古研究。

那时，我们刚开始研究外国考古，而改革开放以后我们那么多出国留学的考古人到了国外，做的也不是外国考古研究，而是用国外的考古学理论和方法做中国考古资料的研究，用外国的锅，炒中国的菜。前几年，我在复旦大学教过的一个本科生要去日本留学，找我问道，我说可以推荐她去东京大学，但有个条件，那就是做日本考古研究，以后回国教授日本考古学，因为我知道中国的大学里至今还没听说过谁在开设日本考古课程。可我30年前在日本访学时，就参加过不止一次的"日本中国考古学会"的活动，每次开会都有几十上百人参加，会后聚餐喝酒，长者买单，我到现在还存了好多本印刷的会刊。日本都有研究中国的中国考古学会了，当然还有针对别的国家和地区的考古学会，可我国到近些年才开始走出国门。

说到"走出国门"，还得先说一下"请进国门"。我国的中外合作考古发掘研究，分为两个阶段。第一阶段是从20世纪90年代开始，主要是"请进来"，即请欧美、日本学者参与到中国考古学的发掘研究工作中。第二个阶段是21世纪以来特别是近10年来，主要是"走出去"，中国人赴外考古逐渐频繁起来，包括亚欧大陆文化交流、世界其他古代文明中心考古等，比如2011—2014年柬埔寨的吴哥古迹发掘，2015年的洪都拉斯玛雅文明的发掘与研究，2018年的埃及卢克索孟图神庙遗址群发掘……此处的省略号省去的不是难言之隐，而是不胜枚举。我当年在日本遇到的那种日本学者又去哪个国家考古了的剧情，已经开始在中国上演了。我们不必举手相庆，喜极而泣，但我们足以相视而笑，信心拉满了。

我们与日本有30年的差距既重要又不重要，与世界考古有30年的落差也不必沮丧自卑。因为我们不但已经走出了国门，还把外国考古学家们请进了国门，请他们来中国参加中国主办的"世界考古论坛"。这个论坛始创于2013年，每隔两年在上海举办，已经成为一个具有世界考古传播力和影响力的论坛品牌。论坛聚焦世界范围内考古资源和文化遗产的调查、研究、保护与利用工作的推动，是宣传考古成果、促进考古研究、彰显文化遗产现代意义的国际平台。

这个论坛也评选世界考古大发现，到2023年已经评选出五届各年度的世界考古大发现，我把它们附录在本书后面，请读者诸君领略一下咱们中国人主导的世界考古成果的最新气象。换句话说，覆盖全球范围的世界考古发现在中国评选，意味着我们已经走到世界考古舞台的聚光灯下。有灯就有光，有光就有了前进的方向，有了方向就会通向世界的远方。甚至哪一天，中国"走出去"发掘国外的某个遗址获得了世界考古大发现奖，我们也不必惊讶。

百年考古　中国发现

三星堆遗址这两年的考古新发现，引发了社会各界的广泛关注。其实，"三星堆热"已不是考古成果引发的首轮现象级关注。如果时光倒流，我们不难看到，在2020年前后的三星堆考古公诸于世以前，还有2015年的"海昏侯"、2009年的"曹操墓"、2007年的"南海Ⅰ号"、2006年的良渚古城遗址、2000年的杭州雷峰塔地宫……公众之所以关注和热议这些考古成果，既与考古学具有印证、订正、补阙、改写文献记载的历史作用有关，还与考古发现具有真实性、独特性以及可以复原活化历史场景相连。而且像良渚古城遗址申遗成功，不但实证了并且还令世界承认了中华五千年文明史，大大增强了中国的文化自信和中华民族的精神追求。一句话，这些考古发现无不加深了历史文化遗产的吸引力和感召力，扩大了中华文明的传播力和影响力，更拉动了全民的文化旅游消费热情并成为大家美好生活方式的组成部分。

但分享这些考古发现的人们可能还不太知道，中国考古界早在20世纪90年代起，就对这些考古发现做评选、做传播、做推广、做宣发了。中国评选出来的考古大发现有两类，一类是自1990年开始的年度十大考古新发现，还有一类是20世纪100项考古大发现。正像评审者说的那样："100项考古发现虽然仅是中国20世纪考古发现的一部分，但它们集中反映了中国百年考古的概况，是中国考古学的缩影。"中国20世纪100项考古大发现的评选，将1990年以前的重要考古发现都囊括其中，弥补了从1990年起每年评选十大考古新发现的不足，基本完整地反映了中国考古的全貌。

友情提醒的是，下文列出的100项中国20世纪考古大发现清单，建议你最好不要一掠而过，也不要对角线式地阅读，那样做，信息溜掉得太快。因为这些发现也许就在你的家乡；如果不在你的家乡，可能就是你的籍贯地；如果不是你的籍贯地，可能就在你现在生活和工作的省区。这些考古大发现的发现者中，兴许就有你的家人、亲戚、长辈或后辈，你的朋友或朋友的朋友，同学或同学的同学，老乡或老乡的老乡。你和他们不但相识，还可能相知，更可能相爱相亲，一个锅里搅过马勺。即使你与他们素昧平生，隔行隔山，也可能在电视里看到过他们，在手机上刷到过他们，还可能坐同一趟火车、同一次航班与他们聊过。你甚至还可能冒雨听过他们的讲座——讲我们的祖先，讲我们的民族，讲我们血脉相通，谱系相连，讲我们基因中都有遗传自中华文明的精气神儿，讲我们各有源流但又多元一体。

长话短说，下面所列，就是作为一个中国人，我们多多少少都应该知道的有关自己国家在20世纪的考古大发现：

中国20世纪100项考古大发现

1. 北京周口店旧石器时代遗址的发掘与北京人、山顶洞人的发现
2. 云南元谋人的发现
3. 陕西蓝田人的发现
4. 辽宁营口金牛山旧石器时代遗址的发掘及金牛山人的发现
5. 广东曲江马坝人的发现
6. 河北阳原泥河湾旧石器时代遗址群的调查与发掘
7. 山西襄汾丁村旧石器时代遗址的发掘
8. 江西万年仙人洞与吊桶环新石器时代早期遗址的调查与发掘
9. 湖南道县玉蟾岩新石器时代早期遗址的发掘
10. 河南新郑裴李岗新石器时代遗址的发掘
11. 河南舞阳贾湖新石器时代遗址的发掘
12. 甘肃秦安大地湾新石器时代遗址的发掘

13. 湖南澧县城头山新石器时代遗址的发掘
14. 内蒙古赤峰兴隆洼新石器时代遗址的发掘
15. 河南渑池仰韶村新石器时代遗址的发掘
16. 陕西西安半坡新石器时代遗址的发掘
17. 陕西临潼姜寨新石器时代遗址的发掘
18. 浙江余姚河姆渡新石器时代遗址的发掘
19. 山东泰安大汶口新石器时代墓地的发掘
20. 重庆巫山大溪新石器时代遗址的发掘
21. 湖北京山屈家岭新石器时代遗址的发掘
22. 河南安阳后冈三叠层的发现
23. 河南陕县庙底沟新石器时代遗址的发掘
24. 河南登封王城岗龙山文化遗址的发掘
25. 上海青浦崧泽新石器时代遗址的发掘
26. 山东章丘城子崖龙山文化遗址的发掘
27. 浙江余杭良渚文化遗址群的调查与发掘
28. 湖北天门石家河新石器时代遗址群的调查与发掘
29. 甘肃临洮马家窑新石器时代遗址的发掘
30. 青海乐都柳湾新石器时代至青铜时代墓地的发掘
31. 辽宁凌源、建平牛河梁红山文化遗址群的发掘
32. 西藏昌都卡若新石器时代遗址的发掘
33. 广东曲江石峡新石器时代遗址的发掘
34. 山西襄汾陶寺龙山文化遗址的发掘
35. 香港马湾岛东湾仔北新石器时代至商周时期遗址的发掘
36. 台湾台北圆山新石器时代遗址的发掘
37. 甘肃广河齐家坪齐家文化遗址的发掘
38. 河南偃师二里头村二里头文化遗址的发掘

新石器时代辽河流域
红山文化玉龙

39. 山西夏县东下冯二里头文化遗址的发掘

40. 内蒙古赤峰夏家店青铜时代遗址的发掘

41. 内蒙古敖汉旗大甸子夏家店下层文化遗址和墓地的发掘

42. 河南偃师商城遗址的勘探与发掘

43. 河南郑州商代遗址的勘探与发掘

44. 湖北黄陂盘龙城商代方国遗址的勘探发掘

45. 河南安阳殷墟商代晚期都城遗址的勘探与发掘

46. 江西清江吴城商时期青铜文化遗址的发掘

47. 江西新干商代晚期大型墓葬的发掘

48. 四川广汉三星堆商代晚期祭祀器物坑的发掘

49. 陕西周原西周遗址的勘探与发掘

50. 陕西丰镐西周都城遗址与墓地的勘探与发掘

51. 北京琉璃河西周燕国都城遗址与贵族墓地的勘探与发掘

52. 山西曲沃西周晋国贵族墓地的发掘

53. 河南三门峡西周晚期至春秋早期虢国上阳城与虢国墓地的勘探与发掘

54. 山西侯马东周晋国故城遗址的勘探与发掘

55. 河南新郑东周郑韩故城遗址的勘探与发掘

56. 河北易县战国中晚期燕下都遗址的勘探与发掘

57. 湖北随县战国早期曾侯乙墓的发掘

58. 湖北江陵东周时期楚都纪南城周围东周墓群的发掘

59. 河北平山战国中山王墓的发掘

60. 湖北铜绿山西周至汉代矿冶遗址的发掘

61. 陕西咸阳秦咸阳城及秦宫殿遗址的勘探与发掘

62. 陕西临潼秦始皇陵及兵马俑坑的勘探与发掘

63. 湖北云梦睡虎地秦墓与龙岗秦墓的发掘

64. 陕西西安汉长安城遗址的勘探与发掘

65. 陕西西汉帝陵的调查及陵园的勘探与发掘

66. 河北满城汉墓的发掘

67. 江苏徐州地区汉代楚王陵的发掘

68. 湖南长沙马王堆汉墓的发掘

69. 广州汉代南越王墓的发掘

70. 山东临沂银雀山汉墓的发掘

71. 河南洛阳烧沟汉墓的发掘

72. 云南晋宁石寨山滇王及贵族墓地的发掘

73. 居延汉代遗址与简牍的发现与发掘

74. 河南洛阳汉魏洛阳城遗址的勘探与发掘

75. 新疆楼兰汉晋楼兰古国都城遗址的勘探与发掘

76. 新疆民丰尼雅汉晋时期遗址的勘探与发掘

77. 河北临漳曹魏、北朝邺城遗址的勘探与发掘

78. 湖南长沙走马楼三国孙吴简牍的发现

79. 江苏南京地区东晋、南朝模印拼嵌砖画大墓及大族家族墓地的发掘

80. 山西大同云冈石窟的调查与发掘

81. 河南洛阳龙门石窟的调查与发掘

82. 吉林集安高句丽王室、贵族墓葬的调查与发掘

83. 甘肃敦煌石窟的发现

84. 山东青州龙兴寺古代窖藏佛教造像的发现

85. 陕西西安隋大兴唐长安城址的调查与发掘

86. 河南隋唐洛阳城及宋代衙署庭院遗址的勘探与发掘

87. 山西太原隋代虞弘墓的发掘

88. 陕西唐代帝陵陪葬墓的发掘

89. 陕西扶风唐法门寺塔基的清理发掘

90. 新疆吐鲁番阿斯塔那—哈拉和卓公元4～8世纪墓群的发掘及文书的发现

91. 黑龙江宁安唐代渤海上京龙泉府遗址的调查与发掘

92. 江苏南京五代南唐二陵的发掘

93. 内蒙古哲里木盟奈曼旗青龙山辽陈国公主墓的发掘

94. 河南禹县白沙宋墓的发掘

95. 宁夏银川西夏王陵的调查与发掘

96. 浙江南宋龙泉窑遗址的调查与发掘

97. 陕西铜川唐至明代耀州窑遗址的发掘

98. 西藏古格王国都城遗址的调查与发掘

99. 北京元大都遗址的勘探与发掘

100. 北京明定陵的发掘

这串不算长，却也不算短的名单，大致按时代先后顺序排列，与评选的得票数多少无关。但印象性的关键词是：时间、地点、史前至明代、墓葬、遗址、发现、调查、发掘。没有渲染或煽情的形容词和修饰语，只有实实在在的名词和动词。学术不打折，科学无诳语，考古就是这样向我们展现她的面容、身段和心怀，很酷炫，很阳光。

相关链接

《二十世纪中国百项考古大发现》

该书由中国社会科学出版社出版，以学术性为基础，突出科学性、知识性和资料性。100篇文章和1 500多幅图片，介绍了每项考古发现的发掘经过和发现内容，并简要评述了其学术意义。

这样的考古书虽然可用于学习和研究，却不必正襟危坐，因为该书可当工具书翻，对考试有用，于智心有益。只是价格令人咋舌，不过作礼品相当够档次，受赠者会惊喜，赠送者有排面。

专家常讲，这些年的中国真是进入了考古发现的黄金时代。我统计到的数字是，平均每年有上千个考古发掘项目经国家文物局审核批准可以开挖。这就是说，中国每年要有上千个考古队在野外工作，有上千个地点在动土，有上千个考古发现面世。说中国是世界上最大的考古工地无论如何也不过分，说中国有世界上最多的考古发现怎么也不夸张，说中国的考古发现也许能忙坏统计人员也不是扯淡，说中国的考古发现远不是几台电脑的内存可以容纳更不是妄语，说中国的考古库房一直需要加速增建，指定不是空穴来风而是实情。中国人比其他国家的人更能在第一时间和第一地点感受这些伟大的发现，条件得天独厚。

如果说要我在这个30多万字的小册子里——展示这些难以计数的发现，估计也只有做成表格、转成数据、外加缩小字号和缩紧行距才能容纳在有限的页面内。换句形容的话说吧——中国的这些考古发现如果都簇拥到这本小册子里，恐怕比王府井还繁华，比南京路还热闹，比大年夜还喜庆，比中秋节还团圆。

前头提到的从1990年开始的一年一度全国十大考古新发现评选活动，由国家文物局指导，中国考古学会、中国文物报社和《文物天地》杂志社主办，而今已经30多年了。上文100项大发现名单中实际上还没有包括21世纪以来这25年里的250项年度发现。它们的诞生已经成为海内外关注的中国考古界的一项重要活动。每次评选结果揭晓以后，参与报道的中外媒体都在上百家，一些报刊甚至推出专刊特稿，足见社会各界特别是新闻媒体的关注程度。

令我们欣慰的还不止这些，那些入选十大发现的考古遗址，随即得到相关方面应有的关注，很多遗址很快被公布为各级重点文物保护单位，之前面临的破坏和各种威胁得到遏制，科研和保护条件得到改观，甚至在得到有效保护之后被合理地开发和展示出来，变成文旅目的地，变成研学新课堂，成为拉动当地社会与经济发展的重要动力。从这个角度说，全国十大考古新发现的评选活动，已经成为人们考察中国考古学和文物工作新进展的一个十分重要的标尺了。

下面我本想再介绍2000年以来中国历年评选的结果，供你品读，但清单实在是太长了，影响到了阅读节奏和行文结构，索性就附录在本书后面，作为延伸阅读参考。我觉得，这长长的清单还会让读者诸君找到新的感觉。这里先上几幅图片，在这个有图有真相的读图时代，可以读图为快。

二里头遗址出土绿松石龙形器和铜铃

江西景德镇明、清御窑址出土明代永乐梅瓶

如果你觉得还有必要找到2000年以前的历年考古新发现评选名单再感受一下，我建议你翻阅那本《中国十年百大考古新发现1990—1999》。文物出版社为了记录20世纪90年代中国考古史上的这一极为重要的时期，请中国权威的专家担纲，用1 000多幅照片和50多万文字，全面叙述发现的过程，全书展示发现的成果，全程评说发现的意义。这套书厚厚两大本，分上下册，质感极强，称一称足有10斤重，可谓十全十美，妥妥的百读不厌，百闻不如一见。这和前面推荐的《二十世纪中国百项考古大发现》一书，恰如姊妹，不相伯仲，相得益彰，相映成趣，看着都叫人眼前一亮，还能叫你脱口而出：怎是一个装点书架了得？！

殷墟是中国考古的摇篮

中国20世纪100项考古大发现，是在2001年先由权威学术杂志、中国社会科学院考古研究所所刊《考古》组织全国各地一百多位专家和学者对170项参评候选项目进行初评，再由在京的24位专家学者终评。其中得票数最高的，不是被外国人看中的秦始皇兵马俑，而是河南安阳殷墟商代晚期都城遗址的发现与发掘。

还是中国的评委们慧眼识珠，他们一致看好殷墟，这不论从哪个角度讲都是有充分理由的：

第一，殷墟考古成果的历史价值。

公元前1300年，商王朝在迁都十几次后，终于不再迁徙，在今安阳一带定都，开始了长约二百五十年的商后期，史称"殷商"，成为第一个在文献上为考古发掘所证实的商代都城遗址，被历史地理学家谭其骧称为"中国第一个长期稳定的中原王朝首都"，并提议将其列为中国第七大古都。甲骨文的发现和殷墟考古发掘，证实了中国商王朝的存在，重新构建了中国古代早期历史的框架，使传统文献记载的商代历史成为信史。公元前1046年，商王朝被周武王击败。殷墟见证了商亡纣逝，从此逐渐废弃成为殷墟。

如果不是浸染着历史真相的考古发现，我们无论如何也想象不出，在河南北部这块跨越二十多个现代自然村，东西长6公里、南北长5公里，面积只有30平方公里的土地上，竟然会演绎一个古代王朝的半个兴衰，宛如中国古乐的恢宏前奏，回响至今。

公元前207年的秦二世三年，项羽在巨鹿之战取得胜利后，率军驻扎在"洹水

司母戊鼎传出此墓

未完工的大墓

安阳殷墟王陵区

南殷墟上",并与秦将章邯会盟,接受秦军投降。这位古今中国人心目中的悲剧英雄,为什么要选择七百多年前的商代废都来受降?是他有意重演那段兴衰更替的历史,还是一种巧合?项羽是否还会料到,自他这次来过以后,在两千年里殷墟再无历史性的大事件发生,直到1908年被确认为甲骨出土地,殷墟才再一次引起世人关注?

第二,殷墟考古成果的文化价值。

不知项羽受降用了多长时间,他绝对想不到的是,2 200年后脚下这个曾经让他威震八方的地方,会成为全世界的焦点。1961年中华人民共和国国务院将殷墟纳入第一批全国重点文物保护单位,殷墟成为中国的文化遗产。2006年7月13日,在立陶宛首都维尔纽斯召开的联合国教科文组织第30届世界遗产委员会上,殷墟被列入《世界遗产名录》,殷墟成为世界的文化遗产。大会上有这样一个细节:安阳殷墟被21个成员国代表一致表决通过,整个过程只用了6分钟,是各国申报项目中最顺利的一项。

商朝已亡,霸王不再,发现甲骨文的王懿荣和找到殷墟的罗振玉皆已作古,连当年的发掘者李济、董作宾、梁思永、郭宝钧、吴金鼎、高去寻、刘燿、石璋如、夏鼐也都驾鹤西去，但今天，历史再一次"天命玄鸟，降而生商"，商文化已成全世界共同的人类文化遗产。

如果项羽知道殷墟埋葬着一位著名的女将妇好的话，他会如何向他的虞姬倾诉感言？如果项羽知道卜辞中记载妇好多次带兵出征，有一次攻打西部羌方时率军万人以上，会不会自叹弗如？

1976年发现的妇好墓是殷墟最重要的考古发现之一。因为自从1928年殷墟发掘起半个世纪以来，已发掘的各类大小墓葬达6 000多座，其中只有妇好墓能与甲骨文相印证，是能够确定墓主身份和年代的商代王室墓葬。不少学者认为"妇好"是商代第二十三王武丁的配偶，也有研究说她不止是一代商王的女人。巧合的是，这座著名女性墓葬的发掘者是位声名赫赫的女考古学家，名叫郑振香。

妇好雕像

壹 考古发现中国　033

> **相关链接**
>
> ### 中国的女考古学家们
>
> 　　中国的女考古学家众多，赫赫有名的也有好几位，这几年大家耳熟能详的是"敦煌女儿"樊锦诗。而在早年，像身材瘦小的湖南妹子曾昭燏，大学中文系毕业后改学考古，1935年留学伦敦大学专攻考古，是中国第一位考古学女硕士，与中国著名考古学家夏鼐同是伦大同学，回国后任南京博物院院长。在《中国大百科全书·考古学卷》所列三十多位著名学者中，她是唯一的一名女性，是中国考古学史上无法不书写的重要人物，流芳后世。

　　作为保存完整且没有被盗掘的王室墓，妇好墓在结构上呈竖井状，未见墓道，墓底深8米，发掘时6米以下开始出水，发掘工作异常艰辛。考古学家们用汗水换来的是妇好墓的墓室迹象和埋藏状况，特别是出土的1 900多件随葬品，几乎件件都是精品。其中青铜器共计468件，总重1 600千克左右，带有"妇好"或"好"

妇好墓考古发掘后墓室复原

字铭文的青铜礼器达109件。证明妇好将军身份的器物也被发现,那就是铸有"妇好"铭文并象征着军权的4件青铜钺,以及象征王室地位的青铜方鼎。

那么多的器物是如何放到那么深的墓室去的?沉重而巨大的棺椁又是怎么放下去的?为什么她的棺椁只剩下了红色的漆皮?为什么她的遗体已经化为了尘土?这一切我们无从知晓。我们知道的是女人墓就有"女人味",妇好墓随葬了铜镜,还随葬了499枚骨笄,雕刻形式多样,与其说这是女性墓的一大特点,还不如说妇好其实并非"不爱红装爱武装"的女强人。另外,我们发现,这一传统好像一直延续到了明代甚至清代,因为考古学家在开启明定陵后,发现与万历皇帝合葬的两位皇后身旁随葬了约200件金簪,这是后话。

妇好墓出土青铜钺

2023年11月,中国社会科学院考古研究所安阳工作站原站长、南方科技大学讲席教授唐际根发布了细致考究的妇好数字人。她将历史娓娓道来:"我是商代王后妇好,告诉你们几个小秘密:我喜欢化妆、喜欢烹饪、喜欢收藏。""我曾协助夫君接收各地送达的铜锭,考察收成,主持大商国的祭祀,率军征伐羌、夷、巴。"

唐际根说:"全世界的人们一提到古埃及,就会想到拉美西斯二世;提到古希腊就会想到迈锡尼国王阿伽门农,在传说中,他的弟媳海伦被拐引发了特洛伊战

妇好数字人

壹　考古发现中国

争。妇好与他们基本生活在同一个时代，在文明交流互鉴中，我们要提升她的知名度，这样才能让全世界更好地理解和欣赏中国的古代文明。"商代王后妇好与埃及法老拉美西斯二世跨越时空的对话，也许很快就会发生。

其实，"妇好"墓不过是殷墟无数发掘中的一个典型发现而已。在这里，近百年来，先后发现了110多座商代宫殿宗庙建筑基址、12座王陵大墓、洹北商城、2 500多座祭祀坑和众多的族邑聚落遗址、家族墓地群、手工业作坊遗址、甲骨窖穴，以及出土的甲骨、青铜器、玉器、陶器、骨器等，完整地展现出3300年前中国商代都城的风貌。以宫殿宗庙建筑和大型王陵为代表的商代建筑，树立了中国古代早期宫殿建筑和王室墓葬的典范。在出土的15万片甲骨上，发现了至今仍为世界五分之一人口使用的中国文字体系最早的证据。以青铜器、玉器为代表的殷

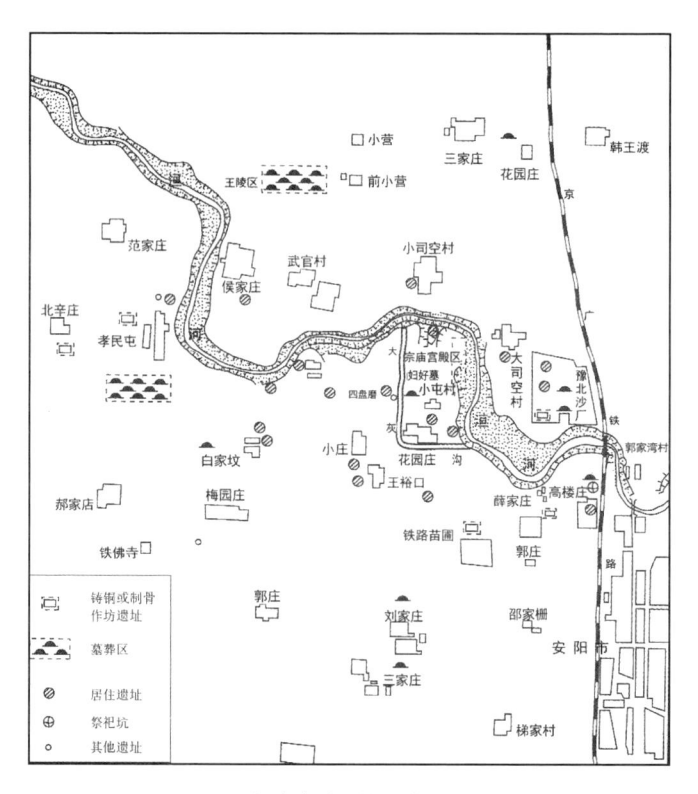

殷墟遗址平面示意图

墟文物和以人祭、人殉、车马殉葬、兽祭等为代表的殷墟丧葬习俗，为商代晚期文化传统提供了独特的证据。……可以说，文字、城市、金属、礼制、精神世界、伟大的艺术品等所有中外学术界框定的人类进入文明社会的标志性符号，殷墟几乎无一不备。所以在相当长的时间里，带有某种偏见和寡闻的西方学者，一直以为中国古代文明仅仅肇始于殷墟。

第三，殷墟考古成果的学术价值。

殷墟是中国考古学的摇篮，殷墟遗址发掘还培育了几代中国考古学家。自1928年开始的殷墟考古发掘，是中国国家学术机构第一次全面负责、中国学者独立主持的考古发掘，当时我国著名的考古专家几乎全部参与其中。这些前辈考古学家们大多不会想到，2005年，更大的考古发掘以远远超过他们当年的规模又在殷墟展开。中国社会科学院考古研究所和河南省文物考古研究所等单位组成联合考古队，在一年内发掘了5万平方米，发掘面积之大，参加人员之多，在殷墟考古史上前所未有。光专业人员就将近百名，动用民工四百余人。一个工地同时有五百人作业，阵容之庞大，在中国考古史上也极为罕见。

殷墟宫殿区与王陵区发掘时间最早，发掘收获也最大，但时至今日的未解之谜仍俯拾皆是，殷墟作为商代晚期都邑的城市布局和功能的考古便是其中之一。在"殷墟都城布局"课题的引领下，2008年随着宫殿区以南大型道路的发现，陆续在洹河南北两岸发现多条道路。特别是发现了刘家庄北地两纵一横、大司空村两横一纵大型道路，道路最宽处达15米，多用鹅卵石、有意打碎的陶片等铺设，道路之上的车辙清晰可辨，这使得都邑内部的道路网络初步显现。道路两侧是分布密集的居址、墓葬、手工业作坊等遗存。由道路形成的"街区"，对于探讨殷墟族邑分布、都邑功能以及社会形态具有重要意义。2020年至2022年考古工作者经过系统勘探与发掘，确认王陵西部大墓区及东部祭祀区分别有两个方形壕沟环绕，成为目前所知最早的陵墓"兆沟"，最终确定了王陵区的范围和格局，东西大致长560米，南北宽280米。这改变了以前对商王陵陵园的认知，有力推动了商代陵墓制度、商文化研究，同时也为殷墟国家考古遗址公园的建设提供了全新资料，入选"2022年全国十大考古新发现"。

> **相关链接**
>
> ### 梁思永与殷墟发掘
>
> 提殷墟考古发掘不能不提梁启超先生的次子梁思永先生。梁思永曾进入清华学校留美班，后获得美国哈佛大学研究院考古专业硕士学位，成为第一位受过正规现代考古学训练的中国人。1930年回国后，他参加发掘了殷墟和安阳后冈遗址，运用科学发掘方法，发现了仰韶（彩陶）、龙山（黑陶）和殷商（青铜）文化早晚之间相互叠压的"后冈三叠层"，首次判断出这些文化的时代早晚发展序列，成为中国考古学的典范，是中国近代考古学迈入成熟阶段的重要标志。
>
> 作为中国近代考古学的开拓者之一，梁思永后来担任中国科学院考古研究所第一任副所长，并与其兄梁思成共同当选为第一届人文组中国院士（时称学部委员）。但和徐悲鸿等那些时代"精英"的命运一样，他们都英年病逝，否则，中国考古史很可能会因梁思永的更多引领而另写篇章。

享誉中外的美籍华人学者张光直先生生前曾经作过一个非常精辟的学术评论，他说，如果中国考古学从西方引进伊始，不是在殷墟这样有文献记载的地点进行，中国考古学很可能不会成为历史学的附庸，很可能不会产生现在这样浓郁的编史倾向，很可能向西方人类学靠拢，走上独立而纯粹的考古学之路，拥有自己的理论、方法和话语权。从学科本身讲，张先生之言不无道理。可要我看，情况也许更应该如下理解：中国的文献传统并不会让考古独善其身，照走西方人类学之路。正是因为中国的历史给了中国考古学这样的机缘，才使中国考古学从呱呱落地，就步入了中国自己的轨道，寻找和摸索中国自己的考古方式，解决中国自己的国史问题，构建中国自己的理论和方法，创立中国自己的考古学派，为世界考古大家庭贡献出中国模式，为世界史增添中国经验和中国案例。由此发展出世界考古多极化和世界历史多样化，而殷墟功不可没。

记得马克思说过这样一句话："你们并不要求玫瑰与紫罗兰散发出同样的芬芳。"对殷墟考古的历史贡献，我们可以仁者见仁，智者见智，让有兴趣的读者们自己去作选择。可是，殷墟的发现让我们看到的不仅是考古发现，它还使考古学家们懂得了研究既要明辨是非，又要宽容待人。考古学科的长处之一，就是容许相互对立的学说同时并存，充分尊重不同见解的正当权利。因为只有思想兼容、百家争鸣的开明精神，才能保证各种假说互相撞击，形成科学的新理论和学术的新方法。

殷墟堪称中国连续发掘时间最长、次数最多、面积最大的考古圣地，是中国考古学得以自立于世界考古之林的主要摇篮。曾在殷墟第十一次发掘中当过实习生的中国考古学会第一任理事长夏鼐，有一个非常带有前瞻性的著名论断："殷墟不仅文物丰富，而且学术价值很高，它蕴藏的宝物，还远未罄竭。"是的，殷墟考古潜力巨大，没有尽头；殷墟考古在中国乃至世界考古史上的精彩华章，才刚刚开始上演。

第四，殷墟考古成果的社会价值。

2005年3月16日，殷墟申报世界文化遗产工作的重点建设工程——殷墟博物馆的奠基暨开工仪式在殷墟博物苑举行，并于当年开馆。毫无疑问，这是向社会展示殷墟文化的一个举措。时隔二十年，2024年2月26日，殷墟博物馆新馆又建成开馆。你如果有机会参观殷墟博物苑，我建议你在打卡的同时，再着重体会下列与世界文化遗产相关的要素：殷墟发现的墓葬和宗教礼制、宫殿建筑风格，影响深远广大，符合世界遗产"至今还在使用"的承传原则；青铜器铸造术影响后世几千年；以中轴线左右对称的建筑风格，仍体现在今天的许多建筑中；至今仍被人们用以破解历史的甲骨文，作为世界四大古文字体系中中国古汉字体系的代表，历经数千年的演变而承续至今，书写出了一部博大精深的中华文明史。

对此，旅美学者许倬云在《万古江河》中说过一段极为精辟的话："商周时代，中国文字一系相承。南方文化与北方文化交会时，南方可能并无自己发展的文字，于是接受了北方的文字，以致后世楚国文献，均用同一文字书写。战国的列国体制，是政治上的多元，各地出土的战国文书，其实都用同一系统的文字书写，虽有一些字形歧异，但大体相同。中国地区只有单一书写系统，实与中国文化的融合，有密切的关系。"实际上，又何止字脉传承华统，而今走遍世界各地的华人社区，虽然方言相异，难以交流，但一目了然的方块汉字，顿时会叫人消除隔阂，汉声同人，正所谓：亲不亲，文字根。

目前，殷墟共出土甲骨15万片，单字约4 500个，其中约有1 500个单字已被释读。三千多年以来，甲骨文虽然经过了金文、篆书、隶书、楷书等不同书体的变化，但是以形、音、义为特征的文字和基本语法保留至今，成为今天世界上五分之一人口仍在使用的方块字，对中国人的思维方式、审美观产生了重要的影响，为中国书法艺术的产生与发展奠定了基础。

殷墟出土商代刻辞卜甲

相关链接

甲骨存世知多少

百年来,甲骨出土材料的统计数据有四说:一说100 000片左右;一说150 000多片;一说60 000多片;一说约130 000片。

大陆收藏的单位和私人约130家,共80 000片左右,以中国国家图书馆为最,收35 651片。港台不到10家,收30 000多片,以台湾"中研院"史语所最多,共约36 128片。国外14个国家,收20 000多片,其中以日本为最,约8 000片。

殷墟以外甲骨出土地点约15处,约250片,其中包括不少非商甲骨。例如2003年末,在陕西省岐山县北周公庙凤凰山遗址发现周代甲骨2片。2004年又发现刻辞者80余片,初步辨认出文字400余个,其中有"周公"刻辞者最为引人注目。

甲骨文单字,到底有多少,谁也说不准,一说5 000多字;一说6 000多字;2003年的统计是3 950字,近4 000字。

客观地说,殷墟还有很多"先天不足"和"后天失调":一是周边环境,尤其是"安钢"等工厂的存在严重影响了遗址周围环境的完整性,难以全面保护;二是殷墟作为考古遗址,地表展示性不是很强,不具备优势,殷墟的祭祀坑等都在地下,不像明清皇家陵寝、故宫等文化遗产那样,赫然在目;三是出土的可移动文物大都没有保存在殷墟本地,有的被搬运到了台湾,有的流失到了海外。据初步估计,20世纪初以来的百余年间,外国传教士、探险家等从安阳小屯附近居民手中廉价骗购大量殷墟文物,将其偷运回自己的国家。在历次外来侵略战争中,殷墟文物更是大规模流失。保守估计,也有五万余件文物通过骗购和劫掠等渠道离开了祖国。目前,海外至少有八十多家博物馆、基金会、拍卖行和私人机构藏有殷墟文物。藏有殷墟文物最多的国家有日本、加拿大、美国、英国、德国、法国、俄罗斯、瑞典等。换个角度说，殷墟的文物能被这么多国家珍藏，有的甚至被当作镇馆之宝，殷墟文化的国际地位由此毕现。

更重要的是，殷墟是中国继1987年列入世界文化遗产名录的周口店北京人遗址和秦始皇陵及兵马俑坑之后的又一个考古遗址类世界文化遗产，它不仅仅标志着我国又一处由考古发掘揭示的集历史、文化、学术、社会价值于一体的古代都城遗址，得到了国际上的承认，还意味着殷墟所代表的早期中华文明已经成为全人类共同的历史文化遗产。

回首往事，我还记得，2006年殷墟被列入世界文化遗产名单后的庆祝会议此起彼伏。即便是那年7月举办的第12届CCTV青年歌手电视大奖赛上，也有这样一道试题："2006年7月13日，联合国教科文组织正式批准将我国的'殷墟'列入《世界遗产名录》，请说出殷墟是哪个朝代的都城遗址，它位于现在的哪个省？"在歌手回答完毕后，一位评委发表了下述评语："19世纪的中国受尽了苦难，但就在19世纪的最后一年，研究甲骨文的中国学者发现了殷墟，现实的苦难和地下的辉煌形成了强烈的对比！"这评语是评委自己即兴的感言，还是评委会事先撰就的词句，不得而知。可是这四句话的当中两句，好像说走板了，不是"软肋"，属于"硬伤"，既缺乏甲骨学发展史常识，也误解了殷墟遗址的发现史。

大家都知道，王懿荣1899年发现"龙骨"上有文字时，根本不知道它出自何方。实际上王懿荣也没有可能在那么"短平快"的第一时间里，就把甲骨文与"殷墟"挂起钩来。了解一点这段发现史的人可能都知道，从发现甲骨文到找到甲骨文的"产地"，着实让当年那些文人学者费尽了艰辛，几乎用了整整十年的工夫。

故宫博物院前常务副院长李季曾详细记叙了从发现甲骨文到找到殷墟的整个过程：

> 甲骨文的发现，磁石般吸引着许多精通上古典籍和金石文字的饱学之士。他们全力查证带字甲骨究竟出自何方，而知道来历的商贾们为了垄断财源自

然守口如瓶。终究纸里包不住火，收藏甲骨的学者先是探访到它出自河南，又听说出自河南汤阴，再紧追不舍，顺藤摸瓜，终于查明是河南安阳西北约三公里处的小屯乡的农民从地里挖出来卖的。

这段文字里提到的学者便是后来被誉为"甲骨四堂"的罗振玉先生，他找到甲骨出土地后又考证出小屯为"殷墟"的时间，已经是十多年后的1908—1910年，时代早进入了20世纪，早没有评委评语中的19世纪什么事儿了。

相关链接

甲骨四堂

"甲骨四堂"指早期甲骨文研究中的四位开创者，他们分别是郭沫若，字鼎堂；王国维，号观堂、礼堂；罗振玉，号雪堂；董作宾，字彦堂、雁堂。不知为什么这四位的字号中都有"堂"字，许是巧合，许是天意，许是命中注定与殷墟甲骨的缘分吧？！

后来，我在看到一条资料后琢磨，评委或评委会也许是根据巴恩《考古的故事》一书得出的结论，因为该书《安阳》一节中有这样一段文字："19世纪末，刻有汉字的甲骨开始出现在药店并被用以研制中药。追踪其来源，人们在1899年终于发现了殷墟。"所以，我前面在介绍该书时说有关中国的资料与事实有些出入。

显然，评委或评委会在这里可能更想表达的是对历史事件的跨世纪文化思考，立意高卓，增强对比效果。遗憾的是有点时间错位，以论带史，以史佐文。较真点说，历史之所以叫作历史，关键在于"历"，也就是在于时间秩序的准确性。虽然说文学允许艺术加工和再创造，但电视转播毕竟面向全国亿万公众，这类误解着实误导了一大片。史实毕竟不是文学，它是曾经发生的客观存在。何况文化考试更不是戏说历史，形容词用得，但创造不得，感叹号用得，但误读不得。

其实，这里并不是想针对评委或评委会说三道四，人无完人，谁又能句句真理？问题在于，近年不少专业人士弃业从文，或学文并举，交叉换位，身兼多能，以胸怀天下为己任，针砭时政，放言乾坤，常拿本不是自己专长的文物考古遗产说事儿。他们彻悟古往今来，镜鉴治乱兴衰，期望通过科学和文化甚至历史扩大知识的传播，给人思想的启迪，本也无可厚非。但他们毕竟不是各个领域的行家，把常识说漏，把台词念错，时有所见，已成现象。这里只是想善意地提醒一下，切忌班门弄斧，上阵多温功课，再发震耳之音。尤其对于考古之类难以自修成材的专学，它虽说不是考古学家的自留地，却也不像一般的人文社会科学那么容易拿捏把玩。考古是易碎品，要小心轻放。一句话，拿考古学说文化事，想法挺好，但悠着点没错。

话又说回来，"殷墟"列入《世界遗产名录》的事情，被选为CCTV青年歌手电视大奖赛试题，实实在在反映出这是该年度中国的一件文化大事，2006年也的的确确可以看作中国考古史上的殷墟年。世界遗产委员会对殷墟的高度评价，更像是给中国考古工作持续时间最长的殷墟遗址献上的厚礼：

> 殷墟以其甲骨文、青铜文化、玉器、天文历法、丧葬制度及相关理念习俗、王陵、城址等，乃至中国考古学摇篮闻名于世，文化影响广大而久远，真实性、完整性强，具全球的普遍价值，有良好的管理与展示，可以与古埃及、巴比伦、古印度媲美。

良渚是实证中国五千年文明史的圣地

从2012年起，《科学画报》邀我开设《公众考古》专栏。能在这份1933年8月就由中国科学社创办的我国历史最悠久的综合性科普期刊发文，备感荣幸，每期笔耕，迄已多年，未敢间断。

翌年8月，我在上海举办的首届"世界考古论坛·上海"上，见到了吉林大学资深教授、我在吉林大学学习考古学专业本科和研究生阶段的授业恩师林沄先生。见面后，林先生在聊天中说，他常看我在《科学画报》写的公众考古专栏的文章，而且居然还能说出我写的某篇短文给他留下的印象。我惊讶地瞪大了眼睛，问他如何知道这一刊物？他告诉我说，他年少时在上海读书那会儿就看《科学画报》，这么多年来一直订阅，每期都看，已是老读者了！

林先生出生在上海，是国内外大名鼎鼎的考古学家，曾担任过中国古文字研究会理事长，早年还曾是教育部社会科学委员会历史学学部委员中唯一的考古学家。他这样的大家居然长期订阅《科学画报》，足见创刊九十年来的《科学画报》有多么大的读者吸引力和社会影响力了！在这届世界考古论坛上，林先生还被聘为咨询委员，参与了评选世界重大田野考古发现的活动。

"世界考古论坛·上海"是国际考古学界的高端学术交流平台，旨在宣传考古成果、促进考古研究、彰显文化遗产现代意义。论坛注重履行考古学的历史使命，注重对人类历史经验的吸收和借鉴，关注生态环境保护和人类社会的可持续发展，提倡对人类文化传统的继承和文化多样性的尊重和保护等。该论坛举办之前，向全球征集2011年至2012年期间的重大考古发现和考古成果，强调提名的考古发现对当今世界和人类共同未来的重要性。全球共有99个考古发现进入提名,最终由17个国家的40位评委投票选出10项世界重大田野考古发现。其中,中国入选的是距今五千年的浙江良渚古城遗址考古项目和距今四千多年的陕西神木石峁古城遗址考古项目。

良渚古城凭何获得"十大"发现的殊荣呢?我觉得至少有两个主要原因:

第一,规模大。良渚古城是在长江下游地区首次发现的距今五千年前后的良渚文化时期的史前都城城址。城墙南北长约1 800～1 900米,东西宽约1 500～1 700米,面积近300万平方米,相当于一个颐和园或四个故宫那么大。城墙底部普遍铺垫石块作为基础,一般宽度约40～60米,最宽处达100多米。石头基础以上用较纯净的黄土堆筑,部分地段地表还残留着4米多高的城墙,四面城墙各发现了2个水道式的城门,南边城墙还发现了1个陆地门。

城内有面积30余万平方米、高约10米的莫角山大型宫殿基址,还有反山贵族墓地等重要遗址;城外有瑶山、汇观山祭坛和贵族墓地等。良渚古城的南面和北面都是天目山脉的支脉,东苕溪和良渚港分别自城的南北两侧向东流过,凤山和

五千年前的良渚古城城墙

雉山分别被利用为城墙西南角和东北角的制高点，建城的位置显然是经过精心勘察与规划的。从地理位置和堆筑情况分析，良渚古城不仅具有军事防御功能，同时也应该具备防洪等其他功能。

上面的这些发现和数据还只是截至2013年"世界考古论坛·上海"的获奖成果。之后的十余年，良渚还发现了外城城墙，外城面积约占地600万平方米，加上原来发现的300万平方米的内城，总面积达到了近千万平方米。而在外城的外围北部、西部靠近天目山的山麓地带，又发现了比大禹治水还早一千年的大型水利系统，在古城遗址近百平方公里内的几乎每一个山口，都有水坝遗迹。考古领队王宁远在2023年最新发布的成果中说："目前公布的水利系统，全都属于山塘和陂塘。这种方式就相当于在山口拦了一道，是挡水的最经济方式。"汛期的时候，这些水储存在山谷中，到了下半年的干旱期便放出来，保证古城的正常运作。王宁远还介绍了更为奇特的事：这些水坝中的两三处，至今仍在使用。

第二，价值高。营建如此大规模的良渚古城，在整个良渚文化同时代的其他新石器文化中，都是十分罕见的，是目前所发现的同时代中国最大的城址。建筑这样巨大的古城，有专家曾经做过一个粗略的换算，城墙土石方约120万立方，莫角山约350万立方，按3个人一天完成1方计算，约需1万人工作4年时间。更重要的是，如果没有强有力的组织和管理，单凭个体或小众的力量，无论如何也难以完成这等旷世巨作。当时，不但已经出现了从事体力劳动的"劳力者"阶层，而且还形成了从事脑力劳动的"劳心者"阶层，甚至还可能出现了中国历史上比商王、夏王更早的良渚王国的"国王"。因此，专家学者们认为，良渚古城的发现为认识良渚文化的社会发展阶段和中华文明形成于五千年前，提供了新的实证资料。良渚古城不仅是良渚文化中心所在，还可能是当时良渚古国的都城所在，是中国社会文明化进程中最早形成的国家形态在考古学上的一处最直接的物证。

2013年良渚古城遗址入选世界十大考古发现，值得祝贺，但后来证明这还只是个彩排预演，真正的好戏在六年后拉开大幕。2019年7月6日，在阿塞拜疆首都巴库举行的联合国教科文组织第43届世界遗产委员会会议上，考古发现的浙江杭

良渚古城遗址申遗成功时刻

州良渚古城遗址成功列入《世界遗产名录》，成为我国第55处世界遗产。顺便说一句，这一年中国和意大利一样，成为世界上拥有世界遗产最多的国家，良渚古城遗址此刻入选，显然已经超出了其本身成为世界遗产的意义。

良渚古城遗址成功列入《世界遗产名录》，不但实证了中华五千年文明史，还使世界承认了中华五千年文明史。我想这是中国自近代以来一代代学者贤人提出通过考古发现来重修中国史的达成时刻，是近代以来积贫积弱的中国在世界舞台上获得喝彩的高光时刻。我后来在各种讲座和媒体采访时，老爱用更接地气和烟火气的表述来形容这个时刻：中国终于成为了能和其他几大古文明中心并排坐在一个板凳上的兄弟！

功成事立时，回首来时路。良渚遗址是1936年由当时在西湖博物馆工作的施昕更发现的，属于1921年中国自打有了考古学之后，最早期发现的著名考古遗址之一，在考古史上的地位堪与北京周口店遗址、河南仰韶遗址、山东龙山遗址、河南殷墟遗址并列。而且明眼人已经看出来了，它位居长江流域，就更具有了中国考古史上的"南方价值"。果然，它不负众望，到1959年被著名考古学家夏鼐命名为"良渚文化",从此名气大增。自1994年起先后多次被国家文物局推荐列入《世界遗产名录》预备名单,成为长江下游探寻中华文明起源与形成的典型遗址。重大突破发生在2006年,这一年在良渚遗址的核心区又发现了良渚古城遗址,到2016年又确认了周围的大型水坝组成的水利系统。

这些跨年经岁的考古成果,一次次震惊了国内外,不断刷新着世人对中国城市文明起源和早期国家形成的认识。国内外著名学者对此不吝赞誉之词,如中国考古学会前理事长张忠培先生就指出:"从目前的考古发现和研究来看,如果我们要谈中华五千年文明,只有良渚文化的良渚遗址能拿得出来。"当时,我陪同张先生一起考察良渚遗址,并见证了他为良渚古城遗址题字——"中华第一城"。

张忠培先生(右)为良渚古城题字

世界知名考古学家、英国科林·伦福儒爵士多次来良渚古城遗址参观考察,他表示"中国良渚古城遗址在我心中是中国乃至全世界最伟大的史前文化遗址之一","中国新石器时代是被考古学远远低估的时期"。他甚至还把良渚考古成果写进了他那本不断再版、有世界考古学必读教材之称的《考古学:理论、方法与实践》。

距今五千年前后的良渚古城遗址,在约公元前3300—前2300年这一千年间,以规模宏大的城址、功能多样的城外水利系统、各种等级的墓地和祭坛等遗迹,以及具有信仰与制度象征性的玉器等四类遗存内涵,揭示了中国新石器时代晚期在长江下游环太湖地区曾经存在过一个以稻作农业为经济基础、出现明显社会分化和具有统一信仰的区域性早期国家,展现出长江流域对中华文明起源所作出的杰出贡献。

良渚古城遗址在空间形制上由宫殿区、内城与外城构成,展现出一种向心式的三重结构。这种按照社会等级建设、凸显权力中心象征的营城手法,展现了长江流域早期国家的城市文明所创造的规划特征,对中国后来古代城市规划产生了深远影响,从先秦到汉唐,一直延续到明清北京城,成为物质文化上实证五千年中华文明延绵不绝的典型范例之一。

另外,良渚古城城外的水利系统,作为城市水资源管理工程,比大禹治水还早一千多年,在选址、规模、设计与建造技术方面,都展现出世界同期罕见的科

良渚古城和大型水利系统分布图

技水平。因此，良渚古城被誉为展现了五千年前中华文明，乃至东亚地区史前稻作文明发展的极高成就，在人类文明发展史上堪称早期城市文明的杰出范例。

世界遗产的申报要求非常严格，尤其强调遗产历史的真实性、保护的完整性和管理的有效性。长期以来，良渚遗址的保护管理遵循国内外遗产保护的宪章公约及法律法规，颁布了专项保护法规，制定了长期保护规划，推行了相关保护政策。近些年，遗产地还注重兼顾当地群众的切身利益，注重调动广大民众自觉参与遗址保护的积极性，"保护良渚遗址，传承中华文明"已逐渐成为当地群众的普遍共识和行为自觉。

"中华文明史，上下五千年"，这是中国人的常识。然而，国际学术界曾长期认为中华文明只始于距今3 500年前后的殷商时期，因为河南安阳殷墟才发现了作为物质文明标识的金属和文字，即青铜器以及铭刻有文字的甲骨。因此，河南安阳殷墟遗址早在2006年就被列入了《世界遗产名录》。而今，良渚古城被列入《世界遗产名录》，这意味着中国文明起源和国家形成于距今五千年前，终于得到了国际承认。以良渚为代表的中华文明，进入了世界上距今五千年先后开始出现的第一批成熟文明和早期国家与社会之列，它们就是我们常说的世界四大古老文明——尼罗河流域的古埃及文明、两河流域的苏美尔文明和印度河流域的哈拉帕文明、黄河和长江流域的中华文明。

如何将良渚古城遗址这处具有突出普遍价值的人类遗产，同时又是实证中华五千年文明史的圣地展示好、传播好，作为先后两次亲历良渚博物院主要展览策划的当事人，我有幸参与，感慨良多，体会不少，收获满满。

良渚博物院位于浙江杭州西北余杭区距今五千年前的良渚遗址内，是一座集收藏、研究、展示良渚遗址、良渚古城、良渚文化和良渚文明等考古成果于一体的考古遗址博物院，与良渚考古的历程紧密相连。早在2008年，良渚博物院即已建成开放。当时，参与策展的我，主笔撰写了主题为"良渚文化——实证中华五千年文明"的陈列大纲。该展览曾获第八届（2007—2008年度）全国博物馆十大陈列展览精品奖。

自2017年起，良渚博物院配合良渚古城遗址2019年申报世界遗产工作，全面立足良渚古城遗址考古发掘、研究、保护、利用成果，对原有各个展厅的基本陈列体系、内容、展线、形式、艺术品、设计风格、展示设备等进行了全面升级改造。我有幸忝列总策展人，带着团队和各方团结协作，开了280多次各种大会小会。经过大家一年多的努力，重新改造升级后的良渚博物院，以"良渚是实证中华五千多年文明史的圣地"为主题，通过"水乡泽国""文明圣地""玉魂国魄"三个展厅，真实地展示和诠释了良渚古城遗址的历史面貌。该展览荣获第十六届（2018年度）全国博物馆十大陈列展览精品奖。

良渚博物院

申遗之际，良渚博物院成为迎接联合国教科文组织专家来遗址实地考察的第一站。在这座博物馆里，他们看到了历经五千年的良渚古城遗址真实、完整地保存至今，保护良渚遗址，弘扬良渚文化，传承良渚文明，也已成为中国各级政府和遗址地民众的共识和行动。国际专家莉玛·胡贾女士题字写道："这真是一个非凡的博物馆：有这样一批非凡的良渚文化玉器收藏，有十分优秀的展览空间、研究中心、文物保护场所和社区延展服务。"

说到这里，我们可以把本章考古发现的话题延展开来了，那就是考古发现只是考古过程中的第一步，考古发现后的研究、保护、利用、传承，都是而今考古学继往开来延伸出的新乐章。换句话还可以说，良渚古城遗址的发现和研究参与构建了连绵不断、多元一体、兼收并蓄的中华文明标识体系，良渚遗址的保护、利用和传承则创新了考古发现活起来的遗产价值推广体系，形成了具有领先性、示范性和推广性的"良渚模式"。我把这个模式叫作"边发现、边研究、边保护、边利用、边传承"的"五位一体"良渚模式，"五朵金花"竞相绽放，这也是中国现代考古"功在当代，利在千秋"，走向未来百花齐放的一个新风景，代表了中国考古学发展的新趋势、新征程。

1950年以来，良渚考古从零星的考古遗址点发展到良渚遗址群，再到2006年发现良渚古城遗址以及2015年发现的外围水利系统。学界对良渚的认识也随之深入，由单纯的一个江南一隅的史前考古遗址到确认为良渚文化，再到以城市、玉器、文字为标识的辐射到半个中国的良渚文明。

良渚考古的这些发现和研究成果，因其学术价值和文化价值，直接关乎良渚考古成果的保护管理级别和利用传承程度。早在1956年良渚遗址就成为浙江省级第一批一等文物保护单位；1996年，良渚遗址群被公布为第四批全国重点文物保护单位；2001年，杭州良渚遗址管理区管理委员会正式成立，以"文物特区"模式实施保护管理和活化利用整体工作，开启了良渚遗址全面保护利用传承的新时代，不断探索多样性的大遗址利用传承途径和方式。

第一，博物馆展示。良渚发现、研究、保护成果不仅推动着博物馆展示内容的更新换代，也催生着展示级别和手段的不断提升——由早期出土文物参与临时展览的单一模式，变成了独立性、综合性展示良渚文明成果的专题遗址博物馆；由早期的"亮宝展"，变成了带有球幕影院、3D模型、场景复原、互动游戏等多种手段的现代展览。

第二，进入历史教科书。2003年起，良渚考古成果编入"走进良渚文化"乡土教材。2007年，良渚"玉琮"图片进入全国中学教科书。2009年，随着良渚古城遗址的发现，《历史与社会》将"良渚"两字写入教材。2016年，古城外围水利系统发现后，"良渚文化"以整整一版的篇幅，从中华文明起源的角度被写进全国统编历史教科书。2019年7月6日，良渚古城遗址申遗成功之际，教育部在新启用的全国人教版教科书中，对良渚遗址作为中华五千年文明的实证进行详细阐述，使得全国上千万中小学生从中领略到良渚文明的辉煌。

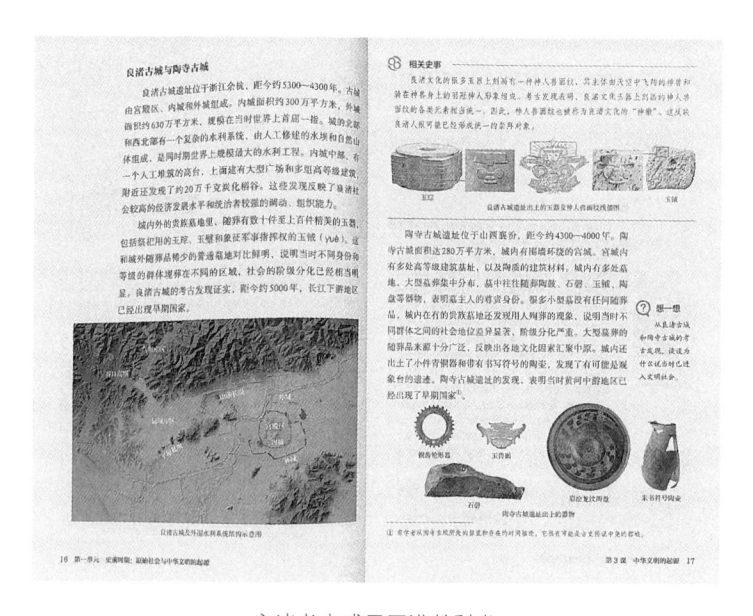

良渚考古成果写进教科书

第三，考古遗址公园。考古遗址公园建设缘起于我国大遗址保护的发展需求。大遗址占地面积广、保护投入多，单纯的保护工作难以得到当地民众的认同和理解。到20世纪80年代，我国开始借鉴西方国家公园和遗址公园模式，将考古遗址公园打造成融合科研、教育、旅游、休闲等各个功能的文化空间，统筹处理遗址保护与社会发展之间的矛盾。1999年，良渚遗址被选为国家考古遗址公园首批试点单位。经过十余年的环境整治和规划管理工作，2010年良渚遗址被列入我国第一批国家考古遗址公园名录，按照张忠培先生提出的"遗址定性公园，公园表现遗址，切忌公园化遗址"的原则，推动良渚遗址全面、真实、立体地现场展示，践行了国家文物局原局长单霁翔提出的"让大遗址如公园般美丽"的理念。

第四，考古研学活动。我国在21世纪初引进了研学这种有别于传统课堂上课的理念和方式，让学生在实践中去发现问题，在探究中去分析问题，在互动中去解决问题。在近年兴起的研学活动中，素来被认为是冷门的考古学，前所未有地扮演起了不可或缺的角色，成为行之有效的重要抓手。换言之，考古研学以文物考古为对象，除了会组织学生到博物馆去观展，还会让孩子们做小小讲解员，做小小策展人，当小小志愿者；或者到考古工作站的实验室和库房去，到考古发掘一线去，到考古遗址公园现场去，直接面对古代的遗物和遗迹，体验田野考古"动手动脚找东西"的发现过程，体会考古学带来的神秘感、新奇感、发现感、参与感、获得感。2002年起，良渚遗址管委会就在遗产地多所中小学建立良渚文化青少年研究与宣传基地。2011年开始，良渚博物院与北京大学等高校合作，共同举办考古夏令营活动，并在良渚遗址建立了实习基地和研学营地。

第五，文化综艺作品。近年来，综艺节目不断寻找文化内核，突破原有表达方式，"文化+综艺"的视频模式萌生了许多新的节目样态，并屡屡成为现象级节目。良渚作为实证中华五千年文明史的圣地和新晋世界文化遗产地，成为《国家宝藏》《考古公开课》《开讲啦》《中国国宝大会》《中国考古大会》《万里走单骑——遗产里的中国》《何以文明》《何以中国》等一系列精品文化综艺节目或线上沉浸式体验平台必选的传播对象。这些节目深度挖掘良渚的前世今生，将专业性、知识性、趣味性、故事性融为一体，通过行走、探索、交流、体验等多种方式，扩大了良渚文明的传播力度，也增强了其在国内外的影响力和美誉度。

多年来，良渚遗址走出了一条发现、研究、保护、利用、传承"五位一体"、平行推进、相互促进、全面创新、独具特色的"良渚模式"之路，为我国考古大遗址活化利用提供了一份具有启示性、示范性、借鉴性、可复制性的经典案例。

2020年杭州市人大常委会通过了将申遗成功的7月6日设立为"杭州良渚日"的决定。我作为良渚博物院的总策展人和受到杭州市政府嘉奖的参与者和见证人，在首个"杭州良渚日"活动周的论坛上，以"后申遗时代：良渚遗产利用传承再出发"为主题做了发言。

进入后申遗时代，怎样守住历史根脉，弘扬遗产价值，讲好良渚故事，传承中华文明，把良渚世界文化遗产保护好、管理好、利用好、传承好，实现良渚遗产活化利用的再升级，可以从以下几个方面着力：

一是增强意识，加强良渚古城遗址保护利用改革。落实2018年中共中央办公厅、国务院办公厅印发的《关于加强文物保护利用改革的若干意见》和2020年国家文物局印发的《大遗址利用导则（试行）》精神，整合现有良渚文物散见于各家单位的资源，推进良渚博物院二期建设，打造良渚新IP，综合构建良渚是中华五千年文明史圣地的国家文化地标和世界遗产标识体系。

二是提升站位，创新世界文化遗产展示传播体系。站在世界文化遗产保护与利用高度，将良渚古城遗址置于中华文明、世界文明背景下，讲好良渚故事、讲实中华文明、讲活世界遗产，让世人了解良渚、感知良渚、热爱良渚、弘扬良渚。

三是对接国际，加强中外文明的交流互鉴。贯彻落实国家文物局"扩大中华文化国际影响力"要求，讲好中华文明、对标世界文明。引进国内外高规格展览，特别是五千年前后中国各地文明中心和世界其他三大古文明中心的展览。同时，打造良渚文化遗产全面走出去发展战略，提升以良渚古城遗址为代表的中华文明在国内外的影响力。

四是文旅融合，打造"世界首创、中国原创、良渚独创"的亮点文旅工程。在传统观光性基础上，强化体验性、互动性、沉浸性，提升游客的参与感、获得感和黏合度，将文化遗产的保护与文化休闲、文化旅游、文化度假、文化会展、文化创业等低强度开发利用有机地融合在一起，打造文旅融合发展新样板，为遗产地文化产业、文创产业发展注入新活力，为遗产地经济社会发展注入新动力，盘活存量，做足增量，做大总量，综合推进良渚文化遗产活态利用。

五是注重传承，将良渚文明纳入我国爱国主义教育体系。良渚是实证中华五千多年文明史的圣地，需要将良渚文明纳入我国爱国主义教育体系当中，加强国家历史、民族文化的教育宣传，强化对青少年，特别是港澳地区青少年的爱国主义教育，提升青少年对民族精神和民族文化的认同感、归属感。

考古工作是一项重要文化事业，也是一项具有重大社会政治意义的工作。考古遗址作为承载灿烂文明、传承历史文化、维系民族精神的重要载体，关乎着我们对中华文明起源过程的历史追问，对中华文明发展脉络的历程探寻，对中华文明价值成就的深刻理解，更关乎着中华民族文化自信心、历史主体性、民族凝聚力的认知与塑造。换言之，良渚文明所代表的五千年中华文明的标识和价值使得延绵不断的中华文明如同一棵有着巨大历史盘根的参天大树，它枝繁叶茂，硕果累累，为今天中国人的内心世界输送着源源不断的养分。让以良渚古城遗址为代表的考古大遗址的物质载体与文化意义被当代社会了解、认知、尊重，我们还需上下求索，不断努力。

篇末议题

1. 中国年度十大考古新发现评选已经成为考古界的品牌，只可惜我们还应该给她设计一个奖杯，省得受奖者老是跟劳模似的双手捧奖状，老土！有人提议用黄铜做成具有考古象征意义的"金手铲"，可以单手高高扬举，发表感言时，也便于用腾出的另一只手执麦。这样搞好吗？读者诸君有更好的提议吗？

2. 考古界常用黄金时代形容一个国家考古发展的进程。国内常用两个说法，即"中国考古发现的黄金时代"和"中国考古的黄金时代"。貌似相近，实则不同。在发现的数量上中国考古的确是进入了黄金时代，处于世界领先位置。但在研究的方法、手段、理论上，我们的困局是既没有完全与国际接轨，也还有待真正实现中国特色、中国风格、中国气派。何时在数量上，更重要的是在学术水平上，甚至是在文化的传播力和中华文明影响力上，都上来了，那才能说中国考古全面进入了黄金时代。读者诸君怎么看？

3. 保罗·巴恩博士说过这样一段话："无论在世界上的哪个国家里，如果你去问有教养的公众中的一员，让他说出一位活着的考古学家，我敢打赌，他们中极可能没有人能够举出一位来。"读者诸君能举出几位？相信大家都会是例外。

我要提的问题是，假使哪天出门旅游，你的旅友里，如果有位懂考古的人，说不定会游兴大增。所以，我建议你一生怎么也得结识个懂点考古的朋友，并且甘心被他"忽悠"，被他"点亮"。

4. 2024年春节过后，殷墟博物馆新馆开馆，展出了青铜器、陶器、玉器、甲骨等文物近4 000件（套），还有殷墟出土的20多辆商代车马。该博物馆是新时代考古遗址博物馆的又一代表力作，是殷墟国家考古遗址公园的重要组成部分，是扩大中华文明影响力的文化殿堂。

——你去打卡的计划有了吗？

贰 有多少考古发现纯属偶然

1947年春
一个阿拉伯牧童
在死海的库姆兰寻找迷失的羊
他把石头扔进陡崖峭壁间的一个山洞
听到的是陶罐被击碎的响声……
从此有了一个震惊世界的发现
也有了一个新的学科「库姆兰学」

——20世纪世界十大考古发现

一百多年前的三大文物发现

19世纪末的1899年,一位拿着清廷俸禄的抱病官员王懿荣,偶然间从一味叫作"龙骨"的中药里,发现了中国的甲骨文,一下子震惊了世界。这个偶然发现的故事,现在早已成为公众常识,很少有人不知道。

偶然,从此就成了一个抹消不去的文物考古发现主题。偶然发现的结果,成就了一代又一代考古学家、文物学家、学者、大师。偶然发现的魅力,吸引着难以计数的年轻一代加入进来,续承前贤,创建新说。偶然发现的机会,还让那些原本默默无名的发现者因此名垂史册,不论他的出身、信仰、操行如何。如果没有他或他们,历史还会在地下沉睡,甚至已经腐烂糟朽;如果没有他或他们,我们对历史的认知不会像今天这样丰富而详尽。

其实,19世纪最后一年的文物大发现只是个开头。谁能料到,一个又一个震惊中国乃至世界的文化发现事件接踵而来。除了甲骨文,灾难深重却又转机无限的中国在20世纪最初两年,还有两次文物大发现:1900年,在敦煌莫高窟,一个令后人感到可恶更可怜的王道士,在偶然清扫时发现了藏经洞,震惊了全世界。时隔一年,从1901年起,新疆罗布泊楼兰和民丰尼雅、甘肃、内蒙古的居延等遗址相继发现汉晋简牍。它们加在一起,至今仍被学术界津津乐道为"三大文物发现"。巧合的是,它们也都是偶然被发现的。

> **相关链接**
>
> ### 简牍是纸张的前世
>
> 简牍是中国古代用竹、木制成的书写材料。流行于公元前5世纪的东周至公元3世纪的魏晋时期。内容包括公牍文书、私人信件、传抄典籍、卜祷记录、随葬遣册等。纸张普及以后,简牍逐渐废弃。今人把简牍和甲骨文、铜器铭文、帛书、石刻以及带字的陶文、货币、玺印、封泥等,都叫作"出土文献",研究这些出土文献上的古字的学问,叫古文字学研究。

从19世纪到20世纪初,中国文化遗产的处境多灾多难,但在跨世纪的前后三年里,积弱的中国却一年一项文物大发现,三年三项文物大发现。这不能说绝后,却是旷古空前的,说它难以轮回,无法重演,估计也不会有谁投反对票。因为这些发现之前的漫长的两千年里,古代中国文献记录在案的,只有两次堪称文物大发现的事件,而这两次发现的文物都是比汉晋简牍更早的先秦简牍。

一次是在两千多年前的西汉武帝初年,鲁恭王刘余为了扩建自己的宫室,拆了孔子家的老宅,谁料想在被毁的墙壁中发现了数十篇古书,后世称之为"孔子壁中书"。藏书的"鲁壁"作为"三孔"的组成部分,在1994年被列入《世界遗产名录》。前两年,我还去那里拍摄过宣传世界文化遗产的综艺节目。

还有一次是河南汲郡一个叫"不准"的人,在西晋初年盗掘了战国时期魏王墓冢,没想到发现了10万字的魏国竹简,后来被整理成《竹书纪年》,也叫《汲冢竹书》。我们现在使用的历史年表,远的不说,就是前些年结项的"夏商周断代工程",也是把《竹书纪年》作为重点文献依据的。现代化进程中的国家重点文化工程使用了古代盗墓者的偶然发现,这话说起来不中听,却是实情。这是因为,经过历代专家整理考证后的《竹书纪年》太重要了,重要到研究古年代学实在是绕不过去。

鲁壁

相关链接

夏商周断代工程

夏商周断代工程是我国1996年正式启动，2000年验收的国家重点科技攻关项目之一。工程总目标是制定夏商周时期有科学依据的年代学年表，具体目标如下：

一、提出西周共和元年（公元前841年）以前各王比较准确的年代；二、提出商代后期武丁以下各王比较准确的年代；三、提出商代前期比较详细的年代框架；四、提出夏代基本的年代框架。

该工程邀请了历史学、考古学、古文字学、天文学、测年技术等诸多学科170多名专家、学者共同参与。在合作中，各学科采用不同手段研究同一年代，得出了比较接近的结论，保证了夏商周年代框架的科学性和可信度。

偶然的发现能改写或补写历史，如此才能还原历史的真相。对此，复旦大学教授葛兆光说得更精微：

> 的确，好多改变历史的发现，虽有一半来自人们有意的寻找与搜寻，却有一半就开始于这些偶然的事件。
>
> 如果没有拿破仑的部下无意中撞着的那块石碑，如果石碑上没有那一半古希腊文，埃及的早期历史仍然可能在一片雾霭烟尘之中；
>
> 如果没有安阳的农民卖可以包治百病的龙骨，如果这些甲骨没有被王懿荣发现，人们可能至今还看不到《史记》没有记载下来的殷商社会生活，也可能看不到世界上唯一还在使用的象形文字的早期形态；
>
> 也许还应该谈到的是，无论我们怎样讨厌敦煌那个贪财的王道士，但你没有办法改变一个事实，是他无意中叩了叩背后的墙，几万卷中古时期的写卷就重写了中国乃至于中亚的历史。

相关链接

罗塞塔石碑及其当代价值

罗塞塔石碑（Rosetta Stone），是公元前2世纪初埃及祭司用雪花岩石为国王竖立的一块颂德碑，现收藏在英国伦敦大英博物馆。1799年，法国士兵偶然发现于尼罗河口的罗塞塔要塞。

罗塞塔石碑的价值是把同样的内容刻成了三种文字：古埃及象形文、俗体文和希腊文。1822年，法国埃及学家商博良对照各文字版本，终于成功译解出已经失传千余年的埃及象形文字，奠定了埃及学的基础。

而今，这一名词产生了不少衍生意义，常被人们引申为解决一个谜题或困难事物的关键线索。如有一款非常受欢迎的多国语言学习软件，即以"罗塞塔石碑"来命名。再如欧洲太空总署（ESA）就将其发射的太空探测器命名为"罗塞塔"，希冀透过此计划，破解太阳系生成的秘密，实现天文研究的关键突破。

就学术发展观而言，陈寅恪先生在陈垣《敦煌劫余录》序文中说得更为贴切：

>一时代之学术，必有其新材料与新问题。取用此材料，以研求问题，则为此时代学术之新潮流。治学之士，得预于此潮流者，谓之预流。其未得预者，谓之未入流。此古今学术史之通义，非彼闭门造车之徒，所能同喻者也。

这些偶然的发现如何了得，学术大家们的评价俯拾即是。20世纪30年代曾师从徐志摩和闻一多的"新月派"诗人陈梦家，后来对古文字发生兴趣，并由此转入古史和考古研究，成果斐然。他就说过："在汲郡所出的《竹书纪年》，乃纪元前297—前296年所作魏国的史记。汲冢竹简的发现和安阳甲骨的发现，就古史的材料而说，有着几乎同等的重要性。"

如果说陈梦家的评价还略嫌保守或谨慎，那么1925年7月，身为清华大学著名导师的王国维，有过一次被后人认为是具有深远意义的演讲，在这个名为《最近二三十年中中国新发见之学问》的演讲中，我们至今仍然能够感受到他的激动和褒溢之情：

>自汉以来，中国学问上最大之发现有三：一为孔子壁中书，二为汲冢书，三则今之殷虚甲骨文字、敦煌塞上及西域各处之汉晋木简、敦煌千佛洞之六朝及唐人写本书卷、内阁大库之元朝以来书籍档册。此四者之一已足当孔壁、汲冢所出，而各地零星发见之金石书籍，于学术有大关系者，尚不与焉。

陈梦家和王国维先生如此兴致勃勃，更多的是从学术角度洞见这些发现的重要性。可是放眼历史文化遗产的保护状况，我们就会痛心地看到与这三大发现须臾不分的是毁坏、劫掠和残破。其中敦煌藏经洞还与火烧圆明园、清东陵乾隆墓和慈禧墓被盗、溥仪偷盗故宫藏画和善本古籍一道，成为清末民初中国文化遗产遭遇的"四大劫难"。在那个时代，发现总是伴随着泯灭，惊喜总是浸染着悲痛，国厦倾覆之际，便是文脉断绝之时。

可不论何等的痛心与惋惜，毕竟三大文物大发现还是带给苦难的国人以杯觥之畅和击节之快。事隔百余年，2025年的我们已经能够更理性地观察这些文物大发现的共同特点了：

一是发现的遗物都是带文字的。甲骨文是距今约3 500年前刻写在龟甲、牛胛骨和人头骨上的；孔子壁中书、汲冢竹书和西域汉晋简牍都是距今2 000年前后写在竹、木材料上的；敦煌千佛洞的经卷是千八百年前书写在纸本上的。我们的先人开始在竹木、后来以纸张为载体写下的文献和描绘的书画，原本汗牛充栋，可到我们后人发现时，它们却已朽去大半，少得可怜。如果孔子壁中书和汲冢竹书不在一两千年前被发现，恐怕能不能保存到今天都是个问题；即便能保留到今天，能不能被我们发现同样是个问题。所以，当20世纪前后的三次文物大发现，发现了足以改写中国乃至整个东亚和中亚历史的文字性文物时，想要世界不受震动已不可能。古今中外文物考古发现的结果，有充分的理由辅证这种震动——那就是大概不少于95％的古代遗存发现是没有文字的，这是后话。

二是这些发现是文物发现而非考古发现。最简明直接的证据，就是它们被发现时，中国还没有考古这档子事。众所周知，考古学在19世纪的欧洲出现，到了20世纪20年代才传入我国，这是三大文物发现20年之后的事情了。所以，学术界把它们定义为文物大发现，原则上没错。如果再弹性点说，就是不能全算，也不能完全不算。借数学的话语，就是约等号，不是等号。如果从专业上讲，考古发现就是用科学的手段获取古代实物资料的田野工作。再说得全面些，就是在获得资料的基础上，用科学的方法和理论对获取的资料进行整理和解读。换言之，文物发现基本上不是用科学的田野发掘手段获得资料的，像上面几个文物大发现中的破墙、盗掘、挖"龙骨"、劫掠等活动，最糟糕的就是把文物原来存放的状态破坏了，古人编缀的可顺序读通的竹简被搞得散乱了，古人放置在坑中的甲骨也被不少一心找"龙骨"卖钱的人挖得七零八落。

所以文物发现和考古发现是两码事，犹如南是南，北是北，天是天，地是地。

这种例子随便找找还有不少，像前些年被北京保利艺术博物馆收购回来的清代圆明园大水法上的猴首、虎首、猪首、牛首铜像，在那些外国人的书房或博物馆里，仅仅是作为艺术品摆放的。离开了圆明园建筑本体的这些铜兽首，无论其藏主如何视之为家珍、馆宝，其原生的历史文化信息也难以再现；而用一个国家的国耻来点缀的所谓文化品位，更是现代人类社会的一种悲哀。我还记得圆明园兽首回归后，到上海来展览时的一个细节：当时我本能地伸出手去，摩挲了它们被割断喉咙的颈部断面，心情瞬间一落千丈。

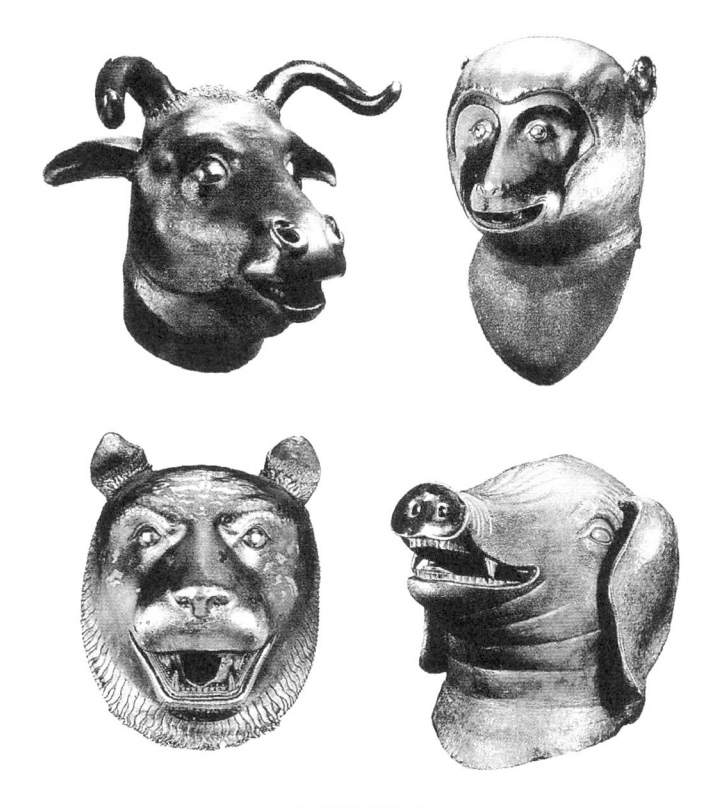

圆明园铜兽首

稍微能抚慰我们心灵创伤的，是三大文物发现后的一百多年里，它们陆续成为了国际性的三大显学——甲骨学、敦煌学和简帛学。这时，这事，都已不再偶然。

敦煌石窟算不算考古发现

甘肃敦煌藏经洞是偶然被一个道士发现的,按说属于文物发现,但在中国20世纪100项考古大发现的榜单上,这一发现却赫然在目。有人问,这能否算作考古发现?

首先要说,这个问题问得好。但在解答这个问题之前,先让我们讨论一下评选的规则。由最著名的考古学家组成评委会的中国年度十大考古新发现评选活动,可能是中国目前没有介入商业元素、以科学水平为唯一标准、有极大社会效益的纯专业评选活动之一。评选一直坚持三个基本原则:

第一,发掘是否经过国家文物局审批;

第二,田野考古是否严格坚持了专业操作规程;

第三,考古发现是否具有重要的学术价值。

然而这样的评选标准科学与否?评选的结果客观公正与否?是否会助长专业人员的挖宝思想和浮躁心态?实至名归还是名不副实?……据我所知,质疑者并非没有,并且是"柿子专拣硬的捏""胡须就挑老虎的拔",直指中国20世纪100项考古大发现榜单中的第83项——人们早已耳熟能详的"甘肃敦煌石窟的发现"。

常言道,不说不知道,一说吓一跳。看质疑者下面的质疑,着实叫人觉得这项发现入选中国20世纪100项考古大发现名单,的确有那么点蹊跷。

第一,敦煌石窟原本就是从一千多年前开始不断凿刻于山体上的佛教洞窟。按现在学术界或文物法规的说法,叫地面文物,也就是既看得见,又摸得着的古代遗迹。既然能看得见又能摸得着,还要你考古去发现什么?这就像明代长城,早就醒目地绵延了好几百年，顶多是因为时代久远了，有些残垣断壁，然后你去挖了一挖，可你总不能就大言不惭地说"考古发现了明长城"吧？

第二，再说那个著名的藏经洞的发现。但凡知道点那段历史的人都晓得，它是一个叫王圆箓的道士无意中找到的，与考古学家何干？当然这类考古发现的权属争议不小，后文还会说到，暂时不表。

敦煌藏经洞第17窟外景

相关链接

藏 经 洞

第17窟是中晚唐时期河西高僧洪䛒的"影窟"，位于大型背屏式洞窟第16

> 窟甬道北壁，属于纪念性建筑。内有洪䇮塑像。此窟高出甬道地面，门高1.84米，窟内地面近方形，东西两边各长2.7米，南北两边各长2.8米，壁高约2.5米。
>
> 第17窟后被密封，于1900年被王圆箓发现。因窟内藏有5万余件经卷等珍贵资料，故被称作"藏经洞"。

第三，让敦煌古写本经卷名扬天下的，是斯坦因和伯希和等探险家和汉学家，干的又基本是盗掘和掠夺的勾当，显然与科学考古无关。后来成为国际显学的"敦煌学"，也不是因为我们成立了敦煌研究院才名扬世界的。何况敦煌研究院也不是以考古为专职的考古机构，它的前身是1951年更名的敦煌文物研究所，再前身是1944年建立的国立敦煌艺术研究所，浑身艺术范儿，更与考古不搭界了。当时的所长常书鸿先生是大名鼎鼎的敦煌学家、艺术史家、油画家，毕业于法国里昂国立美术学校，身上没有考古基因。

第四，中国的考古学是20世纪20年代才从国外引进的，到现在刚过一百年，而著名的藏经洞的发现是1900年，距今已125年。说敦煌石窟是考古发现，这不硬是让考古学"隔着锅台上炕"了吗？

第五，后来敦煌石窟做没做过考古工作呢？肯定是做过的。但入选100项考古大发现是因为这后来的工作吗？那要看看后来做的是什么工作。1951年中央文化部文物局组织专家全面勘察敦煌石窟，提出保护、维修方案。1965年前后对其进行大规模的危崖加固工程，对近四百个洞窟做了加固，修了桥廊栈道。1980年前后，考古发掘了一些窟前建筑遗址、洞窟。明眼人一看都知道，这些工作是以保护文化遗产为主，既没有令人眼前一亮的文物大发现，也不是叫人闻之一振的重大考古事件。

按质疑者的这些说法，看来把敦煌石窟作为100项考古大发现之一，还真是件值得商榷的事。弄得不好，还会影响到评选的学术性和权威性。林语堂说过："人们公认，自我认识是极难的事，尤其是需要对自己进行大量健康而又清醒的批判时更是如此。"那么，这个敦煌石窟的发现到底算不算考古大发现呢？

要我说，既不能全算，也不能完全不算。

说不能全算，是因为列入评选时的用词挺讲究，既没有叫考古，也没有叫发掘，既没有用调查，也没有用勘探之类考古的专用词语，而是叫作"甘肃敦煌石窟的发现"。那么，这里讲的"发现"究竟是什么意思呢？

这是一个显得老套却又无法规避的概念问题，需要名正言顺地给"发现"一个定义。如果不弄清楚这个概念，你就可以这样解释，我也能够那般理解，公说公有理，婆说婆有理，谁都难以把对方说到点头认可。

《辞海》上对于"发现"的定义是这么说的："对自然界客观存在的物质、现象的特性、变化过程、运动规律等作出的前所未有的阐释。"按这个说法比照一下，敦煌石窟是原来就存在的本有的事物，但是属于自在的存在，在人们发现它以前，只有宗教意义或文化意义，而没有在科学研究中发挥作用，更没有因研究成果为世人所知所用。问题在于敦煌石窟是怎么被发现的？被王道士无意中找出来和被洋人野蛮地劫掠，恐怕就不能算发现，起码不能算科学的探索和研究。因此"甘肃敦煌石窟的发现"前面就不能冠以"考古"两个字。没有考古两个字，就只能算非科学的发现了。科学和非科学，一字之差，千里之遥。所以别小看"考古发现"这几个字，好像挺简单，可琢磨起来又有点专业，说术即术，曰俗亦俗，远不是那么纯粹。这就是之所以说不能全算的道理。

说不能完全不算，也有"法"可依，这是因为任何行业评优选秀都有一套规则。有了规则，才有资格，才能参加"游戏"，才能分出等第高低。在评审20世纪100项考古大发现时，评委会"量身定做"三项评选原则，与每年度评选十大考古新发现的标准却是不一样的：

第一，具有重大的学术价值和意义；

第二，在国内外产生过重大的社会影响；

第三，在中国考古学发展史上具有重要的地位和作用。

这三项基本原则，不仅是硬道理，更是有弹性的硬道理。起码"甘肃敦煌石窟的发现"就符合前面两条。这项"发现"具有的不是一个道理，而是两个道理。如果从更专业的份儿上看，我们还能找出第三个道理：

首先，考古学的研究过程是由三部分组成的：一是收集和发现遗存，这主要是野外干的活儿；二是整理和分析遗存；三是解释遗存。这后两个过程多在室内完成，犹如前面提到的"沙发考古"。很显然，考古是个过程，是一条程序链。发现只不过是过程中之一环，是一个结点。何况，这个过程也有区别，有些发现是一次性的，比如清理大中小型的古墓，基本是立竿见影就地解决，像几十年前发掘北京明十三陵中的定陵，就是一鼓作气拿下的。可有些发现却没完没了，是具有反复性和连续性的，如同南方的梅雨，淅淅沥沥下个不停。

以发掘古人居住的遗址来说，世界上时间最长的考古过程，要数意大利的庞培古城了，大约已经陆陆续续地干了差不多两百年。中国的考古发现也有不少是常年做的，比如曾发现甲骨文的商代都城殷墟，自1928年起，也已经时断时续做了近百年，时至2023年，还不断有新考古成果问世，"河南安阳殷墟商王陵及周边遗存"项目就被评选为2022年度全国十大考古新发现。在殷墟这个中国考古工作持续时间最长的遗址，有的考古学家从青年干到中年，从中年干到盛年，从盛年干到了退休，几乎把一生都献给了殷墟。中国考古学诞生到现在，至少已有四代考古人在殷墟奋斗过，代代相传，至今接力到第五代了。

即使说敦煌石窟，实际上也没有结束考古发掘。1988—1995年间，考古学家历经7年6次大规模考古发掘，已经把一般人不知道的北区洞窟基本清理出来，向游人开放。这样一来，我们通常看到的南区487个洞窟，加上这次发掘的北区的248个洞窟，总共735个洞窟，大体上恢复了唐代碑刻中记载的莫高窟"窟室一千余龛"的原初面貌。所以，尽管莫高窟等耸立在地表以上，断壁之侧，既属于地面文物范畴，又有地下遗迹属性，未发现的龛壁，被沙土掩埋的洞窟，都还是需要做考古清理的。

相关链接

百年考古　五代传人

中国考古学已经走过了百余年的历程，第一代考古先辈以李济、夏鼐、梁思永、苏秉琦、裴文中、贾兰坡、宿白等位列《中国大百科全书·考古学卷》名单的二十余位先驱为主要代表。第二代以邹衡、徐苹芳、俞伟超、张忠培、严文明、黄景略等20世纪50年代从业的诸先生为主要代表。第三代是70年代后期开始从学的考古人。第四代是80年代中后期入行的。第五代是2000年以后的新人们。

学术界不比娱乐圈，唱唱跳跳，三年一拨，轮流坐庄，昙花一现。考古学是20年一拨，扎扎实实，像常青藤，类紫檀木。

再往深了说，发掘有连续性，研究也有反复性，并不是什么东西一发现、一挖出来，研究结论也就同步出来了。有多少考古发掘，现场没注意到的遗存所含信息，在几天十几天后被发现；又有多少考古发现，当时没有注意到它的价值，几年十几年后才逐渐认识到。这就是说，有的考古发现是立刻知晓了重要性的，可有的考古发现是后来才知道有"名堂经"的。因此，作为考古学研究对象的遗存是静态的，但考古发现和认知则是动态的。可以说，历史是与考古学一起成长的，考古学能发展到什么程度，我们的认识能深入到什么程度，古代那些人和事就会鲜活到什么程度，中华文明就会丰富和博大到什么程度。这就是张忠培先生一直讲的"以物论史，透物见人，代死人说话，将死人说活"。而今，让文物活起来，已经成为时代主题，特别是古代作为现代人的认识对象，和我们现代人所拥有的技术手段、知识、观念、情感等越来越密切地联系在一起，甚至于和我们未来的命运联系在一起——我们怎样期盼未来，从某种程度上决定着我们如何对待过去。现在的人常问："未来已来，你来不来？"换言之，有了考古，也就有了"过去已来"。那些实实在在看得见、摸得着的文物古迹，隐现于当代的生活日常中，成为维系和界定我们生存情境的重要角色，正在帮助我们确立自己在社会、历史、现在的定位。我们如何认识过去，活化既往，就意味着我们怎样过好当下，走向未来。一言以蔽之：考古为鉴，鉴往知来。

考古学是一门学科，但考古学更重要的是一种方法。发现既是个过程的开始，又是过程本身，这个过程还有循环反复的套路：从野外发掘出土阶段，到室内整理研究阶段，再回到野外发掘阶段，再回到室内研究阶段。所以，在考古界，甚至说在学术界，最常见也是最科学的表述，多是"取得了阶段性成果"这类话语。看似保守，但谁也不能否定，这才是科学研究中的"实话实说"，这才是考古学务实求真的"实证范儿"。

回来再看敦煌石窟，它实在是太特殊了。它在学术界的研究层次，早已位居显学之尊；它在国民中的神圣地位，连接着民族情感的神经。它若不入选，那100项考古大发现评选还有什么权威性和民族性可言？哪怕百中取十，十中取三，那也非它莫属。所以可想而知，20世纪中国考古大发现的评委们是在如何的为难中，在怎样的情与理的权衡中才没有剔除它，这需要学术勇气，而且超越了学术本身。我们最好接受，当然能理解更好，尽管科学来不得半点马虎，尽管在感性和理性的取舍之间难以中庸，但谁能说我们的文化心理不能从中体会到宽容？

偶然发现是考古的宿命

讲句实话，开始思考这个题目以后，我有意查阅了《二十世纪中国百项考古大发现》《中国十年百大考古新发现（1990—1999）》等权威性资料，以此为依据进行初步统计。然而看到结果时连我自己都有点吃惊：原因是这些发现中，约有近半数根本不是出于考古学家的课题设计本意，也不是出自国家文物局或地方文物部门的科学规划，而是在工程施工、农民耕作甚至盗墓中暴露出来后，考古学家闻讯接报，迅速赶到，实施了补救式的清理工作。这种被动的做法，用专业的术语叫"抢救式发掘"。这种发掘，大都是突发性的，所以有人说考古学家就像救火队员，考古队就像消防队，可谓比喻得当，半点不假。

失火的废墟是什么样的？无论你在现场见过还是媒体里看过，留有的印象就四个字：一片狼藉！那抢救性的考古现场如何？我说恐怕还要有过之而无不及。比如遇到国家或省市一级的重点建设项目或政府特别工程，这火更要救得急，救得有质量，顺带还要宣传保护国家历史文化遗产的重要性。一般人恐怕难以想象，考古抢救所遇到的麻烦往往是"情势猛于虎"。消防救火，帮者众，没谁阻拦。可考古就不同，前去抢救首先遇到的不是"战天斗地"的发掘，而是"与人奋斗"的思想政治工作：第一时间既要保证文物安全，又得协调好各方的利益和关系，其乐无穷没有，其苦无比多多。所以考古出身的著名作家张承志说："考古队员工作时难以想象的劳累和底层化，成全了从这个领域中培养出这种人的可能性。"我想了想，觉得他说得不无道理。

中国乃至全世界有四类知识分子是和社会底层有"过节"的。一类是地质学家，一类是农学家，一类是医生，还有一类就是考古学家。打个不太恰当的比方，考古学家恐怕是"最底层的知识分子"，完全和其他三类学者不同。因为同样做底层，可其他学者是送福荫给老百姓的：找矿能创收富国；粮食增产能提高大众温饱度；医生更不用说了，祛病免灾，救人积德。考古学家做的是什么？是掘人家祖坟，挖人家苦心经营的高产田，耽误迫在眉睫的施工工期，如此等等，难免民怨村怒。所以考古学家往往会和老百姓发生直接冲突，会与施工队产生矛盾，遇到的笑脸不多，见到的怒目不少。

尽管考古学家是我们这个时代派往古代的亲善大使，但他们永远不是一线明星，也没有行政官员的权力，无法令行禁止，也没有号召力，更不是好莱坞甜心。考古学家的表情可能是科学家中最丰富的，他们的面部肌肉已经职业化地发达，他们的心脏不同于其他科学家的律动特点。前些年三峡和南水北调等国家重点工程中的文物抢救，实实在在是让考古学家们体会了无数相争的苦恼，相识的快乐，相知的欢笑和相融的效率。我曾经和复旦大学的一些师生撰写过《三峡考古记》系列学术随笔，2003年由香港中华书局出版。其中就有不少涉及这类"抢救式发掘"遇到的偶然发现，充满酸甜苦辣、喜怒悲欢。只可惜内地难以看到。最近不止一家出版社找我，希望重新出一下这套书，看来可以纳入增订计划了。

"抢救式发掘"遇到某些城市的"政绩"工程，其实麻烦最大。嘴皮磨破是小事一桩，不被赶走已属万幸。所以不论美国还是中国，在考古学家的职业要求里，除了专业上必须达标的技能、方法和理论等各项外，都把具有行政领导和协调能力写进规则里。记得每次带学生考古归来做总结，不少同学都对我感慨道，比起专业长进来说，自己在人际交往能力和行政处事能力上收获得更多。

"抢救式发掘"不是考古发现的全部，还有一些发现是考古学家带着某个研究目标主动进行的，这个概念用专业术语叫"课题式考古"。然而中国"课题式发掘"很少，"抢救式发掘"很多。比如2004年国家文物局批准的600余项考古发掘项目中，配合基本建设的近80%，仅有120项左右不属于"抢救式发掘"。而进入21世纪以来，我国正式立项的考古发掘项目，平均有80%是出于配合基本建设的目的。因此人们常说，考古发现有很大的偶然性，要靠运气灵，机遇好，手气旺。这虽然不是实情的全部，但的确包含相当部分的事实。

不管文物发现和考古发现有什么区别，不管"抢救式发掘"和"课题式考古"有多大的比例关系，有一点是有目共睹的："偶然"带来的考古发现，数不胜数。一句话，在考古的偶然性面前，我们的想象力实在有限。下面看看我们信手拈来几个20世纪100项考古大发现中的偶然例子——也就是"得来全不费功夫"的实例。

偶然发现之一：马王堆汉墓

1951年冬，中国科学院考古研究所副所长夏鼐在长沙东郊马王堆，发现了两个东西相连的大土冢，他判定为汉墓。1970年，湖南军区的医院选定在两个大土冢下挖掘地下工事，建造地下病房。就在一个巷道口掘进数米后，施工的工人发现塌方严重，便找来铁棒探查。谁知底下竟冒出气体，他们以为是空洞，就舀水往里面浇灌，但一股强大的气压却把水喷上来。有人提议再用火试点一下，巷道

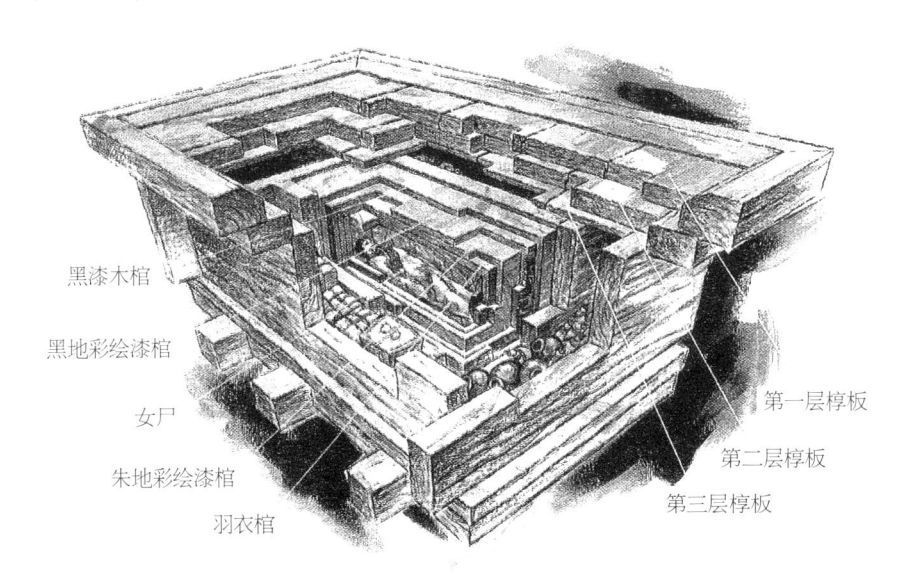

马王堆复原效果图

口竟冒出了蓝色火苗。人们大为惊疑，立即报告了湖南军区。

电话几经辗转，三天后，湖南省博物馆才接到报告。第一时间里前去现场的专家侯良等人毫不知情，他们在路上还估计着是不是马王堆汉墓遭到了破坏，到达现场发现果如所料，他们看到有许多人还在墓上点火抽烟。考古专家根据经验推断，凡是有气体冒出来的墓葬，地下文物就保存完好。这与密封有关，密封也就意味着墓葬没有遭到破坏。

其实，马王堆汉墓并非偶然发现的，而是军队当时"违法"作业，导致了偶然的考古发掘。马王堆汉墓早在1956年就被湖南省人民政府公布为省级文物保护单位，并竖立了文物保护标志。偶然的发掘引发意料之外的考古大发现，还是离不开"偶然"二字。

偶然发现之二：满城汉墓

下面说的这个偶然发现，也与军队施工有关。

1968年5月，解放军某部官兵正在河北省满城县的陵山上进行一项军事工程施工，不料碰到了破碎带，施工点只好避开破碎带，另寻新的作业地点。可就在重新选定的地点，放炮炸掉的石头竟然眼瞅着就不见了。官兵们很奇怪，过去一看，发现了一个大洞。

战士们从洞口下去，发现下面洞穴里面有很多东西。他们拿出了几件，一看是文物，就不敢再动。工程立即停工，马上向省里报告，省里再报中央，周恩来总理责成中国科学院院长郭沫若负责处理。在北京军区的支持下，中国科学院考古研究所和河北省文物工作队组成联合考古队，拉开了考古发现的序幕。结果更出人意外，战士们发现的洞只是"凿山为陵"的第一个墓，编为1号墓。就在清理这个墓时，又发现北边约60米处的山石岩层有被扰乱的迹象，果然那里还有一座墓，定为2号墓。

这两座墓葬所在的河北省中部偏西的满城一带，在汉代属于中山国境内。陵山不高，海拔只有200多米，却面朝地势宽阔的大平原，背靠峰峦起伏的太行山，实为风水宝地。1号墓的主人是西汉景帝刘启的皇子、汉武帝刘彻的庶兄——中山靖王刘胜。2号墓的主人是刘胜的妻子窦绾。《三国演义》中刘备自称为汉中山靖王的后人，如果属实，那刘备就是此处满城汉墓的主人刘胜夫妇的后代。

这座"凿山为陵"的并穴合葬墓，开凿在山岩中，墓道口用土坯或砖砌筑封门，再用铁水浇灌，与山石融为一体，防盗性能很好。满城汉墓是第一座未遭盗掘的汉代诸侯王陵，陵中还首次发现了完整的金缕玉衣，而且是有准确年代可考的最早的金缕玉衣。为保尸体不腐，刘胜夫妇都用金缕玉衣殓尸。其中，刘胜金缕玉衣所用玉片是2 498块，窦绾是2 160块。用于穿系裹尸玉片的金丝，分别重1.1千克和0.7千克。只可惜金玉犹在，尸骨已朽，玉片金丝散乱一地，使复原工作费尽了气力。

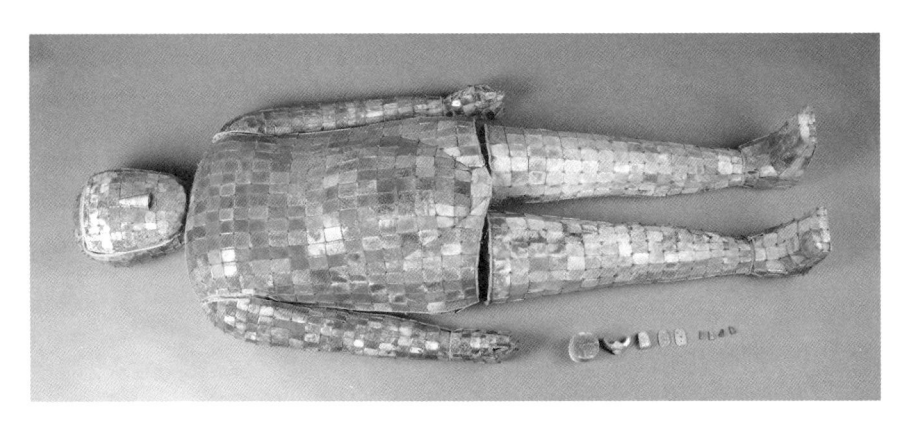

金缕玉衣

相关链接

金 缕 玉 衣

玉衣，汉代皇帝和高级贵族死时穿用的殓服。汉代人深信玉能寒尸，目的是保护尸骨不朽。完整的玉衣外观和人体形状相似，分为头部、上衣、裤筒、手套和鞋五大部分。玉衣由很多玉片组成，玉片之间用纤细的金丝、银丝或铜丝加以编缀。皇帝用金缕玉衣，诸侯王、列侯、公主等用银缕玉衣，大贵人、长公主用铜缕玉衣。据测算，制作一件玉衣，通常要耗费一个熟练工匠的十年时间。

由于金银用量大，所以葬有金缕玉衣的陵墓时常被盗。曹操的儿子魏文帝曹丕吸取教训，废除了玉衣制度。在考古中，也几乎没有见到东汉以后的玉衣。

除了玉衣，窦绾墓里随葬的一盏"长信宫"通体鎏金铜灯，也是两墓近万件随葬品中的佼佼者。灯体为造型生动的宫女跪坐双手持灯状，内体实际是空腔。全器的制作，是由头部、身躯、右臂、灯座、灯盘和灯罩六部分分铸拼合组装而成，非常便于拆卸和清洗。最精巧的是灯的结构设计，宫女长袖高举的右臂被做成一根排烟管道，燃灯时灯烟经过右臂进入中空的躯体内，可以保持室内环境清洁。

烛火的烟通过宫女右臂进入体内，保持空气清新

灯罩可以左右转动，调节灯光的方向

长信宫灯

有人说这是中国最早的环保文物之一，也不全是戏言。这件器物上的宫女袖口顺势形成灯罩，灯罩又由内外两片弧形屏板组成，并镶嵌在灯盘的凹槽里，可以左右推动开合，用来调节灯光照射的方向和亮度。该器在满城汉墓发现20多年后，被定为具有独特超凡艺术价值的一级青铜器，专家给出的评语是"优美动人，制作工艺高超"。此时，专家们可能已经不在意其发现竟是来自上面所说的那次偶然的军事施工。

偶然发现之三：法门寺地宫

考古发现的偶然性实在是可以作为一个专题来研究的，如果真的被某位专业学生写成学年或毕业文章，也许还是不错的选题，因为其中实在是有着千变万化的事例，可拿来作为考古偶然与必然之间关系的论据。像上面两个实例，说的都是人为作用导致的偶然发现或偶然发掘，下面要介绍的偶然发现，起因于1981年8月间陕西省扶风县一带的连绵淫雨，纯属自然动力所致。

陕西省扶风县的法门寺是唐代著名的皇家寺院，因供奉佛骨舍利而声名卓著。以后各代历经毁塌，也历经修葺，1956年被列为陕西省重点文物保护单位。可就是1981年8月间的这场雨水，寺内的八角砖塔突然崩塌，塔体大半倾塌，藏于塔上的宋元刻本佛经和唐代以来大量造像面世。古建筑倾塌，令人惋惜，却使稀世珍宝重见天日，可谓祸兮福兮。为重建倾倒的佛塔，1987年陕西省文物考古研究所等单位开始对塔基和地宫进行发掘，结果出乎所有人的预料——几如神话般地发现了4枚佛指舍利，120多件（套）金银器，还有丝织品、玻璃器、秘色瓷、珠宝玉器、石刻等大量皇室和佛徒献供之物，规格等级之高，无与伦比。

这次偶然发现的舍利，传说是公元前485年佛祖释迦牟尼涅槃后，其遗骨火化结晶而成，是佛家圣物。相传后来被统一印度的阿育王分成84 000份，分送世界各地建塔供奉，供佛教信徒膜拜。法门寺就是唐代安放释迦牟尼指骨舍利的中国四大名寺之一，唐代皇帝曾先后七次开启地宫，迎佛骨进京供奉。而今，其他三

法门寺

刹舍利皆已无存，法门寺佛指舍利成为国内唯一幸存之物。这次发现的藏于秘龛中的4枚舍利，1枚是释迦牟尼的真身遗骨，3枚是僧尼为了避免舍利遭到损毁仿制的影骨。还有资料显示，经过两千多年的光阴，留传在世的释迦牟尼真身舍利已经异常稀少，除了法门寺地宫出土的佛指舍利，在我国北京的灵光寺还供奉着据说是世上仅存的两枚佛牙舍利之一。

法门寺塔地宫出土佛指舍利及四门金塔

偶然发现之四：何尊上的铭文

偶然的发现除了不可移动的遗迹，还包括遗迹内的遗物。像著名的人面方鼎的发现，就偶然到匪夷所思的程度。

众所周知，在流行饕餮纹的商代铜器中，这件以正面写实人像为主要器物纹饰母题的大鼎，实属罕见。这件器物是1959年湖南省博物馆在长沙废铜仓库中拣选到的，当时已残为九块，后经修复，发现竟是一件罕见的商代晚期方鼎，但已只剩三个足了。

无巧不成书，1960年，另一只残足竟然在长沙以外的另一座城市——株洲的冶炼厂废铜中被发现。这样的偶然事例不能算是考古发现，只能说是文物发现，因为这类传世品的出土地点不清楚。尽管它屡屡被人提及，常常出现在图书的封面或书内插图中，但其学术价值早已大打折扣了。

这里我更想说说另一个偶然发现——陕西宝鸡出土的何尊。

人面方鼎

1975年，为纪念中日建交，国家文物局要在日本举办中国出土文物精品展，王冶秋局长聘请青铜器专家、就是后来的上海博物馆馆长马承源先生赴京组织筹备。经审核后，从全国各地调集了100件一级文物，其中就有宝鸡出土的一件铜尊。

马承源过去只听说过但没有见过这件铜尊，他在故宫武英殿见到实物后，反复看了好几遍，心中纳闷，这么大造型的器物为什么没有铭文？随即他用手在铜尊内壁底部反复摩挲，感觉底部某个地方好像刻有文字。他大为振奋，随即让人送去除锈。经过清除泥土锈迹，果然在底部发现了长篇铭文。马承源高兴至极，马上做了拓片，经研究，隶定出的铭文有122字。内容大意为：周成王五年，一位叫何的周王室重臣，在刚建成的洛邑成周，受到新居那里的王的训诰和赏赐。何用得到的赏赐，铸成这件铜尊，记载这一重大殊荣。

就这样，铜尊被定名为何尊。也因为这一重大发现，国家文物局取消了何尊赴日本展出的安排。1980年，国家文物局又请马承源组织筹备"伟大的中国青铜时代"展，以赴美国进行友好交流。马承源提出把何尊定为参展的主要文物，并得到批准。因为有这样一件青铜重宝参展，那次外展文物的保险费高达三亿多元。

何尊是因为马承源偶然发现了它的铭文以后才身价倍增，后来被定级为具有综合价值的"国宝级"青铜器。专家对它的定级评价是：方形圆口，器身铸大扉棱，开铜尊造型的新风格。铭文所记营建成周洛邑之事，可与古籍相参证。

何尊

专家们一致认为何尊的史料价值极高：一是证实了周武王灭商后，就产生了在伊洛这个天下中心建立都城、一统天下的战略意图；二是此器作于周成王五年，作为实物证据，为解决周公摄政的七年是否包括在成王在位年数之内的历史课题提供了直接资料；三是证实了周成王要迁居成周并付诸行动这样一个过去史料不详的重大事件；四是铭文中"中""国"两字作为一个词组第一次出现，尽管它与现在中国一词不是同一个地理概念，但意义十分重大。同时铭文述及周初重要史事，与成周（洛邑）兴建有关，对研究古代历史文化与河南地方史、城市建设史等都有非常重要的意义。

基于以上重要内容，1998年马承源到新落成的宝鸡青铜器博物馆参观，听讲解员介绍何尊为"镇馆之宝"时，他当即指出："它应是镇国之宝，不仅仅是你们的镇馆之宝。"

偶然发现之五：眉县青铜器窖藏

2003年1月19日，陕西省宝鸡市眉县杨家村五位村民像往常一样，在村北砖厂取土劳作。村民王拉乾一镢头下去，竟然挖出个大洞来。他很是吃惊，忙唤大伙过来向里探望，发现里面是一个土窖，窖里还埋藏着不少露出半截的器物。在场的村民立即联想到此地曾多次出土过窖藏宝物，他们赶紧向政府报告，于是，发现窖藏宝物的电话打到了宝鸡市文物局。

经发掘，这个偶然发现的西周青铜器窖藏出土了27件造型精美、保存完好的青铜器：包括鼎12件，鬲9件，壶2件，盘、匜、盉、盂各1件。最令人们兴奋不已的是，件件青铜器上都有遒劲古朴的述事铭文。经过著名青铜器专家李学勤、李伯谦、马承源等反复释读，共发现铭文4 048字，为中国考古史上出土青铜器铭文最多的一次发现。陕西省宝鸡市文物局局长张润棠这样形容他的工作："为此我数了不下50遍。"

眉县青铜器群

偶然发现之六：秦始皇陵兵马俑

在20世纪70年代以前，所有关于秦始皇陵的推测都只能停留在文献记载与传闻上，但1974年几位农民打井时的偶然发现，让秦始皇陵一夜之间家喻户晓。可如果你看过当年主持发掘工作的秦兵马俑考古队第一任队长、兵马俑博物馆首任馆长袁仲一在《秦兵马俑》一书中的回忆，你就会注意到他还讲了一个偶然得几乎叫人难以置信的细节。引文较原著略有删节，转述如下：

> 1973年底，陕西省临潼县骊山脚下西杨村生产队队长杨培彦和副队长杨文学二人带领村民一连打了二十多口井后，只有一口井水较旺，远远满足不了灌田的需要。
>
> 1974年3月24日下午，他俩又带几位社员来到村南满地砂石的柿子树林东端，这里有条古河道正对着山谷口。他们认为下大雨时山水从谷口下流，地下水必定丰富，于是他们就决定在这里再挖一个大水井。

杨培彦用尺在地上画了一个圆圈作为井址后，杨文学心里仍惴惴不安，端详了一会儿后说："我看井址最好再往西移动一点。你们看那里的一棵大柿子树长得枝叶茂盛，地下水一定丰富；地势也较高，抽水灌溉北边的农田较方便。"于是把井址向西移动了一下，移至大柿子树南边约十米处。

事后才知，这个井址恰好位于一号兵马俑坑的东南角。井的一半位于俑坑内，另一半位于俑坑外。真是鬼使神差，促使兵马俑光耀天日。

袁仲一记载的这个农民打井时的偶然发现，颇富传奇色彩，但我们无法不相信它的真实性。我们可以想象，假使杨文学没有惴惴不安地建议移动一下井址，假使井址再错位一两米，恐怕我们不知何时才能见到地下3米多深的世界第八大奇迹。那里可能至今还是砂石累累，一片荒凉，伴随着夜晚依稀可闻的狼嗥；那附近可能至今也不会为参观兵马俑而修建一座宽敞便捷的飞机场。尽管这里早已被划定为秦始皇陵保护区范围，可这里毕竟与秦始皇陵有1.5公里的距离，即使专家们在

兵马俑坑的井坑竖牌

当时也没有意识到这么远的地方会有如此重要的秦始皇陪葬坑,而且还不止一个。但让专家们有点始料未及的是,30年后,几位打井的农民会对秦始皇陵兵马俑的"发现权"提出要求,几乎上升到法律层面,这就不知道应该叫作偶然,还是看作必然。这在后面的"兵马俑的发现权"一节中,将为读者诸君详细介绍。

有多少考古是偶然发生的,已经难以统计。但不论你相不相信,大部分的考古发现纯属偶然,并且偶然得几乎能令你相信自己也有这样的机会。玩笑点说,在你不经意伸出一脚或跌了一跤后,就有可能踢出来或摔出来一个改变人类历史的惊世大发现。甚至在考古界还流传着不同版本的故事:考古队员在调查时小解而冲出地下的陶片,引发了某某重大考古发现,这让人联想到了那位著名的布鲁塞尔"第一公民"——撒尿小童于连。

你可能还不了解的是,这些偶然的发现,后来有不少竟还成了国际显学,像甲骨学、敦煌学、简帛学以及正在成为显学的秦俑学等。另外还要顺便说的是,1921年,当时的中国北洋政府聘请的瑞典地质学家安特生先生在进行矿业资源调查的时候,在北京的周口店发现了古人类的化石——北京猿人化石。也许是受到中国悠久历史文化的感召,安特生一生的兴趣从此由地质学转向了考古学,转向了对中国文化的研究。现代意义下的考古学传入中国由此带有了一定的偶然性,考古学家们甚至也受到了偶然发现的感染,把自己的人生也"偶然化"了。

这里,我想引用北京大学教授、考古学家齐东方在他撰写的《走进死亡之海》一书开头写的一首诗,来结束本章:

不知为什么?
历史迷失了你;
在古老的梦里,
我见到了你;
一个偶然的机会
我认识了你。

篇末议题

国外的考古发现评选都不评选敦煌石窟。像《科学美国人》的版本中没有，保罗·G.巴恩写世界100项考古大发现也不提这茬，他们青睐的都是兵马俑。我还发现有的老牌考古国家也不太搞考古发现之类的评选活动。比如英国的考古奖项——英国考古奖更关注以下内容：

金手铲奖——某些考古技术新发明；

重要学术贡献奖——某项开创分支学科研究的新领域；

英国遗产奖——奖励在长期保护古建及纪念物中作出贡献者；

钢铁大桥奖——对古建进行合理再利用并作出成就的项目；

考古著作奖；

最佳广播节目奖；

新闻奖；

普及考古知识奖；

考古俱乐部奖。

读者诸君也许已经看出来了，这里并没有考古发现奖。仿佛英国人更热心于手段与方法的创新，对研究与保护的进步情有独钟，并想方设法使考古学走近公众。他们设置奖项的名目和体系本身，实际上蕴涵了更深层次对考古学自身定位和价值观取向的思考，并将其物化为一种外在的形式以便于倡导和传播。尤其值得注意的是最后四大奖项，似乎强调"考古之外"或"考古后续"的比重占据近半，看来其用意着重"普及"二字，也就是学科知识的社会化转换程度。

和英国相比，中国目前的考古发现奖和田野考古奖乃至科技类奖多限于专业圈内，显然没有英国那样的系统化和层次化，更没有从普及考古知识上下功夫。如果说评比活动的意义应该超越结果本身，那么推动考古学进步的仅仅就是发现本身和发现的方法？我们到底应该如何看待世界评选的发现名单？如何评价我国的评选活动呢？

叁

考古学家是不幸的侦探

地下还有多少可能改变我们的历史认识的新材料
至于这些文物何时「挺身而出」
谁也说不清
给史家以意外的惊喜或致命的打击
更是只有天知道

——北京大学教授陈平原

我们有多少文物家底

我带去三峡考古实习的复旦大学冯小妮同学,曾写过一篇考古随笔,发在《中国文物报》上,题目是《学会动手——一个女考古队员的自述》。其中有个片段是这样写的:

一直以为考古是件很浪漫的事。

一直遐想,浪漫风尘之中一个孤独的人影,一双沾满风沙的手,颤抖着揭开脚下蒙盖在远古文明身上的幕布——于是,我们直面文明,抚触历史沧桑。

但到了三峡,在真正走进考古发掘现场的那一刻,我才发现,考古其实是剔除了所有浮躁、喧哗以及其他华丽却毫无意义的装饰之后一种最基本的存在。所有在心中遐想已久的浪漫、崇高、凄美甚至壮烈的种种片段如水汽在三峡的烈日下迅速蒸发。黄土、风雨、山路、民工……我们遭遇的是一串实实在在的名词,以及一段茫然失措的日子——课堂上学到的理论知识与在工地上遇到的实际情况就像破碎了的陶器,拼来拼去怎么也找不到契合点。

动手多了便慢慢发现,其实动手远不止于一次动作的时间,更是进一步学习的过程,动手的时候,往往就是一个动脑的过程。比如清洗陶片,不能不分青红皂白就往水里倒,而必须先判断哪些能用水洗,哪些不能,以及为什么不能洗;凭借直接接触陶片的机会,还应该充分观察它的胎质、颜色、纹饰、火候、文化属性等。这样，等到各个不同时期的陶片都过手之后，对于陶器基本发展脉络的认识，自然更深入、更清晰了……在这段过程中，我学会了动手，更重要的是，找到了动手背后蕴涵的精神：脱掉所有浮夸、虚饰、繁缛的外表，脚踏实地。

我想，这也正是考古的性格。

考古的确如上文所说，有时候被看作是一门浪漫的学科，挖宝山中，探珠海底，探索伟大的历史之谜，搜寻远古失落的文明，打开金字塔，发掘帝王陵墓……其实，考古学家寻找的大多是古代人类废弃的垃圾。他们并不完全是在寻找普通人以为的那些宝藏，而是像侦探一样，收集遗留在这些垃圾里的古代社会的种种信息，然后拼对缀合，探求真相，揭开谜底，像两千年前太史公司马迁在《报任安书》中说的那样"故述往事，思来者"，"究天人之际，通古今之变，成一家之言"。

考古学家和侦探确实有很多相似的工作程序：发现案情，有人报案，出车现场，警笛声声，人群围观，禁地拉线，戴上手套，拍照取证，测量距离，笔录发现，发布消息，记者追访，媒体报道，百姓巷议，小道传闻，等等，几乎完全相同。但最关键的节点却不完全一样。考古现场和侦探现场有"三不同"：一是侦探现场是刚刚发生不久的事件，考古现场却是发生已久的事件；二是侦探现场往往保存完好，考古现场基本残缺不全；三是侦探现场可能会有目击证人或知情者，而考古现场的古尸骨骸，已不可能再说话发声。

	证 据	现场状况	证 据	
侦探现场	√	有人证，也有物证	×	考古现场
	√	有人证，没有物证	×	
	√	有物证，没有人证	√	
	√	人证和物证都没有	√	

考古现场和侦探现场有诸多不同，自然会带来两个直接的结果：一是侦探很快就能找到破案线索，考古学家却久久寻不到解密迹象；二是侦探很快就能发现案发原因，考古学家可能永远也找不出事件原委。侦探的破案率之高和考古学家的解密度之低，永远不成比例。所以我早年在吉林大学读书时就听教授考古学方法论的林沄先生说过："考古学家是非常不幸的侦探。"

造成这种现象的原因是什么？那首先要看古人给我们留下了什么。

考古把古人留下来的手能感之、眼能观之的文物，往往叫作物质遗存，简称遗存。遗存是专而又专的考古术语，所以没有被《辞海》列为词条，迄今为止也没有什么人把它说得清清楚楚、明明白白。可"遗存"二字，又经常出现在各种考古文献和研究论著中，比如有人将兽骨、人骨或植物种子等遗留物作为遗存；有人把器具作为遗存；也有人将窖穴、墓葬和房屋叫作遗存；还有人干脆把一个地区的古代物质文化资料都看成是遗存，等等。因此，我们又要先来讨论一下"遗存"二字的含义。

如果我们细心归纳以上说法，可以找到几个共同的特性：第一，遗存是客观存在的物质实体，既看得见，也摸得着，是形象的、具体的；第二，遗存有一定的时间范畴，包括从人类诞生的旧石器时代至近现代；第三，遗存以地下或地上作为它的存在形式；第四，遗存的内涵比较宽泛，小如一个米粒，大到一座古城，包罗万象。根据这些特性，又可以把遗存划分为两大类，即人工产物和部分与人类活动有关的自然产物。前者应作为遗存的基本内涵，后者则是遗存的外延。包括内涵和外延的遗存概念，通常又被分为遗迹和遗物两大范畴，像前面提到的窖穴、房屋以及墓葬等，属于遗迹；而细石器、器具、种子、人骨、兽骨等，则是遗物。

目前，对遗迹和遗物进行过权威性界定的著作是《辞海》，但好像解释得有点不太专业。《辞海》是这样定义遗迹的："指古代人类活动中遗留下来的痕迹，包括居室、窖穴、墓葬、岩画等遗存。"那又是怎么说遗物的呢？"指古代人类遗留下来的可移动的实物，如生产工具、武器、生活用具、礼仪用品和装饰品等"。在这里，以工具或遗址等具象性事物来解释遗迹和遗物，显然只是通俗意义上的列举表述法。这种举例说明法的好处是，能把一个很难被人理解的事物，用大家都熟知的事物作类比，通过已知求得未知，通俗易懂，老少咸宜，不费周折，屡试不爽，所以在生活中被大家广泛习用。但很显然这是感性层面的，不是理性维度的，没有揭示事物的本质。这就犹如讨论"什么是人？"的命题一样，有的会说人是男的女的、老的少的、张某李某王某；有的则说人属于自然界中生物发展阶段上居最高位置的灵长目，具有制造工具和使用工具以及能动地改造自然的能力。这两种表述所具有的大众化和专业化性质是不言而喻的，或者说，前者只不过是一种根据性别、年龄或称谓所做的简单分类，并没有涉及现象内在的本质意义。同理，将上面确定人类本质属性的表述方法，用在构成遗存的遗物和遗迹两个基本内容上，便会得到如下解说：遗物是古代遗留下来的可以移动但不会在移动中改变其形态的物质，遗迹是古代遗留下来的不可移动否则便会改变其形态的物质。

在澄清了基本概念以后，让我们再回到上面那个"古人给我们留下了什么？"的问题中来。人类活动的结果可能留下物质遗存，也可能留不下任何痕迹。比如吃饭的器具可能留下，但怎么吃饭，吃饭的动作，吃饭时是不是要祷告，等等，就很难留下来。再比如古人谈不谈恋爱，怎么谈，拉不拉手，亲不亲吻，说不说"我爱你"，用何种语言或方言说，我们就不得而知了。近现代有摄影照相技术能留下影像，有录音设备或智能手机能录制和播放声音。近至唐宋时代有可能留下绘画，远至战国秦汉时代还能留下雕塑，甚至《诗经》和《离骚》里也不乏名篇佳句，但这一切都不过是两千多年以来的记录。那么周以前呢？更遥远的史前呢？人类总共走过了两三百万年的历程，经过了漫长的旧石器时代和新石器时代，而那些先人们的衣食住行是不可能都留下来等待我们去发现的。

再说，古人好像也没有要为了后人的发现，而保留自己生存方式的先见之明。恐怕作为现代人的我们也没有太多这方面的谋划，能为儿孙多存点钱、多留几间房，就已经是模范父母和楷模祖父母了，这是"授之以鱼"。一些更睿智的父母可能还会"授之以渔"，不仅给孩子鱼，还教育孩子如何练就捕鱼的技能。鱼和渔网都可能遗留下来，但技能就很难物化并流传下来了。前些年社会流行老照片作品，就是人们在寻找早年记忆、故地乡愁的一种心态。不去问有多少人家能找出三代以上的老照片，即便那些大家望族，能续修家谱的又有几何？如果说集体失忆早已是我们这个时代的普遍现象，那么集体失藏，就是我们绝大多数人的日常生活方式。所以，前些年北京一家媒体针对中国国家博物馆为什么要收藏"元亨利"的仿古家具、十二生肖纪念币、《猛龙》电影这些当代制作的藏品来采访我的时候，我重申了"要为未来而收藏""要为子孙而收藏"的理念。也就是我们要为未来留下物质记忆，这些记忆放在考古上，大都可以叫作遗存。

前些年，上海市区南部地铁9号线施工现场发现明墓，但考古部门初步清理后未进一步挖掘，反将尸体、棺木等再次回埋了。这种做法，使不少市民疑惑丛生，担心施工会再度破坏这一带的古墓群，甚至在我教书的复旦大学考古课堂上，也有同学问及原委。其实，考古部门是把重要的发现留给了未来的考古学家，这是因为现有保护技术存在着不足，现有研究能力也存在着局限性。像上海发现的明墓，既无墓碑，又无墓志铭，身份也无法确定，出土的两具并排女尸的相互关系都不是一时能解的。现代的考古发展早已跨越了"大干快上"的历史阶段，考古学家们取得的共识是：墓葬中的古代信息，不是我们挖出来后便能一一破解的。相信后人的解读能力超过前人，不但是我们必须承认的客观规律，还是对我们能否正确认知自己时代局限性的检验。不愧对祖先，不留憾子孙，能不挖尽量不挖，不仅是新时代考古学家的公共职责和职业伦理，更是我们每个人都应当怀抱的大考古、大历史、大遗产、大文化情怀。

退一步讲，甭说古人的活动有一半很可能留不下遗存，即使古人另一半的活动能留下遗存，那么从理论上讲，其中至少还有一半是不能保存至今的。有机物质诸如米饭、白菜、蓑衣、长衫、瓜皮帽、云头靴、木船、棺材等都很容易腐烂，杜康酒也很容易挥发。中国极有特色的那些斗拱挑檐、雕梁画栋等木结构建筑，我们现在能上溯到最早的实例只有唐代的那么几座仅存的硕果，而唐代距今才不过千八百年的工夫。有机物如此，无机物质的文物也未必就能永垂不朽。土质城墙的颓废、石人石马的风化、青铜器的锈蚀，都不是人力所能阻止的，至多是延缓它们损失的速度而已。

再退一步讲，即使理论上还有另一半古代遗存能保存至今，那已经被我们发现的有多少？还没有被我们发现的又有多少？犹如设问我国有多少石油储量那样，我们到底有多少文物藏量？我国在1956年、1981年和2007年前后进行过三次全国性的文物普查工作，2023年又启动第四次文物普查工作，差不多25年搞一回。另外，还在2012年进行了第一次全国可移动文物普查，被民间不拘口地叫作"国宝大调查"。这类普查的结果是，全国登记在册的不可移动文物共76余万处，馆藏可移动文物以普查统计10 815万件/套文物、登录备案2 661万件/套文物的成果收官，北京故宫以180万件/套名列前茅。如果暂不计入难以统计的民间收藏以及部分港澳台文物的话，这大概就是我们造册登记的全部国有文物的家底了。如果可以像下面那样算一笔账的话，恐怕我们自己都会感到汗颜无地。这笔账是这样算的：

全国登记在册不可移动文物共70余万处 + 馆藏登录备案可移动文物2 661万件 = 2 731万件（处）

中国文物总量2 731万件（处）÷ 中国有近200万年人类历史 = 13.7万件（处）/万年

13.7万件（处）÷ 1万年 = 13.7件（处）/年

如果这个算法成立，谁能相信这竟然就是我们的文物家底呢？中国有人类活动的历史约200万年，我们算出来的结果是：我们祖先活动留下来的遗产中，每年只有13.7件（处）文物能入我们的"法眼"，难道只有这些才值得我们保护？如果再分摊到现有的行政区划中，平均每个省、自治区、直辖市连一件（处）都捞不着。

这个算法如果说有毛病，板子也许要打在计年的屁股上。因为人类最重要的生产能力，是在约一万年以来的新石器时代才获得突飞猛进的发展的。从那时起，我们的祖先不再是被动地适应自然，而是具有了能动地改造自然的本事，创造或创新的能力大大加强。我们现在登记在册的文物，绝大部分应该是一万年以来的。既然这样，那我们再加以调整，换一个算法：

中国文物总量2 731万件（处）÷中国新石器以来1万年人类历史=2 731件（处）/年

中国每年登记在册文物2 731件（处）÷全国各省、自治区、直辖市≈80件（处）/各省、自治区、直辖市登记在册/年

换了这个算法，或许我们的表情可以略微松弛一点，但我们的心情还是没有好到哪里去。因为一个拥有近200万年史前史和5 000年文明史的中国，只有这样的藏量还是太少太少，我们的家底何止这些？而在仅有1万多年史前史和200年历史的美国，馆藏文物达3 700万件，收藏的文物总量还比我们多了不少——尽管美国的很多藏品本来不是美国本土的"特产"。所以国家文物局提出自"十四五"规划期间的2023年起，计划用5年时间开展第四次全国文物普查工作。总体目标是建立国家不可移动文物资源总目录，建立全国不可移动文物资源大数据库，建立文物资源资产动态管理机制。同时在第三次全国文物普查增设水下文物、乡土建筑、工业遗产、文化景观、文化路线等新的文化遗产内涵的基础上，还将新增认定标准，力求反映我国文物遗产的多样性。

相关链接

一些日本考古数据

1. 日本有记录的考古遗址370 000个，平均每一平方公里一个考古遗址。由于70%的土地为高山峻岭，遗址多集中在其余30%适合人类居住的地方。部分遗址的年代早至50 000年以前，绝大多数遗址不早于35 000年，不少遗址年代为19世纪。

2. 日本现有7 000多专业人员和20 000—50 000考古工人（大多数为中年妇女）从事田野工作，每年有8 000个规模不等的考古发掘。

3. 考古合约预算庞大。2000年平均每个县考古开支24亿日圆（约合人民币1.6亿元，以下可类推）。全国47个县共支出1 130亿日圆。其中990亿来自公共建设项目，140亿来自私营机构。

4. 日本每年发表2 000多个考古发掘报告，为研究日本的历史提供了丰富的资料。

让我们再退一步，即使保存至今的古代遗存在理论上有一半已经被我们发现，那又有多少已经发生了这样或那样的变化？这些变化是自然作用导致的，还是人为破坏造成的？抑或是自然和人为双重作用后的变异？像乾隆皇帝和慈禧太后的陵墓被军阀野蛮盗掘，明清两代的北京城墙在1949年后被强行拆除，都是比较单一的人为破坏。像杭州倒掉的雷峰塔，新疆罗布泊消失的楼兰古城，前面提到的

始皇陵的封土堆（维克多·谢阁兰1914年摄）

秦始皇陵

陕西法门寺塔的倒塌等，多是自然作用的结果。秦始皇陵封土外形的变化，已经从建造时有棱有角的覆斗形，由于风吹雨打而变成了馒头形；后来在20世纪40年代还因为它高大易守，在上面修筑过战壕之类军事工事，这就有点双重破坏的架势了。敦煌莫高窟的壁画不断遭到腐蚀，表面上看似乎完全是自然原因造成的破坏。可有谁知道，有关专家做过一个试验：如果让40人在洞窟里待上37分钟，空气中的温度、湿度及二氧化碳浓度就超过正常含量的6倍了。2010年约有100万游客前来敦煌莫高窟参观，到2023年游客量已经超过了1 000万，这么大的游客量所带来的影响可想而知。而且现代人喝酒吃肉，和过去那些简朴僧人的生活习惯不同，酒肉所散发出来的酸腐气息对壁画的影响更大。那么在现有科技条件下，如何使得敦煌莫高窟的艺术不至于消亡？方法是保护和模拟，即把洞窟里所有的东西都模拟一份，要来参观就参观模拟的石窟。模拟的石窟也有好处，如果您对某个壁画的细节感兴趣，还可以放大观摩。总之，由于多重原因使古代遗存发生改变的例子，简直举不胜举。

破损的敦煌壁画

以上事例说明，古代人类活动所能留下的物质文化遗存，经过人为的或自然的破坏和损毁，可能也就剩下百分之几乃至千分之几甚至万分之几了。换句话说，古人当时的全部生活信息，到我们手里时大部分早已缺失，只剩下可怜巴巴的那么一点点了，而且还伤痕累累。

下面这张图表，能让我们更清晰地看到考古研究的对象，在历经变化时发生的一系列消殒的过程。古人古事已然如此，今人今事一样如此，子子孙孙还将如此。

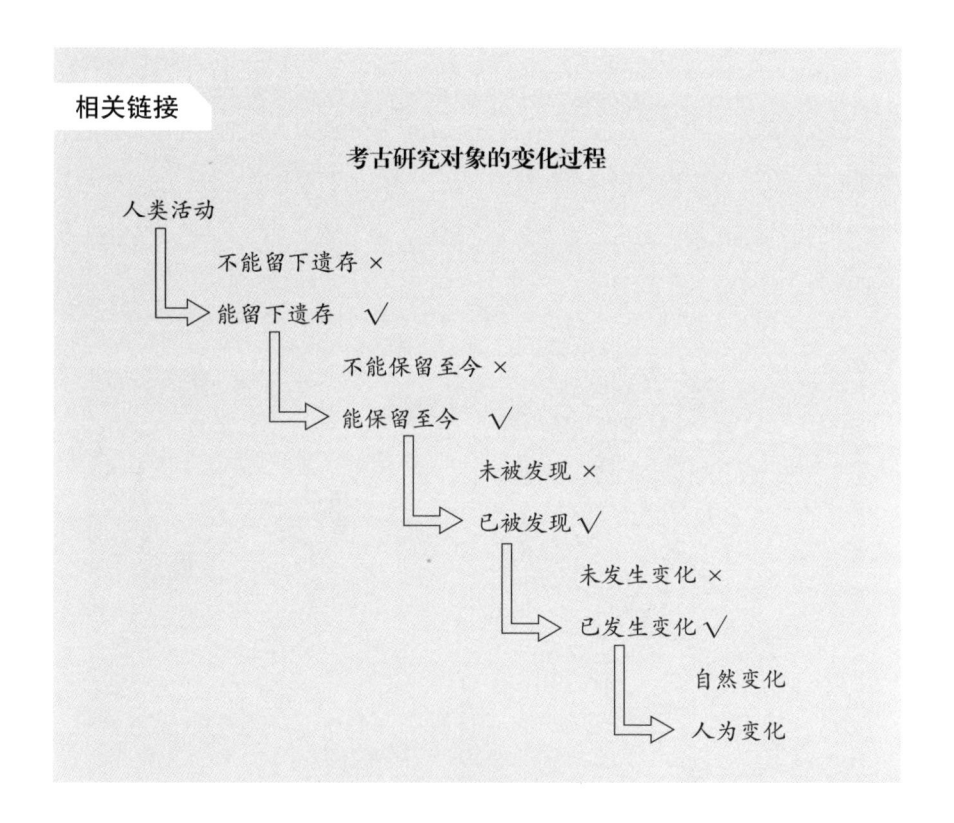

相关链接

考古研究对象的变化过程

人类活动
→ 不能留下遗存 ×
→ 能留下遗存 √
　→ 不能保留至今 ×
　→ 能保留至今 √
　　→ 未被发现 ×
　　→ 已被发现 √
　　　→ 未发生变化 ×
　　　→ 已发生变化 √
　　　　→ 自然变化
　　　　→ 人为变化

那些不幸的考古侦探们，试图通过残缺的信息片段，去重建上古洪荒的沧桑巨变，评述帝王将相的功过是非，揭示官绅百姓的吃穿住用，解读文人墨客的爱恨情仇……说破大天也会被人笑为一种臆想，动足脑筋也会给人当成痴言疯语。

因此聪睿的考古学家们说，他们永远是会全力以赴地走近历史的真实，而决不妄言引领我们走进历史的真实。"近"和"进"一字之差，天壤之别，对待历史的态度顿时分明。这不是因为他们保守，也不是因为他们谨慎，在理性钢丝和感性天空之间，他们会毫不犹豫地选择前者，而且不会借助平衡杆之类的辅助设备，企图悬于二者之间，心寄河汉，好大喜功。作出如此选择虽然不甘心，但这实在是他们不得已的学术底线。只有对历史存有敬畏之心者，方能得到历史的友情馈赠。

长久以来，有多少考古学的发现，总是叫人翘首以待，满怀希望，却又总是令人们的期待在瞬间失去重心，咣当掉到地上。举个例子：由陕西省考古研究所和北京大学联合组成的考古队，2004年在陕西省岐山县周公庙遗址的考古调查工作中，钻探发现了一处西周时期最高等级的大型墓葬群，在22座墓葬中有4条墓道的高等级墓葬达10座。邹衡先生等专家将这个发现与20世纪初发掘的殷墟遗址相提并论，称其为"新中国最重大的考古发现"。经国家文物局批准，周公庙考古队对其中编号为18号、32号的两座大型墓葬进行科学试掘和抢救性发掘，出土了一批文物，为考古研究提供了重要的实物资料。18号大墓位于墓葬群的中部，有4条墓道，宽4.5米的南墓道为主墓道，其余3条墓道均宽约0.9米；南北墓道皆长17.6米左右，东墓道长12.4米，西墓道长7.5米；主墓室近方形，长6.8米，宽6.4米，墓底距地表深11.8米。18号大墓的墓葬形制、规模和陪葬有车马器及目前所见最大的西周石磬等现象，足以证明墓主身份地位非常高，至少是诸侯级别以上的人物，对西周考古提出了许多值得进一步研究的重大课题和重要的新线索。但万分遗憾的是，这座大墓历史上遭盗掘情况严重，已确认的盗洞达6个以上，因此在墓室中只能清理出一些劫后残存的文物。

这又能怪谁呢？是考古学家们不争光，还是我们自己对考古的期望值太高？假使没有被盗，考古学家们又将如何完成他们的工作？考古学家是注定的失意者吗？还是考古的对象从入土或废弃的那一刻起，就启动了年年月月一丝一缕地掩埋谜底的过程呢？考古学一直在寻找谜底，却不断遭遇新的谜面。考古学家们挖出的永远是谜面比谜底多，而且绝大部分还是早已发生了自然或人为变化的支离

周公庙遗址盗洞

破碎的谜面,这就是考古的宿命。

在我们分析了考古研究对象的变化——遗存在流传中一个又一个消殒的过程之后,也许就能心平气和多了。毕竟,我们最初的感性正在被学术的理性所取代;毕竟,有很多人都是在战胜自己挖宝和猜谜心理的基础上,或成为处变不惊的考古专家,或成为成熟老到的考古发烧友。

世界的庞培

既然考古面对的古代遗存大多是被破坏了信息的，那是不是所有的古代遗存到我们发现它时，都已经遭到了自然或人为的破坏了呢？基本上是，但不绝对是。

有三种情况能够保存一部分原初状态：一种情况是以往我们知道比较多的干旱或高寒地区发现的木乃伊；另一种情况是沼泽淤泥形成的饱水绝氧环境；还有一种情况与前两者不同，那就是当自然界突发灾难性事件，比如地震、洪水、火山爆发、泥石流、冰冻等，往往能导致古人及其生存环境被瞬间定格，封存到我们发现之时。

2024年1月中旬，哥伦比亚乔科省卡门德阿特拉多镇附近发生多起山体滑坡，50多人被困。消息称，因强降雨导致山体滑坡，有数千立方米土体掉落，致40人死亡、20多人受伤、1人失踪。众所周知，人道主义是我们的时代主题，关爱生命更是备受我们推崇的至高境界，是人类普遍恪守的道德法则。但在乍一看到这条新闻时，我脑袋里曾冷不丁闪过一个职业念头，遂又为这个念头不禁打了个冷战，顿生良心谴责：我怎会有如此闪念——如果这些不幸的人没有被抢救出来，如果他们的遗体和生活场景一直这样被埋没，如果灾难的场面就这般凝固下去不发生改变，那么500年或1 000年后的考古学家们发现了这处遗址，会叫他们产生何等职业性的"激动"呢？从这个角度讲，考古学家有时候简直是极不厚道，甚至还不太人道，因为对于考古学家们来说，也许他们最希望发掘到的，竟然是现代人类价值观最不能接受和容忍的这类灾难现场。

我一直在为这个简直"罪孽"的闪念自戒不已，但考古学家最愿意看到历史被瞬间凝固的现场，不是道德失去了底线，实在是出自考古职业的无奈。道理简单到不能再简单：通常考古发掘所见到的不是荡然无存的废弃遗址，就是被破坏不堪的残垣断壁，当时的人类生活实况，早已被几百上千年的风霜雪雨降解到最低程度。这也是不少考古学家对墓葬情有独钟的原因，因为只有墓葬能比较多地保存当时下葬和死亡的信息，特别是随葬器物展示的古人的灵魂观念，是古人即便迁徙也不能随身带走的。而遗址特别是居住时的用具，他们却没有理由在离开时将其丢弃在原地，该带走的、能带走的都会带走，不会留在原来的驻地，跟我们现在搬家搬场没什么两样。这样一来，就使后来的考古学家们往往只能看到废弃的遗迹，而反映生活实态的用具早已不复存在，生活空间和生产场景也慢慢变成废墟。这让我想起来一个老是听人说到的生活经验：房子不怕人住，就怕没人住。啥意思？没人住，不打理，坏得快。古今同理，概莫能外。可因为突发性事件造成的瞬间凝固场景，几乎能完整地保留下事发当时人类生存的基本状况，这对于考古学家而言，能算是百年一遇的运气。对于考古复原来说，更是千年等一回的契机。此前我们提到的被评为世界十大考古发现之一的阿尔卑斯山冰人，就是这样的标本。

德国业余登山家赫尔穆特·西蒙和妻子埃丽卡均爱好登山运动，1991年9月19日，他们在意大利北部阿尔卑斯雪山海拔3 000米处的奥茨山谷冰川上，发现了一具被冻僵的木乃伊，他们最初认为那是一名不幸遇难的登山者的遗体。研究人员开始也没有意识到这具木乃伊的重要价值，他们用木乃伊身旁的一段木头挖掘尸体，而这段木头正是"奥茨冰人"随身携带的物品之一，具有十分重要的考古价值。

随后进行的测试结果让整个世界感到震惊：灰褐色、形状干瘪的"奥茨冰人"已有5 300年历史，比现存最古老的埃及木乃伊还早近1 000年。更让科学家感到兴奋的是，他的衣服和随身携带的武器都保存完好，这对研究欧洲青铜器时代末期的社会发展状况无疑具有极高的价值。甚至有的考古学家认为，"奥茨冰人"是部族的巫师，他利用蘑菇和身上黑色的刺青来治疗关节炎，这显然是最为古老的

冰人发现现场

针灸疗法。"奥茨冰人"热随后迅速席卷欧美，存放"奥茨冰人"的意大利博尔扎诺博物馆几乎被挤破门槛。

相关链接

"冰人"发现者魂归雪山

新华社2004年10月24日消息称《千年"冰人"发现者魂归雪山》，说13年前发现史前"冰人"的德国登山家赫尔穆特·西蒙因为那次与"冰人"的偶遇而被载入史册，而他对登山的热爱也延续到生命的最后一刻。

西蒙与妻子埃丽卡本月同往阿尔卑斯山旅游胜地巴特霍夫加施泰因，西蒙15日孤身出发，前往攀登海拔2 300米的盖斯卡尔峰，当天失去音讯。妻子发现西蒙失踪后通知了救援机构，但因山上突降大雪而一度受阻。当地一名奥地利猎人23日在当初发现"冰人"的阿尔卑斯雪山盖斯卡尔峰海拔2 200米处，看到了不明红色物体，随后救援队找到西蒙尸体。西蒙显然是攀登至顶峰后摔了下来，享年67岁。人们说他死于意外，但"死得其所"。

"奥茨冰人"提供给考古研究的信息和价值，肯定不小于任何一具古代尸体。但"奥茨冰人"毕竟只是一个人，并且在远离驻地的冰山野外。作为一个个体的人与一个有着众多人口的城镇在瞬间凝固后被发现相比，显然后者的重要性更引人关注。考古上就发现过这样的奇迹，那就是在意大利重见天日的罗马帝国时代的庞培古城，也有译为庞贝古城的。

庞培城存在的时间大致相当于中国的春秋至东汉前期，但它却在距今约两千年前遭遇了一次突然的火山爆发，这给庞培城的居民带来巨大灾难，同时也造成了一个奇迹：庞培城竟然被淹没一切的火山灰完整地覆盖了。当考古再发现它时，它成了展示当年罗马帝国城市生活真实情景的遗址博物馆，古代最惨烈的自然灾难场面几如昨日。

庞培古城遗址

庞培城位于意大利南部，离罗马大约240公里，北边不太远就是著名的维苏威火山。城内外田亩纵横，肥沃土地盛产葡萄、橄榄和柠檬，市场内商铺林立，商业活动十分兴盛。不料，公元79年8月24日下午，离城约10公里的维苏威火山山顶突然喷发，火山口喷出直冲云霄的滚滚浓烟和无数火星，中间还挟带着石块和灰尘从山顶腾空升起，剧烈的爆炸声接连不断。顷刻之间，天色昏暗，大地颤抖。整个山区很快就被喷发出来的大量石块、熔岩和火山灰覆盖了。接着，又下起倾盆暴雨，引起了山洪暴发。雨水挟带着石块、泥土和火山灰，形成一股巨大的泥石流，向山麓低平的地方漫延开去。庞培这座古城，就这样整个被埋入地下。城里20 000多居民大部分在第一时间逃去别处，但仍有2 000多人遇难。随着时间的流逝，庞培城遭受的这场浩劫在人们的记忆里渐渐消失。后来，虽然有人从古籍史册和民间传说中知道有这么一座古城，可它是什么样子，遗址在哪里，却始终是个谜。

埋没在火山灰下的庞培城，直到16世纪才又开始重见天日。

1720年前后，意大利农民在火山附近的地方开渠、挖井，挖出了不少古罗马的钱币和一些经过雕琢的大理石碎块。不久，又有人挖出了刻有"庞培"字样的石块。这些发现证实了庞培城的遗址就在这里。1861年，费奥列尔里奉意大利国王伊曼纽二世之命，正式开始大规模的挖掘工作。把一座埋藏在地下的城市挖掘出来，不损坏它原来的面貌，谈何容易。经过两百多年断断续续的发掘，这座在地下沉睡千年的古城，已经有五分之四重见天日。而发掘工作还在继续进行，估计还需要几十年的时间才能完成。

整座城市被6米厚的火山灰、熔岩和泥石封闭起来，这就起到了防止风化的作用。城市里的建筑、房屋、街道、铺面以及其他许多文物，大都比较完整地保存下来。大街的两边有商店、酒馆、水果铺和出卖各种杂货的摊子。一家商店墙上写着出售卫生用具和好酒的广告。庞培城的商店往往同时设有手工作坊，作坊规模一般不大，产品自制自卖，有面包房、酿酒坊，以及生产灯具、瓷砖、陶罐和纺织品的工场。城里还有用大理石修建的、很考究的酒馆，供奴隶主寻欢作乐。

公共温泉浴场保存得十分完整，石砌拱形屋顶上面的雕像和装饰图案，至今仍然可以看得清清楚楚。城内高大宏伟的建筑物，都集中在西南部一个长方形的公共广场四周，这里应该是庞培政治、经济和宗教的中心，周围设有神庙、公有市场、市政办公厅等建筑物，广场周围原来有高大的石雕柱廊，可以挡风避雨，大概由于地震的破坏，大部分已经坍塌了。庙宇早已毁坏，从残存的雕花精致的大理石门框、祭坛和高出地面三四尺的石块地基中，可以想见它们过去的雄伟壮丽。政府官员开会的议会厅和他们的办公室都十分宽敞明亮。法院是一所长方形的两层建筑物，里面设有审讯犯人的法庭和关押犯人的牢房，法院的部分楼房分给商人，作为进行交易和订立贸易合同的场所，房屋只是屋顶坍塌了，屋内的门窗、家具、器皿都没有多少损坏，甚至连炉里烤熟的面包、橱里的带壳鸡蛋都保存得很完整。从发掘出来的情况看，所有的街道均经铺设，马路和人行道分开，每个街道的十字路口设有公用沟渠和取水池，这些水池都用雕花石块砌成，里面盛有清凉的泉水，泉水从城外山上通过渡港引入城内的水塔里，然后由水塔再流向各个水池。

广场的东南方，是庞培城官府的所在地，广场的东北方是一个不大的商用场地，当时这里店铺鳞次栉比，商品琳琅满目，看上去生意非常兴隆。不过因为年代久远，货架上的药品、水果都枯干变质了，青铜制品和各种小摆设也早已锈迹斑斑，只留下外形供游人观赏。场地里设有一座出售奴隶的高台，当年奴隶主就在这里像挑选牛马一样地选购"会说话的牲口"。城的东南角有一座圆形的露天角斗场，中间部分十分低平，是供人兽角斗的地方，四周看台呈阶梯形，可以容纳20 000名观众，墙上还留有这样的字迹："塞那杜斯是英雄和索命者"，"费利克斯将斗熊"。附近还有座体育场，是供人们竞技和习武的地方。另外还有公共浴池、体育馆和大小两座剧场，街市东边则有可容纳10 000多名观众的圆形竞技场。

现在，人们走进这座古城，就像当年进入庞培城一样，可以身临其境地看到罗马帝国时期中等城市的面貌和当时社会生活的情况。古城里最吸引参观者的，是那些受难者的石膏像。原来，在火山爆发的一刹那间，城内没有逃出去的2 000名受难者，很快就被喷出的火山灰尘埃封住，窒息而亡。经过很长时间，人和动物的尸体腐烂了、消失了，只剩下一些空洞残留在厚厚的火山灰地层中。考古学家就利用这些空洞作模子，把石膏浆灌进这些模子，制成许多和真人一样形状的石膏像。这样，就把受难者临终时各种痛苦的表情和绝望的姿态再现出来了：许多人用双手掩面，屈着双臂，抱着脑袋；一个小女孩紧紧抱住母亲的膝盖，掩面大哭；不少人趴在墙角处挖洞，想寻找逃命的机会；有一群被铁链锁住的角斗士痛苦地挣扎着，要摆脱铁链；也有的人手里拿着一袋袋金币、银币和贵重首饰……大难临头，不论高低贵贱，一律同归于尽。

庞培死者石膏像

对于考古学家而言，这种基本保留了古代生存状态原貌的"定格"现场，可谓千载难逢。因为许多考古发现都在意料之外，而发现庞培城这样凝固的瞬间，简直是比意外还意外。这个世界上发掘时间最长的考古工程已经进行了200多年，至今仍在继续，也许更多新的意外还在等待着我们。

一百年前，梁启超先生对庞培古城做过一个正面评价："意人发掘热骤盛，罗马城中续得之遗迹，相继不绝，而罗马古史乃起一革命，旧史谬误，匡正什九。"多年前，复旦大学葛剑雄教授曾徜徉在庞培城的现场，在他的学术随笔《永远的庞培》中有个耐人寻味的比较：

叁　考古学家是不幸的侦探

庞培城有完整发达的公共建筑，有市政广场、会议堂、体育场、角斗场、剧院等，中国的同时代的城市的公共建筑很少，永久性的设施仅限于祠庙。

庞培城中的大街都用石块铺成，大多数小巷也有石砌路面。但长安、洛阳的大街，包括专供皇帝与大臣通行的驰道，都是夯实的黄土。

庞培城是罗马帝国的一个普通小城，地位相当于中国的一般县城，面积4.2平方公里，相当中国人口最多的城市临淄的四分之一，但人均居住面积要比中国城市居民大得多，生存质量不仅远远胜过战国秦汉，也不逊色于清代后期北方小四合院或上海的石库门房子。

更关键的差别还在于观念，庞培城背山面海，耕地有限，农业无法使人致富。但庞培城的商业发达，这个发达得以实现的地理条件是充分利用了庞培城所面临的海洋资源。但在同时代的中国，对海洋的开发还仅着眼于"鱼盐之利"，以至长期有"山陬海澨"之说，将滨海区与深山当作贫穷、落后、交通不便的地方。

时至今日，中国的经济实力已经超过了意大利进入了世界第九位，但人均收入却仅相当于意大利的二十分之一。我想说的是，虽然不能讲我们赶上意大利用了两千年时间，但却应该思考我们达到意大利现有的人均水平还要用时多少年？我们用什么方式达到？

能补充葛先生之说的，是中国出土的汉代各种百戏俑和杂技俑。实际上，他们也应当有各种各样的表演场所，类如现代北京的"天桥"，类如官府的"堂会"。其实，面对庞培，具体比较你有我无的细节，既给人以理性的启迪，还给人以感性的震撼。现场感如此强烈的庞培城，在人们眼中早就不再是一朵瞬间凝固为化石的浪花，她更像涣然冰释的历史长河，再次奔涌流淌。她让我们感受到了死亡的沉重，同时更让我们体会到了活着的美好。她还告诉我们珍爱生命，并让我们想到了那个十分崇高的词汇：永生。

中国的喇家

2023年12月18日23时59分,在甘肃临夏州积石山县发生了6.2级地震,并导致山体崩塌和泥石流滑坡,造成100多人遇难,近千人受伤。报道中提到地震还影响到附近邻省青海省的海东市民和、化隆、循化三县。

当在报道中听到民和县时,我心头一惊。因为民和有一处类似庞培古城那样留存下来的考古遗址,名字叫喇家。

这个比庞培城的灾难还要早2 000多年的死亡现场,位于青海省省会西宁市东南方向190公里的一个叫作喇家村的地方,与2023年底发生地震的甘肃积石山县近在咫尺,属于史前时代晚期。

喇家村是一座有400口人的村子,位于民和县南端的官亭镇小盆地的黄河上游岸边。村前,舒缓的黄河水在宽阔的河床流过,阶地上林木苍翠,麦浪起伏,是大西北少见的富庶之地。如今喇家村厚重的庄廓就沉沉地叠压在古老的遗址上,在田地间和沟渠里,到处散落着新石器时代的陶片和石器。就连那些干打垒的厚墙里,也砌筑着许多陶器碎片,还夹杂着石器和玉料等。穿行在喇家村里,就好似进入了时空隧道,回到了4 000多年前先人们的世界。

青海在我们脑海中是烟波浩渺的青海湖,是林立的冰峰雪山,是苍茫冷峻的戈壁滩。这美轮美奂的自然风光,在绝大多数人眼中却是一片不毛之地,无法孕育文明的种子。事实果真如此吗?1998年10月,中国社会科学院考古研究所王仁湘、叶茂林等专家在寻找一个合适的区域做综合考古研究,本来已经选定了黄河南岸的一片谷地。可当他们来到官亭镇,来到喇家,却出乎意料地发现了几处典型的仰韶文化遗址——花瓣纹彩陶、尖底瓶和成堆的陶环，他们竟有些不能相信自己的眼睛，要知道这是在藏区，难道4 000多年前中原文化就辐射到了这里？于是他们便有了一个意外决定，研究的地点也就被改定到了黄河北岸。

喇家的第一次小规模试掘，就意外发现了宽大的壕沟遗迹。第二次发掘中，又意外发现了史前灾难遗迹——3座房屋内因灾难致死的20具人骨。灾难现场的三座房屋中，其中一座编号F4的房屋内发现了14个个体的人骨。根据他们在房内的分布，考古学家大致把他们分为六组：

喇家灾难现场

第一组：斜倒在中间火塘上面的是一位16岁左右的成年男性，下肢和脚的位置较低，上肢位置很高，双手上举，左臂骨折。这位小伙子应该是这房里最重要的男人，他身体向前倾斜，跨开两腿，似乎是在坍塌之际想要支撑住房顶，但是所有的努力都无济于事。他死亡时身体还没有完全着地，匍匐向前，挣扎在泥泞

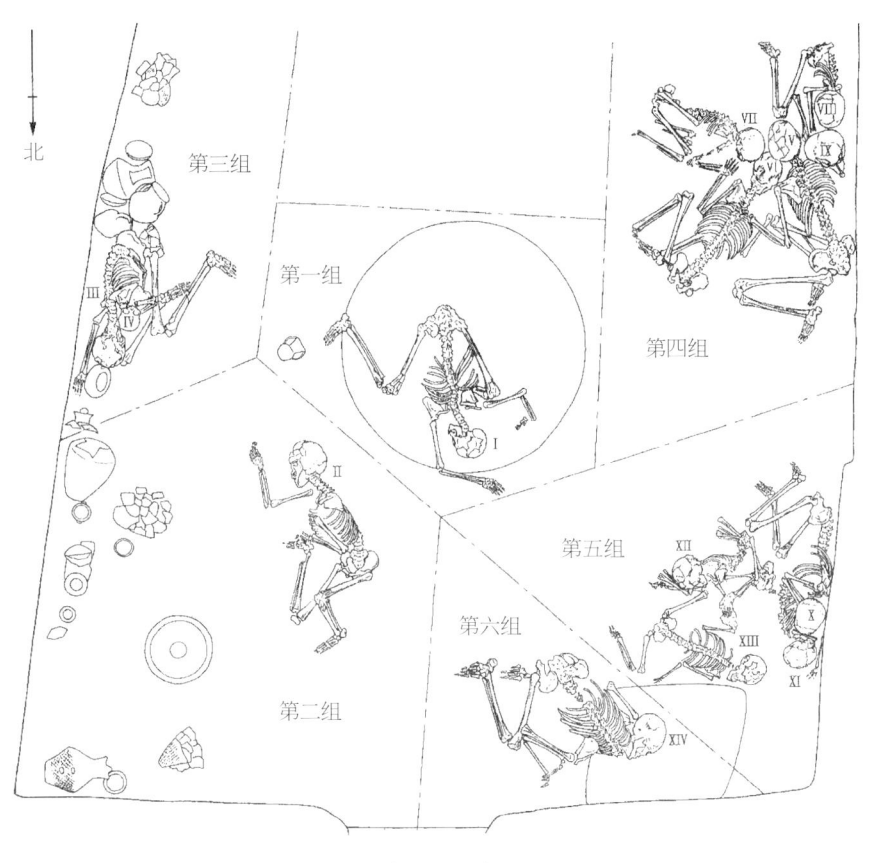

F4房屋分组线图

里,最后被夹在淤泥中窒息而死。

第二组是在成年男性身旁的一位八九岁的男性少年,侧屈在圆形火塘旁边。他的身体多处非正常弯曲,右臂上举弯曲成90°,右下肢反折在胸前,这种肢骨反折现象只有在强力的撞击或挤压时才会发生。

第三组极端地感人心魄:一位约29岁的女性怀中护抱一幼儿,蹲踞倚靠在墙边,臀部坐在两件陶罐上,陶器都已经被她压碎。她上身前倾,紧倚墙壁,屈膝跪地,右掌撑地,左臂把幼儿紧搂在怀中,低着头,脸颊紧贴幼儿头顶。幼儿面向这位女性,身体紧贴在她的怀中,右臂紧紧搂着她的腰部。

叁 考古学家是不幸的侦探

F4房址内女人和幼儿相拥场景

第四组：房间一角，有5具人骨挤在一处。三个孩子投向一位30多岁妇女的怀抱。这位女性，跪蹲着倚在墙下，身体前倾，三个孩子拥向她，头颅聚拢，有的还紧紧用手拉住她。旁边还有一个少年，在一瞬间扑向三个孩子，他的左手搭在成年女性的背上，右臂搂着她的腰，用身体护住三个小孩和这位女性长辈。

第五组：有4具人骨，都是孩子，小的三四岁，大的10—13岁，他们聚在一起，相拥而死，姿势各异，或侧身，或俯身，都屈肢，有的骨架变形扭曲。

第六组：是F4房间里最年长的男性，年龄在40—45岁左右。他死亡的位置离门道最近，紧靠门道口西侧，身体向西俯卧。

考古学家的最后统计显示，14人中有9人尚未成年，如果包括18岁及以下的则有11人，其中10岁以下的就有6人。成年人只有3人，3人中确定为男性的只有1人。14人中最小的1—2岁，最大的40—45岁，平均年龄只有16岁。这么多未成年人，显然不是出自同一个家庭。这14具人骨年龄不同，姿态各异，只有在突发灾难时才会有如此慌乱的景象。

在这座房屋之外，相距不过2米的编号为F3的房址中，也发现了可能在同一时间因同样原因死去的成年女子和一个幼儿。两人死时的位置是在房址的东墙边，成年女子双膝着地跪在地上，臀部坐在脚跟上，用双手搂抱着幼儿。幼儿依偎在女子怀中，双手紧搂着女子腰部。成年女子脸面向上，颌部前伸，似乎正在祈求苍天赐年幼的孩子一条生路。绝望、悲楚之状，惨不忍睹。在房址F4东面不远的房址F7中，同样发现有类似的场面：成年女子也是坐在地上，用她的身体保护着孩子，最终双双死于非命。

这到底是一场怎样的灾难？是天灾还是人祸？通常，考古学家多习惯于首先用人与人之间的行为来解释所发现的遗存，诸如一次血腥的战争或种族屠戮、一次杀祭、一种特殊的埋葬仪式或者居室墓葬等。但种种迹象表明，这些人躯体完整，并非尸骨不全，没有被砍头、肢解，没有创伤面。自然灾害中，瘟疫泛滥的存在性也没有物证支持，因为瘟疫不可能使同一群人在同一地点、同一瞬间死亡。

F3房址内女子和幼儿相拥场景

叁　考古学家是不幸的侦探

在考古工作之初，考古学家们就发现房址内到处充斥着几近红色的填土。这些填土成片相连，土质上明显区别于本地的黄土，在地层断面上也发现有明显的波浪状沙波痕迹，地质专家认为这是黄河大洪水沉积的红土洪积层。另外，在附近多个洪水沉积层自然剖面上，学者们还找到了14个旋回的洪水淤积层，说明紧随其后的是一个洪水多发期。如果是洪水，第一组死者的奇异姿势问题就会迎刃而解——由于临死前跨步举手的姿势，身体下方就形成了一个小的空间。在洪水袭来时，泥浆灌进了坍塌的房屋中，渗入并填满了房内所有的空隙。水和泥浆的进入使这个男子的尸骨稍稍上浮，从而造成尸骨在这个特殊地方的奇特姿态。而尸骨和房址地面之间就是洪水带来的沉积红土，这些红土把人托起，使人离开地面5～30厘米远。也只有因为洪水，第六组那个最年长的男性的位置才能作合理解释，他显然是在洪水涌入房间后，因墙体受损倒地而亡的。或许他本来试图封堵入水口，但却受到自东向西而来的洪水的猛烈冲击，孤力难挡，一下子淹没于洪水之中。

洪水沉积与波沙状剖面

可是洪水并不足以解释一切。有迹象表明，在洪水之前，似乎先有一场迅雷不及掩耳的大难造成房屋倒塌。这是因为考古学家们又发现了地震的证据。证据来自聚落遗址中一个有奠基坑、杀祭坑和埋藏坑的小广场，广场表面是一层层人工铺就踩踏而成的硬面。然而本该平整的硬地面却呈现出很大的起伏变形，这种情况想必是地震造成的。地震喷砂的砂脉、砂管——地震时砂土从地下喷涌出来的通道和地裂缝也相继被找到，表明地震发生在洪水之先，并导致了最初的房屋坍塌等灾难。

黄土是一种风积粉尘堆积物，对于保存人类居住遗址等遗存来说，是一种极好的物质。因为黄土的沉积速度快，不显酸性，而且使许多能够破坏有机物遗存的物质无法渗入。加上黄河洪水一次次的冲刷，覆盖了劫后的废墟，使地震突发的瞬间和遇难人群的临危状态得以完好保存。

每个人在面对着绝境中相互救助的死难者的遗骨时，都被强烈地震撼着，都会自然而然地产生出这种联想：在某个月黑风高的夜里，也极有可能是一个暴雨如注的清晨，突然，剧烈的地震爆发了，紧接着滔滔洪水袭来……他们在叫喊着什么？我们无法可想。连命都保不住的人们，没有谁去抢救财物，没有谁去抱拿器皿——现场那么多精美的玉器和陶器就在墙角搁置着。大难临头之际，他们选择了相互救助：一群孩子惊恐地拥作一团，一位母亲用自己的身躯怀护幼儿，一个后生想托举房顶的身躯还没有完全倒下，一个稚子坐在地上似乎还在啼哭……他们挣扎着、扭曲着的躯体，给人以求生的凄美震撼。救助生命——在这一刻映射出的他们人生观的最后底线，与现代社会竟无二致，是他们遗传给了我们这个生物学的求生法则？还是文化传统的本能？他们没有被倒塌的墙壁压死，也没有因火烧烟熏而死，他们是活活窒息而死的，是被地震和洪水带来的泥石流夺去了生命……这幕短短一瞬间上演的人间悲剧，就这样在封存了4 000多年后，被考古学家们完整地揭示出来。同时揭示出的还有我们祖先最直接、最真实、最完美的人性，要讲述喇家残酷而绝美的灾难，怎是这三个"最"字可以了得？

然而，考古是不允许联想的，即使合乎逻辑的推理也要冒很大风险。这是一个靠证据说话的学科，是今天得出的认识到明天可能就会被新发现的证据推翻的学科，是随时都要准备着修正结论的学科。考古学家可能是天下做学问的人里，最不怕犯错误的。一直是不幸侦探的化身的考古学家，即便遇到这样难得的奇迹，也要做出远比我们的想象谨慎得多的研究选择，他们的结论更理性，甚至更冷静，有时你甚至会觉得他们写下的所谓科学文字如此冷漠无情，成为我们沸腾热血的冷却剂。请看他们从体质人类学角度关于死者死因的分析：

我们对出土人骨做了全面观察，目前从体质人类学角度尚无法判断他们的具体死因，但有一点是明确的：此次在两座房址中发现的16具人骨，皆系一次性突然死亡，应是一次突发事件造成的结果。同时有几点情况值得探讨：

1. 本次所鉴定的16个个体中，死亡年龄广泛，以妇女和未成年人为主且同龄者较少，由此他们应该不属于自然死亡，而是死于一场突发性的大灾难。

2. 喇家遗址人骨除了在骨骼上发现个体死后由于某种自然原因形成的骨骼断裂和变形外，骨骼上均未发现任何死前形成的创伤。骨骼反映的死亡姿势虽然各异，但都属于一种自发性的条件反射的挣扎或护卫动作，即在灾难来临时，没有任何反抗的能力。同时在骨骼上也未发现任何捆绑等强制行为的痕迹和线索，由此，应该排除战争死亡、活埋或宗教祭祀等其他人为造成死亡的可能。

3. 骨骼虽然保存较差，但比较清楚，未发现任何火烤的痕迹或线索，由此应该排除火灾死亡的可能。

4. 除了在F4第XIV号上发现有腰椎骨质增生现象及F4 III号和F3 I号发现有龋齿现象外，未发现任何其他疾病的线索。同时我们看到，由于事件的突发性，人们没有任何反抗、逃跑或迁徙的余地，甚至举家同时罹难，由此看来，也不应是瘟疫等大规模疾病引起的持续死亡。

5. 以上说明他们并非死于战争、瘟疫、火灾及宗教祭祀。他们的死亡原因应从出土状态去找。我们注意到在房址中有厚厚的红色淤积层，骨骼被夹在淤积层内。F4 I号清理完毕后，仍能在骨骼下面发现红色淤土。因此他们的死因应与这些红色淤土有关，即他们可能死于大洪水。而房址附近地势较高，可以设想，在大洪水来临时，地势较高的房子成了最后的避难所，甚至形成水中孤岛，但他们最后仍然摆脱不了被洪水吞没的厄运。由此F3和F4内的两位母亲才出现了向上天乞求生存和护卫孩子的姿态。

看来，无论考古学家如何谨慎求证，喇家灾难场景还是打动了他们在研究时隐藏起来的感性神经，他们作出的解释——母亲保护自己的孩子，和一般人看到画面后的第一反应是一样的。可是，考古结论毕竟是张忠培先生所言"被材料牵着鼻子走"的，国内最权威的吉林大学古DNA实验室检测的结果却是：喇家拥抱幼儿的女性与幼儿之间竟然不是母子关系！这令我们对人类在最危难时刻，本能地救助自己亲人的美好期望和心理积淀全部落空。

既然这不是家庭相助，也不是亲人相佑，那该是什么样的人群关系呢？如果他们只是同村一地，或只是相互邻居，而不是嫡亲同脉，那么他们在危难时刻的舍己相救，岂不是让我们已被打动了的情感神经，经历再次的感动么？

喇家实在是反复考量着我们的道德水准和科学精神的底线。按照情感上的习惯，我们当然希望他们是母子，是亲人。可换成理性的分析后，我们竟看到了危难之际人性的本质。依我看，事情到了这个分儿上，考古学家们推导出的两个结果，谁对谁错都已经不再重要了。重要的是，我们从误判和更正中已经实实在在、真真切切地经历了两次生命的洗礼，一次来自亲情，一次出乎人性。亲情与人性，一个都不能少。一次考古误读，却多给了我们一次关乎生命的体验和感动。此刻，真想对考古学家们说，如此美丽的错误，再多些也无妨！

考古学家们后来发现，被地震和洪水双重袭击的喇家，依地势看，比较高一些，也许是当时躲避洪水的最后高地。他们设想：洪水大概来得异常凶猛，人们根本无法抗拒，就濒临灭顶了。在性命攸关之际，有多少家庭拼尽了全力，才把自己的孩子送到这里，家长自己却被洪水无情吞没。他们哪里知道，这应急躲避的房子，最后也成了孩子们共同的坟墓。史前人类在突发性的自然灾害面前的确回天乏术，即便今日，如前文说到的山体崩塌和泥石流灾难也一样吞没着人们的生命。在自然面前，人类永远是那么渺小，我们有什么理由自恃微薄之力，放言豪迈，舍弃敬畏之心呢？！

喇家遗址的画面感如此强烈，如此震撼人心，是直接能用眼睛看到故事的地方，没有时间让你遐想和构思。喇家遗址呈现给我们的生命形态，不是倾述苦若深井，也没有描述美如夏花，而是兀地突现在我们面前，生生向我们喊道：活着，真好！

达·芬奇说过，最富有同情的地方一定有最深重的苦楚。面对庞培古城和喇家遗址的灾难现场，那些第一时间进行清理工作的考古发掘者们，目睹了遇难者尸骸一点一点出土的过程，比起直接看到结果的我们，他们的心情是不是有一个越发变得沉重的经历呢？遗骸的出土也肯定使发掘现场显得更加悲凉吧？

喇家遗址考古还在发掘过程中得到《中国国家地理》杂志和中央电视台关注，他们根据初步研究成果适时拍摄了一部2集的电视片《史前部落的最后瞬间》，在电视台多次播放，创下《发现之旅》栏目开播以来最高的收视率纪录，让考古行当之外的许多公众了解了喇家，了解了考古。

这部片子还意外获得了中国电视的最高奖项——金鹰奖和国际优秀电视纪录片奖，成为电视界的一个范本。这个成功对电视编导而言是个意外，对考古人来说也是个意外。由此考古学家才知道大众对考古关注的程度远在他们的估计之上。

紧接着，喇家遗址被评为2001年度全国十大考古新发现，喇家遗址被国务院公布为全国重点文物保护单位。而今，保留了中国唯一一处4 000年前罕见的地震、洪水等灾害现场的喇家遗址早已蜚声中外，2015年还在灾难现场建起了喇家遗址博物馆。

如果曹操墓没有被盗

复旦大学葛剑雄教授2024年春节前送给我一本他签了名的新著《往思录》，取意太史公司马迁《报任安书》中"述往事，思来者"之意。书中篇目讲的是他80岁人生里各个阶段的人生过程和一些重要文论，其中有一篇的篇名是《复旦教授不仅敢说"我不知道"》。

他在篇中举了两个例子：一例是葛先生至哈佛大学访问时，问一位美国教授："你认为哈佛大学的教授与其他教授最大的差别是什么？"对方回答："We dare to say I don't know." 即"我们敢说我不知道"。另一例是他的导师谭其骧先生也说过："只有没有本领的教授才不敢说自己不懂。"

我自己也有过一个"不知道"的实例，但我把"不知道"变成了"知道"。先铺垫一下：

我在2009年出版的《考古不是挖宝》中，曾经写了这么一段话：

> 我们完全可以根据新理解，把这个所谓的"白脸奸臣"改写成现代认识水平上的"红脸枭雄"。再过若干年，我们的后代又可以根据新知，再把他改写成土脸、花脸、侧脸、正脸甚至神采奕奕、红光满面，健步向我们走来，那就给他翻案，为他正名，洗尽一切污蔑不实之词，还他一个历史清白。如果还有幸发现他的遗存，又找出了新的史料，也就有可能揭穿他的"七十二疑冢"之谜。或者情况完全相反，不利于他的证据越找越多，件件属实，字字确凿，那就把他打翻在地，再踏上一万只脚，叫他永世不得翻身。历史从

某种角度而言就是根据人类阶段性的认识能力来"任人打扮"的，所以旅美史家许倬云说："历史学家有做判断的使命，而且这个判断是依据个人的主观做出来的。"

也许是某种暗合吧，就在拙作出版后的翌年，实际上就是2009年底或2010年初吧，考古还真的发现了曹操墓。一时间，媒体大热，舆论哗然，全国轰动，全民热议。

在大家为曹操墓的真假做研判和争论之时，我第一个站出来力挺这是曹操的墓葬，参与了这场学术界与社会各界从未有过的大讨论。文物出版社后来把这些讨论结集出版了一本《曹操高陵考古发现与研究》，我的言论因发声最早，被编辑者置顶排列。

相关链接

曹魏三大陵区

安阳陵区，即邺城陵区，有太祖魏武帝曹操高陵、魏元帝曹奂陵墓和魏文帝曹丕皇后甄氏的朝阳陵。

洛阳陵区，在洛阳首阳山和汝阳霸陵山下，有魏文帝曹丕及文德郭皇后的首阳陵、魏明帝曹叡及明元郭皇后的高平陵。

亳州陵区，曹操家族的祖茔。在曹操家乡沛国谯县，有曹魏追尊皇帝——高皇帝曹腾和太皇帝曹嵩，以及曹操发迹之前的绝大多数家族成员，其中有曹操长女曹宪。

其实这有点好笑，因为别看我本科学的是考古学专业，但我读硕士的专业是新石器时代考古学，就是更细化，更专精，更"窄门"了。要按考古学行话"分段"论起来，曹操那个时代相匹配的考古范畴应该属于三国魏晋南北朝专业。我是做新石器时代也就是所谓做"前段"的，人家曹操墓考古是属于"后段"的，与我浑身不搭界。我一个不懂专业的"不知道"之人，冒出来掺和曹操墓的事儿，着实有点"犯忌"，有点冒考古行规之大不韪了。

但是作为公众考古的倡导者和践行者，面对考古发现的公众热度和社会关注，当广州的一家媒体第一时间找到我时，我径直说"不知道"，在做学问上看似严谨了，但在考古文化传播上却也不是个法子。于是我"脑筋急转弯"，没说专业内容的"不知道"，说了个考古学方法上的"知道"。后来的报道以《考古学证据已足以断定安阳曹操墓真伪》为题，刊发了我的主要观点。后来没隔两个月，《科学画报》又找到我，叫我详细写了一篇《揭开曹操墓真伪之谜》的长文，现把主要内容简述如下：

曹操墓引发的热议中，考古学界为主的一方持广泛的认同态度，一小部分史学界和其他社会人士提出了质疑观点。那么，考古学者是根据什么说这个大墓就是曹操墓呢？持不认同观点的人士质疑得有没有道理呢？一般的公众究竟该相信哪一方面的说法呢？

首先，考古人说得正确？还是质疑者问得靠谱？

这座大墓之所以被认定是曹操墓，考古学者们提出了将近十条依据。这些依据可以分为两类，一类是直接证据，一类是间接证据。其中，间接证据占绝大部分。诸如：时代上，大墓出土遗物有汉魏时代特征，年代相符；地理上，大墓所处空间位置与各类文献的记载基本一致；规模上，大墓低于皇陵，但高于一般王侯墓，与曹操"一人之下，万人之上"的魏王身份相称；葬俗上，墓内装饰简单朴实，无壁画，所出玉器、金件等在一般汉墓中也常有发现，印证了曹操提倡薄葬的可信性；地表上，没有墓碑和高大的坟土标记，与曹操说的"不封不树"的遗言相应；墓主人上，清理出了与曹操终年66岁相近的男性老年残存遗骨。

除了这些间接证据以外，还有一条是直接证据，即发现了好几个带有"魏武王"刻铭的石牌及石枕，这相当于"指名道姓"地说出了墓主人是曹操，堪列最足以证明曹操墓的证据链之首。众所周知，考古认定墓主人最强有力的证据，就

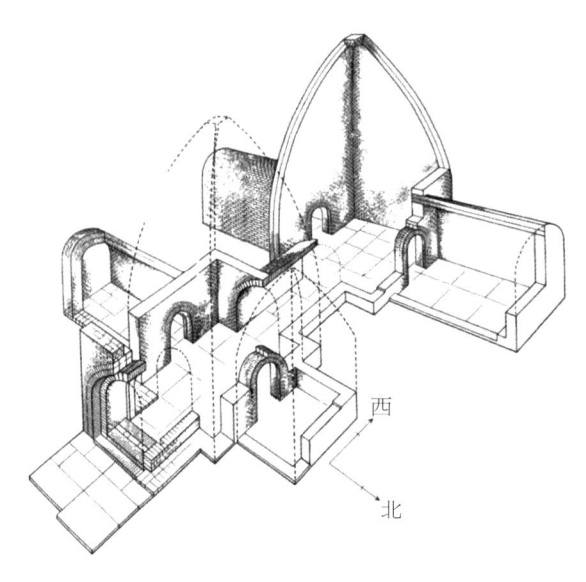

曹操墓结构示意图

是发现带文字尤其有姓名的墓碑、墓志、印章和刻有姓氏的遗物等。换句话说，如果没有发现带"魏武王"字眼儿的遗物，即便就是真的曹操遗骨埋在墓里，考古上也不敢妄断那就是曹操本人的真身，更不能坐实这就是曹操墓。可见，文字性遗物的举足轻重性，堪称断定墓主人身份的"定尺""天条"。

可这类刻有"魏武王"字样的文物，却被不少质疑者认为是最有硬伤的证物。他们提出来的两个理由，听起来也不是没有一点道理。第一个理由，即大墓在考古抢救发掘之前，不止一次地被盗墓贼光顾过，甚至还有两件刻着"魏武王"字样的文物是从盗墓者手里收缴来的，真假难辨，不排除有人故意造假后，再把赝品埋回墓里的可能性。第二个理由，曹操生前并没有"魏武王"的谥号，这是他死后才有的盖棺定论的追谥。既然他都死了，都入土埋葬了，那刻有"魏武王"的石牌和石枕，怎么可能成为陪葬品放到墓里去呢？

于是，质疑者们说，考古学者凭这类既可能是赝品又与入葬时间不符的石牌及石枕，来断定这就是曹操墓，证据链是断裂破碎的，依据是有漏洞的，自相矛盾，很不严谨。

魏武王石牌

魏武王石枕

其实，从考古的角度看，这两个质疑"魏武王"名牌的理由，是经不起再质疑的。

第一，考古学者用来证明曹操墓的"魏武王"名牌，不是收缴回来的那两件，而是从墓葬内部的地层堆积中科学发掘出来的其他几件，都有非常明确的出土层

叁 考古学家是不幸的侦探

位关系。考古上面的这种层位关系，经过了成百上千年的堆积，颜色不同，硬度不同，质地也不同，是不可能被现代人人为作假出来的。退一步说，即便曹操墓里的"魏武王"名牌是作伪后放进墓室里面的地层中去的，那也会被考古学者很容易就识别出来，哪些是原来的千年堆积，哪些是盗墓贼挖的晚近坑洞。这种堆积原理和辨识技术是考古学上特有的地层学方法，一般的初学者都很快就能掌握，更别说骗过有丰富经验的考古专家了。一句话，就算"魏武王"名牌能作伪，那埋藏名牌的地层和遗迹是不可能作伪的。现在"魏武王"名牌是从墓室内的原生堆积里出土的，也就不可能是赝品了。

第二，这些名牌上面除了"魏武王"三个字以外，还有别的字样，比如有的名牌上还写有"行清"二字。这两个字是三国时代厕所的流行说法，后代逐渐消亡，成了死亡的词汇。一般的盗墓贼作假，那得有非常好的古文化常识和古文献功底，基本不可能造假到这个程度。再说，造这个假的目的是什么？再埋回到墓室里面去的目的又是什么？是为了再把它们挖出来就能更加增值么？显然，这都违背一般性的常理，经不起一驳。

第三，谥号是古代君臣后妃等有地位的人死后，根据他们的生平事迹与品德修养，评定褒贬，给予一个盖棺定论似的评价。但问题是，谥号到底是死后什么时候追谥呢？是死后几月或者几年之后才追谥呢？还是像《尔雅·释诂》注疏"谥"字说的那样，"人死将葬，诔列其行而作之也"呢？如果"人死将葬"，也就是即将下葬的时候可以得到谥号，那么"魏武王"石牌和石枕随葬在曹操墓里，不就再正常不过了吗？另外，《三国志·魏书·武帝纪》记载："（汉建安二十五年正月）庚子，王崩于洛阳，年六十六。……谥曰武王。二月丁卯，葬高陵。"这条记载更明确地说明，曹操逝世于正月，在他二月下葬前，已得到了"武王"的谥号。这样一来，质疑者说考古学者依据时间前后有矛盾的"魏武王"刻石文物来断定曹操墓有问题，当不攻自破矣！

有的质疑者还提出，就算"魏武王"文物是曹操的，那他也可能把它们赏赐给某个部下有功的臣属。部下臣属视之珍贵，死后将其随葬进自己的墓里，那这个墓就不会是曹操的墓了。这个说法也许有一定道理,但问题是,曹操赏赐给臣属一件、两件兴许能说得过去,可考古发现了那么多件,就不太可能是赏赐所能自圆其说的了。何况,赏赐一两件"挌虎大戟""挌虎大刀"属于情理之中。可曹操把那件属于自己贴身使用的石枕也用来做赏赐,那就有点说不清道不明曹操和属下到底是什么关系了。

其次,被材料牵着鼻子走?还是牵着材料的鼻子走?

其实,上面说到的那些将近十条的直接证据也好,间接证据也罢,在考古学者看来,并不是一个一个的孤立证据,而是一个相对比较完整的证据链,它们之间是相互印证、环环相扣的组合关系。考古学上还会把这种组合关系在论证的程序上加以归类,叫作论证一个考古发现属性的三要素。

这三要素具体可分为时间、空间、文化特征,一个都不能少。换句话讲,如果不具备这三条,哪怕缺少一条,那么一个考古发现的属性就难以给出直接的结论。所以,在考古学者提出的大约十条证据中,首先,时间上有了,是汉魏时代的墓葬风格和器物风格,这不需要再通过碳-14等测年技术就能判断出来;其次,空间上也有了,传世文献和出土文献都比较明确地反映出这里就是曹操下葬的地方;再次,文化特征更是不止一个,像上面提到的墓葬规模、薄葬特点、地表特征、出土人骨的年龄等,都辐辏式地指向曹操。

说句实话,从中国有考古学一百年以来,在难以计数的考古发现中,能有这么多链性的直接证据和间接证据来证明一个墓葬及其墓主人的属性,是非常罕见的。这里面既有各类古文献的证据,又有考古新发现的证据;既有可移动文物——那些器物证据,又有不可移动文物——那些遗迹证据。换言之,这么多的组合性要素聚合起来,还说墓主人不是曹操,那么,汉魏时代的谁又能取而代之、对号入座呢?

从上面的分析中我们已经看到,考古学讲究的是被出土材料牵着鼻子走,有多少证据说多少话。要素越多,量化的指数越多,成为判定属性的论据就越足,定性就越靠近事实本身。相反,绝对不能概念先行,甚至犯常识性的错误,误打误撞，削足适履，牵着材料的鼻子走，让材料适应我们传统印象中的红脸曹操或白脸曹操。

比如有的质疑者就说，没有发现墓志铭，没有进行测年，没有做古DNA人骨鉴定，那怎么能行呢？这些看上去不无道理的质疑，实际上在考古学本身对一个墓葬的定性过程来讲，有和没有，做与不做，都已经不影响将这座大墓定性为曹操墓了。有，是锦上添花；没有，也不是釜底抽薪。何况，曹操生活的那个汉魏时代究竟是不是已经流行在墓里随葬墓志铭，学术上基本还持不肯定的观点；更何况，可供测年的标本和可做基因测试的人骨，由于墓葬被盗掘的原因，原生状态已经被打乱，标本是不是遭受了污染，抽提技术能不能做得出来，都不是短期甚至技术上能够解决和突破的。这里面，有的质疑者显然是张冠李戴，把后代才有的墓志铭误以为是通用于所有朝代了；有的质疑者略知一二，便以为测年技术或基因手段可以包打天下，是万能法器了。

再次，怎么挖重要？还是挖到什么重要？

如果仔细关注一下这些质疑者，会发现他们多以历史学者和社会人士为主，无考古专业背景，也都没去过考古工地现场，信息源基本来自媒体报道。因此，他们的出发点尽管是善意的，评判也不乏言之有道的推理。可是，逐一解析他们的质疑，会发现相对于考古学者提出来的系列组合证据链，质疑者们大都是貌似有理、疑似有据的说辞，多有抓住一点、不计其余的味道，给人一叶障目、不见泰山的感受。点性的，个性的，而非链性的说法多；面性的，结构性的，全面的提问少。多是谜面未解，又添谜团，非但有点搅局，还多多少少误导了舆论和大众。

一般的舆论和大众之所以被质疑者所误导，主要原因是大家对考古的认知存在误区。这与考古学者本身不善于把专业的象牙塔学问与大众广泛和经常交流有关，应该是考古学者和考古界亟待自省和反思的。正是因为考古学者在普及和传播公众考古上的缺失，大众多以为凡是和古代文物有关的人和事，就是考古学者或考古学了。比如，在这次曹操墓的热议中，当一些搞文物收藏的人士出来质疑曹操墓真伪，当一些写古代盗墓文学的作者出来PK考古学者的时候，不少公众以为他们就是考古学者，或者至少说出来的都是专业行话，提的问都引经据典，质疑得不无道理了。同时，加上他们中有几位在收藏界和盗墓史研究领域，取得了一定的社会知名度，是较有影响的社会公众人物。他们来质疑曹操墓，引起的社会关注度不可谓不大，不了解考古与收藏以及盗墓史写作有何区别的公众，就听考古学者的也是听，听质疑者的也是听了。

考古学与文物收藏的区别其实很简单，考古学是通过科学的手段发掘和研究古代遗存的，发掘品都有明确的地点和可以通过地层学断定的年代，器物都是一堆一组出土的。而文物收藏的对象主要是传世品，绝大多数都没有明确的出土地点，更无科学发掘这一说。所以收藏者面对的往往都是传世孤品，一般是完整的文物才收藏。他们担心流传的文物有假，首先要辨真伪；然后要断代，看是何朝代的；之后再品级或定价，或收藏起来，或卖个好价钱。考古学挖出来的文物没有假的，无须辨伪，更不能买卖。不但要整器，连碎片都要采集，对不可移动的那些墓葬房屋之类都要研究，目的是复原古代社会的实况。

单举这个例子是想说，对象不同，目的各异，观察和解决问题的方法就完全两样。这就像上面说到的论辩曹操墓真伪那样，非考古学出身的质疑者往往有了一两个疑问，就可以拿出来说事，而考古学者却要在出具各种各样的综合证据之后，才能在量性研究的基础上定性。在一般非考古的人士看来，考古挖到什么很重要。而在考古行内，比挖到什么更重要的是发掘过程是否科学。像前面说的"魏武王"文物那样的关键证据，如果发掘时忽略对原生地层的观察和清理，就是不科学的发掘，就是把考古变成了挖宝，也就失去了回答质疑者提出的赝品说的证据了。

话又说回来，相当多的质疑者，毕竟还是从考古发现角度来探讨一些出土的文物问题的，属于专业层面上的辩证，你对我错，你问我答，都值得提倡，不应当否定。但还有一些质疑者，就有些超出了专业讨论，"工夫在诗外"，走得有点远了。例如，有人说，考古学者之所以这样急吼吼地宣布发现了曹操墓，是急功近利的炒作，是耐不住学术寂寞的浮躁，有参与当地政府开发曹操墓旅游经济的嫌疑等。

对于这类质疑的声音，这里想说的是，考古学界根据出土文字证据确认墓主人的案例不止于曹操墓，例如早年发掘的著名长沙马王堆汉墓男女主人身份，就是因为发现了"利苍""辛追""轪侯之印"等印章或遗物，从而确证了墓主人就是长沙丞相及其家人的身份。换言之，同样都发现了带有姓氏名号的文物，既然马王堆汉墓主人身份不被质疑，那曹操的身份不予承认，就有点太不合考古常规了。如果考古学者经过论证，认定了是曹操墓，却"捂证"不发，谨言慎行，封锁消息，那在这个越来越提倡知情权的社会，比质疑声更大的责难，恐怕会更令考古学者处境尴尬。

另外，干考古这一行的人都知道，从以往发生过的一些围绕考古发现报道的经验和教训看，像曹操这等名人墓葬的考古工作，时间一长，难免会走漏消息，容易引发以讹传讹的结果。适时地把阶段性的发现和研究成果对外公布，既是对广大公众的一个交代，也有主动接受公众评判和其他专业领域人员一道参与讨论的目的，这恰恰反映出考古学者与日俱增的公众职责和社会义务。说这是急于求成，是借机炒作，是匆忙定论，是打造曹操墓的推手等，其实都不符合考古第一线工作的实况，是对考古发掘遵循专业程序和考古学科学性的怀疑与否定。

对我"不知道式"的上述"知道"，业内同道们都比较宽容，没有人说我耕错了地界，更不见有哪位对我说三道四，我想这不是我有多胆大，我有多"知道"，而是考古方法论的"知道"，可简称"考古知道"，如果能换成谐音梗，其实就是得益于"考古之道"。

最后要补充说明的是，如果曹操墓在前些年没有被盗，我们就不会"抢救性发掘"它，它就还会安息在地下，因为考古界有一条行规：不主动发掘帝王陵墓。如果曹操墓在前些年没有被盗，也就不会有2023年"5·18"国际博物馆日那天，我曾经参加过保护论证会的曹操高陵遗址博物馆的隆重开馆，馆藏的500余件（套）文物与公众见面，为大家带来很多最新的发现、研究、保护、利用成果。

曹操高陵遗址博物馆

如果曹操墓在前些年没有被盗，也就不会引发中国考古有史以来的第一次社会公众集体参与的考古大论战，也就不会让冷门考古成为文化现象并促进了社会公众对考古的新认知。所以我上课时常说，2010年是真正的"中国公众考古元年"，其标志是过去的公众考古以专家学者的单向输出为主，而曹操墓的考古则让专家学者和社会公众之间出现了质疑、解疑、碰撞、互动的双向交流。单向输出的知识普及叫科普考古，双向互动的平等交流才叫公众考古。

写到这里，我们该从庞培和喇家两个灾难遗址带来的情感漩涡中，也该从曹操墓考古发掘出来的诸多遗憾和欣慰中，回到本章题目"考古学家是不幸的侦探"的要旨上来了。

在公众的心目里，考古发现总有那么一点神秘、几分浪漫和无数好奇。之所以不少人有这种感觉，是因为他们对考古发掘和发现知道得不多，了解得不够。他们能看到的，几乎都是发掘的最后成果，而见不到从发掘伊始到发现结束的全过程。其实，把一个遗址或一座墓葬的整个发掘过程报道出来，已经不仅是媒体，更是所有考古人的公共职责了。这样，人们就能看到考古人的足迹，看到他们是如何走遍深山险谷、田野河滩、荒漠沙碛、丘陵草原，甚至进入茫无人烟、野兽出没的地方了；就能明白考古人是怎样艰辛地发掘古遗迹、古墓葬、古窖藏，从种种遗迹和遗物的发现和出土中，探索着千万年以前人类古老文明的起源和历史演变了；就能懂得考古学对于发现、了解和保护我们自身的历史，起着何等重要的作用，却又因这门学科研究对象的特殊性而充满着挑战了。

以物质遗存来研究历史有独特的难度等级，这就是英国考古学家霍克斯所说的，研究技术和经济较为容易，研究社会结构比较难，研究意识形态最为困难。其次，许多地下的文物或由于容易腐烂，或由于人为和自然作用的破坏而无法保留下来，考古学家今天所能研究的只不过是古代人类残存下来的一小部分遗物。

因此，考古学所研究的大多是人类物质文化中不易消失或幸运残留至今的内容，任何从考古调查和发掘入手的历史重建，只能反映过去人类生活的某个侧面。于是，考古学家的工作就只能像侦探一样，将残缺、凌乱而又错综复杂的证据和线索拼凑起来，以便重现过去那已逝社会的某段历史景象。有些人以为考古学就是拿着铲子在田野里挖掘和采集考古标本，其实那仅仅是"干考古"。现代考古学已经超出了这种发掘技术的范畴，它不仅包括发掘、记录、采集、描述的一套过程，同时还包括了采用各种科技手段和方法来提取信息，用科学理论并根据所收集的证据，来对人类发展历史作出阐释的过程。总之，考古学这门学科的精髓，就在于努力发展更为完善的方法来研究过去，使考古学家早点摘去所谓"不幸的侦探"的帽子。

篇末议题

1.考古发现的地层表明，喇家遗址所遭受的灾难是地震在先，洪水在后，它们接踵来袭，导致了生命的消失和遗址的埋藏。灾后，喇家人似乎没有再在这里生存下去，因为没有任何迹象表明人们在灾难后重新建立家园。自此以后，荒弃的喇家聚落之上不再有人居住。那些曾经用生命拯救生命的祖先们，那些一身爱心和责任感的先人们，他们去了哪里？人类有猜想的本能，有的猜想可以得到证实或者否定，有的猜想可能永远都是猜想。现代人太急于知道答案，这可能正是我们的困境。没有答案的终极猜想也许更迷人，同时还充满着对人性和灵魂的敬畏。不知道读者诸君有什么高见？

2.考古学家像一个敏捷的侦探，总是可以从层层累叠的层位和互相胶结的复杂遗迹中探寻往事真相。让僵化的史料背后的人们通过时光隧道走到我们面前，成为活生生的人物，这是考古学的目标之一，专业术语叫作"透物见人"。但是怎样才能让考古学家们把飘落在历史风尘中的蛛丝马迹，用敏锐的感知力、人性化的语言和文学化的叙事技巧告诉我们呢？

肆 为什么不挖秦始皇陵

中文名称：秦始皇陵

英文名称：Mausoleum of the First Qin Emperor

毫无疑问，如果不是1974年被发现这座考古遗址上的成千件陶俑将依旧沉睡于地下秦始皇，这个第一个统一中国的皇帝殁于公元前210年，葬于陵墓的中心在他陵墓的周围环绕着那些著名的陶俑结构复杂的秦始皇陵是仿照其生前的都城——咸阳的格局而设计建造的那些略小于人形的陶俑形态各异连同他们的战马、战车和武器，成为现实主义的完美杰作同时也保留了极高的历史价值

——世界遗产委员会《世界遗产目录》

秦陵乾陵　挖与不挖

中国有两个帝王陵墓很受世人瞩目。一个是秦始皇陵，一个是乾陵，后者是武则天和她丈夫唐高宗李治的合葬陵寝。

古往今来，知名度高的皇帝，多是生前自己折腾，死后被人折腾。自己折腾，也就是生前做了不少和别的皇帝不一样的事，谜团太多，盖得了棺，定不了论。于是后人跟随，破解谜团。不客气地说，就是接着折腾他们，让他们死后都不得安宁。后人折腾的最大特点，过去是褒贬功过，评判得失；现在流行避虚就实，也就是挖坟掘墓。往客气了说，这叫关注，关注的问题点，各有不同。

平民百姓关注秦陵和乾陵，集中在一个疑惑上：为什么不挖？感性色彩比较多。专家学者关注的焦点是，挖和不挖哪个更重要？学理成分更大。这些年情况又变了，好像各级政府也开始掺和进来，仿佛辩论赛上的辩手，成了正方反方，正方肯定挖掘效益，反方强调保护功德，一个说"YES"，一个说"NO"。

秦始皇和武则天老是被后人这样折腾得死去活来，其实也怪他们自己。因为他们实在是生前太"出格"，死后也太另类了。要不然，和武则天同葬一个寝宫的李治，怎么不太被人提及，也不太被人折腾呢？原因就是人家李治生前没太折腾，属于常态国君，寿终正寝时，也按皇室礼数大殓入葬，做得中规中矩。

秦始皇和武则天可不同了，都另类得很。一位是第一个在中国称皇称帝的男皇帝，一位是中国第一个名正言顺的女皇帝。各凭这一条，他和她就一下子成了和别的皇帝不一样甚至可以说是很不一样的皇帝了。

秦始皇另类到什么程度人人都知道，他把先秦泛用的"朕"字据为己有，成了皇帝专称。还放出话说："朕为始皇帝，后世以计数，二世三世至于万世，传之无穷。"武则天好像比秦始皇还要另类，她干不成秦始皇统一文字那样的旷古大事，就干脆自己造了19个字，其中还给自己造了个名字"曌"，谁也不能用。我检索过现代的《新华字典》和电脑字库，还真都有这个字，也不知道是否有父母用了这个字来给孩子取名。取了也麻烦，麻烦得老师点名时都会尴尬，有多少人知道该字是"照"的意思？又有多少人知道该字还读"照"音？更不用说该字还包含着中国女皇文化属性，容易使人产生歧义或联想呢？

秦始皇那会儿，大开刻石纪功和竖立碑碣风气，自己陵前却没留下片石只碣，这事好像从没多少人关心，可武则天竖起的无字碑却是世人皆知。一个不留碑，一个留了碑，碑面又不着只言片语，都给我们无尽的揣测和联想，惹得专家极尽能事的研究和争执，成了媒体永不倦怠的头条稿源，成了普通民众茶余饭后的谈资。不留名句，没有恒言，他和她身后都没什么能传咏的名篇诗句在世。秦始皇曾东临碣石，求仙问神。但后人吟咏的却是"魏武挥鞭，东临碣石有遗篇"的曹操，让曹操风光无限，名垂汗青。

说曹操，曹操到。本书上次出版时是2009年，遗憾的是出早了一年，没写曹操话题。2010年初曹操墓考古发现公诸于世，我这次增订旧版，就加了曹操墓考古一节，专篇说曹，此不赘述。但有一点还是要犯老师职业病似的敲敲黑板：历代帝王能留下名篇金句并且还能被后世后人接着受用共情的，恐怕曹操排第三，就没谁能排第一第二了吧？譬如他的"对酒当歌，人生几何""何以解忧？唯有杜康"；再譬如"山不厌高，海不厌深""周公吐哺，天下归心"；还譬如"老骥伏枥，志在千里""烈士暮年，壮心不已"……难怪陈寿在《三国志》中如此史评曹操："可谓非常之人，超世之杰矣。"一代伟人毛泽东也高度评价曹操统一中国北方、建立魏国："曹操是了不起的政治家、军事家，也是个了不起的诗人……"

相关链接

武则天的无字碑

无字碑高7.53米,重近百吨。不着一字,尽得风流。可无字碑现在已经成了有字碑,因为自从宋代以来,不少达官显要或拜谒或游历乾陵时,毫无顾忌地在碑上题刻。迨及明代,题词者凡39人,遗留题刻42段。

武则天无字碑

更让人不可思议的还有,武则天作为正式登基过的中国皇帝,在位15年却没给自己单独建造陵墓,而是在死后打开已经埋葬了22年的李治陵寝,与他合葬一处。乾陵并不是人们常说的中国历史上唯一一个皇家夫妇合葬墓,可是作为不同年号的两朝皇帝合葬一墓,倒真是中国旷古未有。一个女人先当皇后,再做皇帝,临死前留下遗言去帝号,重回皇后身份,世所罕见,是那些临朝称制的吕后、慈禧太后们比之不足的。即便到现代，中国这位1 500年前的女皇帝还叫百姓、专家、政府惦记着，一般的墓葬考古到国家文物局即可获得审批，可这位女皇陵墓的考古报审程序，却要到最高国家权力机关全国人民代表大会上讨论。要是哪一天乾陵像秦始皇陵那样入选《世界遗产名录》，那外国人和世界组织还得掺和进来。所以，动不动就提议要挖这两个皇陵的人，不知道是否想过，秦陵和乾陵早在1961年就被国务院公布为第一批全国重点文物保护单位了，怎能轻易挖得？秦陵在1987年还被联合国教科文组织列入了《世界遗产名录》，真的要挖，联合国教科文组织同不同意还是个事儿呢。

相关链接

乾陵是唯一埋葬两个皇帝的陵墓

总有媒体说，乾陵是中国历史上唯一的一个皇家夫妇合葬墓，实乃误识。古代皇家夫妇合葬墓比比皆是，比如明末崇祯皇帝的思陵。有资料说，崇祯生前没来得及建陵，崇祯死后，打开周皇后和田贵妃的墓穴，把这位明末皇帝安葬了进去。再比如本书提到的明代万历皇帝朱翊钧，就和他的孝端、孝靖两位皇后一起合葬在定陵玄宫内。所以，正确答案应当是：乾陵是中国古代唯一埋葬两个皇帝的陵墓。

反正这么说吧，世上总有一类与众不同的女人，她们得到常人得不到的，却失去常人所拥有的。武则天就是这样的女人，但凡常人做不到的事情她做了，没有资格做的事她也做了，有资格做的事她未必有兴趣去做，男性皇帝们不做或不能做的事，她没少做，最后做到了她夫君李治也没有她在民间名气大的地步。结果是，她的历史功过知者寡，她的历史故事闻者众。我一个朋友因此调侃地说，凡世间是三个女人一台戏，武则天是一个女人三台戏。要我看，他这话都是横着比，缺乏历史纵深感，最多说对了一半。真说起来，武则天的热闹何止她生前82年里的那些事，大热闹还在后头。

那就是哪天有要挖她的陵墓的动议了，之前就要热炒起来；哪天真的开挖她的陵墓了，更要热得发烧；到哪天挖完她的陵墓，热度依然难退，依旧不会太平。猴年马月折腾完了她生前死后那些事，兴许才能消停一点。中国人常说，人死后才能盖棺定论，那说的都是一般的皇帝和文臣武将，放在武则天身上不太管用，对她还必须得开棺解密，方能罢了。而且这还要赶早不赶晚，要下手快，起码要趁着联合国教科文组织把乾陵列入《世界遗产名录》之前做了才行。这可能么？我看不可能，多是扯闲篇儿。

但不管怎么讲，一个皇帝能另类到生前一生事，死后千古事，另类到他们的陵墓里藏着中国文化的秘密，藏着中国人的好奇心，藏着政府官员的经济发展规划，藏着专家学者的历史文化遗产保护利用底线，恐怕也只有秦陵和乾陵可堪比照了。

说实话，不少人对评价他们的历史功过已经提不起太大的兴趣了，那是专家学者做的活计。明眼人都知道，现代人关注的是如何贯古通今，古为今用，推陈出新，还要取之不尽，用之不竭，实际得多，也现实得多。急吼吼的人早就顾不上澄清历史事实，寻找历史规律，叩问文明兴衰了，而是想来个"梦想照进现实"，干个考古大揭秘才爽快。武则天的历史被研究了多少年了，谁也没说出子午卯酉，褒贬不一，总是这样悬着悠着，叫人闹心，挖个真实出来不就完事了么？而且有视觉，有触觉，有效益，有业绩。即便考古人也被"忽悠"得心里痒痒的——哪个不想在自己辛辛苦苦从业的一生里，赶上挖皇家帝陵的机遇，抱个大金娃娃，哪怕过过发掘的瘾也不枉为考古呢？尽管他们知道这并不可能。

别说普通的考古人了，即便大专家也不例外。20世纪60年代陕西方面曾经打算发掘乾陵，时任中国科学院院长的郭沫若听说消息后，特别兴奋，盼望在有生之年能亲眼看见传说保存在地宫内的《兰亭序》手迹。可周恩来总理却批示道："我们不能把好事做完，此事可以留作后人来完成。"这种善意的劝阻，对乾陵起到的保护作用不可低估。好像郭老在失落之余还写下了"待到幽宫重启日，还期翻案续新篇"的诗句。

该不该惊醒那几位沉睡在地下的帝王？几十年来一直争论不休，动议不绝，提案不断。不少媒体也推波助澜，下面是上海《东方早报》记者2006年7月采访我之后编发的文章，标题是《地下保护是最好的保护》：

乾陵景观

陕西乾陵因埋葬着唐朝全盛时期的女皇武则天和唐高宗李治而长期以来被世人推测规模宏大、收藏丰富。20世纪90年代初，曾有国家领导人在考察陕西时，提出发掘乾陵的设想，后因意见不统一而未实施，但"打开乾陵，目睹世界上最大、最具观赏性的博物馆"一直是个考古梦想。

在近期西安召开的"纪念武则天入葬乾陵1300周年学术座谈会"上，有专家再次提出发掘乾陵的建议，早报记者昨天就该话题采访相关人士时，不少专家持反对态度。正如陕西省考古学会会长石兴邦所说，这一争议有代表性地显示了当代语境下，关于文物价值和保护的不同理念。

正方：文物价值在于提供认识

曾主持西安半坡遗址挖掘的陕西省考古学会会长石兴邦坚决主张发掘乾陵。他认为，乾陵作为一座至今未曾被盗的帝王墓，墓葬中的尸骨、各种金银器、陶器、木器、丝织品都极具考古价值。虽说陵墓修筑得很结实，可是现在墓坑里到底是怎样的情况谁也不知道，地震、黄土土质、气候都可能对墓坑里的东西产生影响。而近40多年来，考古界已积累了丰富的经验，专业水平和现代的科技水平完全能够胜任对乾陵的发掘工作。虽然文物出土后也有腐烂的可能，但与其让这些东西像已经出土的唐代法门寺地宫里的丝绸、字画等那样在墓坑里腐烂，还不如尽早挖掘出来提供认识的可能。他说，一般帝陵因为怕盗墓，基本上不详细记载随葬品，出土实物可以弥补历史记载的空缺。

复旦大学文博系教授高蒙河也表示，从20世纪50年代起，我国基本上就未再进行过对帝王陵寝的大规模发掘。所以也可以说，到目前为止，公众对此已经形成了半个世纪的期盼。从之前西安南郊何家村发现唐代窖藏文物和陕西法门寺地宫出土的唐代佛教文物来看，乾陵作为我国罕见的皇家夫妻合葬墓，其文物如果出土，将引起的轰动效应肯定不亚于前两者。而且如果能够揭示器物所在的环境，提供当时生活的相关背景信息，也应该会大大超出已有文献提供的基本知识。

反方：地下微环境更稳定

中国社会科学院考古研究所所长刘庆柱认为，世界考古界的普遍观点是，在科学技术条件还有局限的情况下，不挖掘要比挖掘好，相对而言，地下1 000多年的微环境还是稳定的。

南京大学历史系的一位教师向早报记者表示，自己对乾陵发掘的事完全没有兴趣。相信许多研究者也是一样。因为其中埋藏的重要文物史书上都有记载，所以即使发掘出来对研究也没有太大的新价值。公众可能会对其中的大量书画感兴趣，但在他看来，整座乾陵本身就是一个大文物，就地保护是最好的保护。如果只是为了展示，在科学技术已经如此发达的今天，完全可以用数字方式做成虚拟的博物馆来进行。

北京大学考古学系教授宿白就一再强调，对祖先留下的东西要慎重。

高蒙河在肯定发掘建议积极性的同时，也表示了很大的顾虑。他说，乾陵发掘涉及的附属设施和景观保护内容多，目前不容易解决。当年定陵发掘时，只是把墓穴打开，也花了一两年时间，发掘出来的文物后来也没能得到合理保护，那次发掘因而被认为是破坏性发掘。

"秦始皇兵马俑从1974年发掘至今，已经过了30多年，也只发掘了其中很小的一部分。发掘乾陵的最终很多成果可能当代人还是看不到。另外从人力上来说，目前我国基建工程多，抢救性发掘工作在全国已经很紧迫，如三峡文物与南水北调工程的抢救性发掘都要进行十来年，这种情况下，陕西是否具有完成乾陵发掘的充足专业人力？"高蒙河认为，目前看来，真正想要主导乾陵发掘的可能不仅仅是考古、文保等部门，陕西省的旅游部门应该对此有较大的关注。但现在乾陵中到底有什么还是不可知也不可预见的，所以除非发生人为的战争、盗掘或自然灾害，发掘帝陵在近一两百年还不是可操作的事。

据悉，国家文物局目前也表态不会正式发掘乾陵。

我在记者访谈的文章中被写成了执己之矛、攻己之盾的人，有的媒体在转载时还拦腰一刀，把我前半段话演绎成"代表了民间的呼声"云云。我的原话是否即如报纸上的铅字，实无大碍，至于说不少名人坚决不上平面媒体，以防自己的原话"走板"，我也没那么大的谱。实际上，这里最重要的是，记者透露出的专家学者们关于挖和不挖哪个更重要的三种观点。这三种观点在《中国国家地理》这本著名的杂志上，曾以对专家专访的标题形式刊出过，时间是2005年第5期。该刊为此还专发了罕见的两段编者按：

编者按一：

陕西乾陵素有考古界的"三峡工程"之称。在位于西安西北方向的梁山主峰之下，埋着唐高宗李治和大周皇帝武则天。一对夫妇，两朝皇帝，合葬一室,这在全世界也是极其稀罕的。半个世纪以来,发掘乾陵始终是个热门话题,随着我国考古技术的进步,让武则天重见天日的时机成熟了么?挖还是不挖?什么时候挖?此时,我们呼吁国内外的有识之士参与讨论,再次激活这个话题,旨在审视"科学发掘乾陵"的现实意义。

编者按二:

帝王陵是浓缩了一个王朝在一段时期内的文化精髓的代表性建筑,是后人研究历史的非常重要的依据和佐证。一些不确定的问题可能在学术界和考古界引发长期的争论,而这样的争论完全会因为一次考古发现而平息——文物本身会验证后人对历史的猜测。因此很多人主张揭秘,赞同发掘帝王陵。然而有一个问题我们不容回避:纺织品、纸质文物等一触即碎,保护出土文物的技术远远落后于需求。不发掘本身就是对文物的最好保护。那么现阶段帝王陵到底该不该发掘?陕西帝王陵数量位居全国之首,考古专家和相关人士是如何看待陕西帝王陵的发掘与保护问题呢?

标题性观点一:

1. 不发掘不等于就是保护

2. 主动发掘乾陵势在必行

标题性观点二:

1. 只要准备充分就可以发掘乾陵

2. 挖帝王陵的口子暂时不能开

标题性观点三:

1. 帝王陵坚决不能挖

2. 无论如何不当发掘帝王陵

在《东方早报》2006年7月采访我之前的一天,搜狐网站上曾发过《当前该不该挖掘武则天墓?》的帖子。正方的命题是:该。若能打开,乾陵将会成为世界上最大、最具观赏性的博物馆。放在那里不挖掘,也要花费人力物力保护,挖掘有利于考古发现,是一大收获,有利于提升国家形象,从实物上丰富中华文明内涵。反方的命题是:不该。对祖先留下的东西要慎重。当前在科学技术条件还有局限的情况下,不挖掘要比挖掘好。考古工作者,首先要做的是如何更好地更完整地保存历史,掌握或者恢复历史的原貌,而不是到处挖人祖坟,掘人坟墓,以满足自己的好奇心。还记得当时网友的投票是,正方1 441人,反方3 566人,第三方15人。

羡慕陕西,羡慕生妒,嫉妒到想把它最小化,可最小化的结果,还是很大。这就是文物大省的体量,这就是文物大省的厚度,这就是文物大省的气派。仿佛想要挖个谁,都是大动作,都得惊动国人和世人;仿佛讨论挖个谁,都不会局限在省内业内,话题分分钟扩大到国内;仿佛哪里有个发现,都不再是地方性的而是国家级的发现。在中华文明兴起后的5 000年里,一个陕西就占去了差不多2 000年的辉煌,一个西安,就囊括了中国历史上无与伦比的汉、唐两朝盛世,13个王朝在此建都,与罗马、雅典古城比肩齐名。陕西,应当比其他省走在文物保护的前列;拥有自豪的同时,也比其他文物小省肩负着更大的责任。

陕西的皇气,还凝聚在皇陵上。连中国最另类的一男一女两位皇帝,也都安身三秦,这还没算介于他俩之间那位撑起大汉雄风的汉

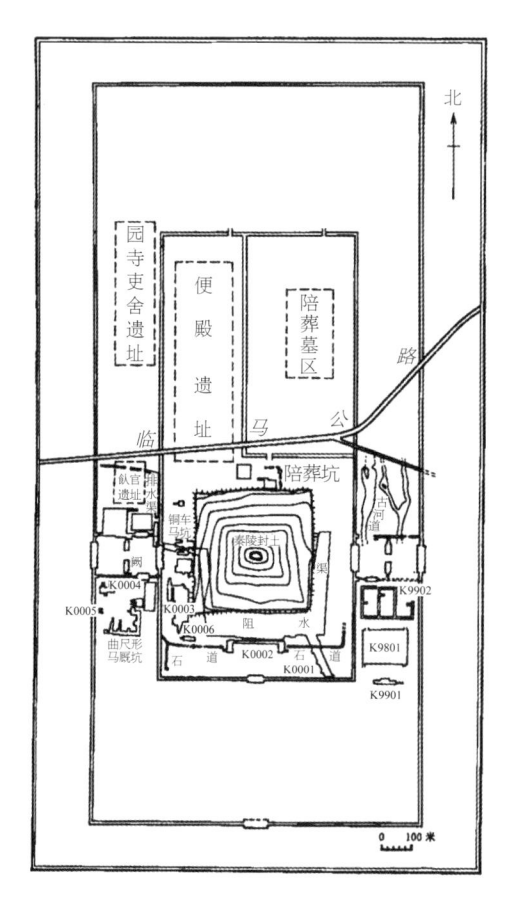

秦陵园范围

武帝。毛泽东用诗词概括中国古代英雄时，都要提到秦皇、汉武、唐宗三位，能与他们平起平坐的只剩下宋祖和成吉思汗二人了。在世界100项考古大发现中，秦始皇陵名列其中；在世界范围的十大考古发现评选中，秦始皇陵兵马俑成为中国唯一。

我们大多数人可能都知道，秦兵马俑坑只不过是秦始皇陵区50多平方公里范围内的一小部分，只有2万多平方米，是陵区600余个各类陪葬坑和陪葬墓中的零头。可我们大多数人还可能不知道，2004年前后秦陵差点被列入濒危世界遗产，面临过被摘牌的危机。据说联合国教科文组织、世界遗产委员会在对秦陵进行实地调查后，发出了保护状况不乐观的函告，要求进一步履行《世界遗产公约》。所以，国家早就开始了对秦兵马俑及秦始皇陵进行彻底的保护与整治，投资5.2亿元对秦始皇陵遗址公园和秦兵马俑周边环境进行改造。我在2005年初接受记者的采访时，积极支持这个工程：

> 秦始皇陵属于陵墓、墓葬类大遗址，由于在城市附近，可视性又较强，建设遗址公园的方式可以把文物发掘、保护的科学研究与旅游观光相结合，是在大遗址保护中的一种探索。像秦始皇陵这样的大型遗址，挖到什么就保护什么的做法是不够的。划定保护范围有利于全方位保护和研究，也可以限制不合理的、可能给文物带来破坏的工程建设。

开启秦陵的成本与代价

秦陵也好，乾陵也好，中国数以百计的帝王陵墓也好，挖与不挖，其实早都套牢了"紧箍咒"，这就是国家制定的"保护为主、抢救第一、合理利用、加强管理"的"十六字方针"。这条方针在2022年的全国文物工作会议上，扩大到"二十二字"，即"保护第一、加强管理、挖掘价值、有效利用、让文物活起来"。再细点，还有1997年国务院发布的《关于加强和改善文物工作的通知》中强调的"考古发掘坚持以配合基本建设为主"，"对大型帝王陵寝暂不进行主动发掘"。不过这是国家政策，不是具体抓手，服理难服人。于是，政府官员和专家们还时常用一个理由来加以诠释："保护出土文物的技术不成熟。"这个理由对不对呢？对，对得毋庸置疑，可千篇一律，已毫无新意。几十年诠释下来，硬邦邦的理由变成软绵绵的套话了，听得人们耳朵都起了老茧，患上了"听觉疲劳症"。如果按毛泽东主席"世界上怕就怕'认真'二字"的名言为基准，对于秦陵，我看起码还可以再找出许多难以发掘的理由来：

一是能不能建造一个跨度500米以上的大棚？

我提出这个问题，是因为秦始皇陵的规模决定了考古设施的规模，考古设施的保障不到位，想要挖秦陵不是不可能，而是不可为也。

说到秦陵的规模，那首先得看看秦陵地面的封土有多大规模。

《汉书·楚元王列传》上说："其高五十余丈，周回五里有余。"秦时一尺约为现代23厘米，五十丈即约115米。秦时一里为414米，五里约为2 070米，封土底面积约25万平方米，高115米，这大概就是秦始皇陵当初的规模。秦俑考古队为

秦始皇陵远眺

了解原来封土堆积的实际大小，进行过钻探，发现原来的封土基础部分近似方形。周长与《汉书》说"周回五里有余"的数据相近，为2 000米，南北长515米，东西宽485米。可见文献的记载基本和现代的测量相仿，还是靠谱的。这样的话，我们在发掘前首先应当建造一个跨度至少不能小于500米的保护大棚，如果不能建造500米跨径的大棚，挖掘秦陵简直就是不可能的。

道理简单到不能再简单了。秦陵是由两部分构成的，一个是地表下面的地宫，一个是地表上面的封土。人们最关注的当然是地宫，最想看到里面的遗存和司马迁《史记》里说的一样不一样？能不能出土连司马迁也没有记载的遗迹和遗物？可挖出地宫，先得挖掉南北长515米、东西宽485米的封土。甭说这是作为世界文化遗产的帝王陵墓，就是一般的坟墓，按考古发掘的规矩，也不能用炸药炸，还不能用推土机推，更不能用挖掘机掏洞。一句话，就是不能快挖，只能慢慢挖，也就是一点一点地发掘。一点一点发掘，就需要漫长的时间，就要历经春夏秋冬，就要面临风霜雨雪，就要避风遮雨，就要像挖秦兵马俑坑那样，先搭个大棚，既有利发掘，又可以保护出土文物。否则，即便人能够在露天作业，可以战天斗地，可挖出的地宫怎么办？难道让它冬天被一场又一场的大雪掩埋？夏天被一次又一次的大雨浇灌？

> **相关链接**
>
> **坟是坟　墓是墓**
>
> 　　坟墓是由两部分构成的，地上的封土是坟，地下的坑穴是墓。
>
> 　　封土是陵墓主人入葬后，封填地宫或墓室，然后在它的上面聚土堆砌而成的高高的坟冢，民间也叫坟头。封土出现较晚，大约到了东周孔子时代才有，早期国君贵族的封土形状多是覆斗状的，上面还有阶梯，而不是我们现在通常见到的那种圆包形的馒头样式。
>
> 　　墓有广义和狭义之分，广义就是老百姓说的坟，狭义专指埋葬逝者的地下空间，皇上的墓穴多叫地宫。绝大多数情况下，墓是向地下挖掘深深的坑穴，长方形最多，鲜有圆形的，放置棺椁和随葬品。墓的起源大概可以早到一万年前，表明人类开始有了埋葬自己逝去同类的葬俗，延续至今。

那大棚搭建得小点行不行？可不可以在封土上立几根柱子当支架支撑，缩小技术上无法解决的跨径难题呢？回答是否定的。柱子立在封土上，怎么去掉封土？即便退一万步讲可以在封土上立柱，那地宫挖出来后周围都竖着桥墩一样的柱子，成何体统？地宫完整的平面景观如何保证？再如果柱子下面有文物怎么办？何况地宫周围的土质状况是不是符合立柱子的条件？所以，这就一定要建造一个跨径500米以上的大棚子了。目前世界上能不能建造500米跨径的梁架？我想问题已经不是太大。例如单跨超过500米的桥梁，都已不在少数，像上海卢浦大桥和重庆朝天门大桥都有550米左右，好像日本明石大桥的桥墩间距，还达到了2 000米。这都表明，现代技术已经具备建造大跨径梁架的能力。

如果真能建造这样的大棚，问题是封土就要被遮封到大棚里去，等于是把秦陵"包"了起来。这样做，最头疼的是露天的封土已经与周围方圆50多平方公里的陵园景观以及山峦融为一体了，且不说搭建成的大棚的风格如何与周边景观相协调，就是搭建本身能不能被人们和社会接受，都会成为问题。

二是挖掉了封土会使秦陵地面景观消失。

搭建大棚存在问题，那不搭大棚，干脆挖掉秦陵封土行不行？

挖掉秦陵封土，最直接的后果就是秦陵的地面景观会消失。只有地宫墓穴，而失去与封土规模相结合的场面，如何能让人感受秦陵全景的恢宏与壮丽？如何让人感受建造如此工程的艰辛与伟大？显然也不能通过。

有人说，既然在封土上搭建大棚有难度，又不能挖掉封土。那就在陵上找到墓门，往下挖一个洞，一直挖到地宫不就得了？

问题是地宫在哪？地宫又有多大呢？

前些年，我国首次将考古工作纳入国家"863计划"，进行了有史以来对秦陵资金投入最大、技术水平最高的地下考古探测，主要采用遥感和地球物理探测技术。结果发现：规模宏大的地宫位于封土堆顶台及其周围以下，距离地平面约35米深，东西长约170米，南北宽约145米，地宫主体和墓室均呈矩形。地宫中央的墓室东西长约80米，南北宽约50米，高15米，大小相当于一个标准足球场。

先不说这个探测结果是否就是秦陵地宫的实际情况，就算实际如此，地宫的位置是不是就位于已经探测出来的地方？如果错位了怎么办？《汉旧仪》中有一段关于秦始皇陵地宫深度的介绍，大意是说公元前210年，丞相李斯向秦始皇报告，称其带了72万人修筑骊山陵墓，已经挖得很深了，好像到了地底一样。秦始皇听后，下令"其旁行三百丈，乃止"。抛开"旁行三百丈"史料的真假或换算尺度的准确率不说，我们的心理准备是否能够承受万一挖下去的结果与探测的不一样怎么办？因为地宫位置的扑朔迷离程度，丝毫不亚于秦始皇在我们心中的模糊印象。

三是地宫深深，如何上下？

如果地宫真是距离现在的地表35米深，那就相当于15层左右的高楼，这样的立壁，如果是石或哪怕是土石结合得还算牢固，如果像秦兵马俑坑那样只是板壁和土壁，会不会导致塌方？退一步说，如果加固，那不是改变了立壁本身的原生形态，变成了现代人工制品？再退一步，如果不是直上直下的立壁，而是阶梯状的立壁——这可能也是实际的情况——兴许能避免塌方或容易避免塌方，可怎么构建下去的通道？秦兵马俑坑离地表3—5米左右，在旁边围上围栏，不用下去也能看清楚，可地宫深了10倍以上，在上面围个围栏不让下去，难道要游客用望远镜看不成？如果可以构建下去的通道，建得横七竖八的，岂不是破坏了地宫的结构景观？

四是多长时间能挖完秦陵？

如果我们用几乎可以说是笑话的最机械的算法，既不计算时间成本，也不考虑实际埋藏状况，更不考虑人力、物力、财力的投入，只算发掘面积的话，也可以大致换算一下：

换算一：陕西凤翔秦公一号大墓是我国目前已发掘的最大先秦墓葬，总面积5 334平方米，深24米。秦陵面积25万平方米，比它大约50倍。秦公大墓1976年发现，到1986年清理完成，挖了整整十年。问题出来了：秦陵是不是就要挖400—500年？

秦公一号大墓的墓主秦景公，系秦穆公四世孙、秦始皇第十四代先祖。墓室像一座嵌入地下的倒"金字塔"，由上到下有三层台阶，台阶环绕墓壁，宽在2—6米之间。墓室顶部长59.4米、宽38.8米。底部长40米、宽20米，接近两个国际标准篮球场大。墓道平缓呈斜坡状通向墓室，连接墓室两端。墓道和墓室连成"中"字

秦景公大墓

形，总长300米，墓底距地平线24米，相当于8层楼高。墓的总体积比先秦所见最大的国王墓——河南安阳侯家庄商代王陵大10倍以上。在大墓主椁室，规整有序地密布殉葬者166人，殉葬者有男有女，分别葬在箱匣之中，另外在填土中还发现20具尸骨，这是我国自西周以来发现殉人最多的墓葬。秦公大墓屡经汉、唐、宋历代盗扰，发现盗洞多达247个，不少金银珠宝、青铜鼎彝早就被盗墓者窃取走了。但陆续发掘出的铜、铁、金、陶、石、玉、漆器、纺织品等3 500多件文物，仍为不可多得的珍宝。

2001年曾有记者慕名来到这个全国重点文物保护单位采访，却发现虽然头顶上阳光灿烂、空气清新，但秦公一号大墓的露天墓坑现场杂草丛生、污迹斑斑。由于各种原因，大墓发掘后的10多年，保护工作严重滞后，巨大露天墓坑任凭风吹、雨淋、日晒，四侧被雨水、污水肆意冲刷，留下累累斑痕，墓坑几乎成了臭水坑和垃圾站。记者在墓坑现场看到，墓坑东侧的坑底腾起了几十米高的火焰和浓烟，原来是4个农民正用最原始的"火烧"办法清除杂草。

此前，大墓所在地的陕西省宝鸡市凤翔县南指挥村的70多户村民，曾自发筹集资金100多万元，新建了我国首家农民创建的秦公一号大墓遗址博物馆。但对于需要投资数百万元才能修建起来的墓坑大型拱棚，南指挥村这个人均纯收入仅1 000多元的偏僻小村就再也无力承担了。在20多米深的墓坑坑底，记者发现，由于长时期被雨水浸泡，南侧墓壁出现了明显的大面积滑坡痕迹。墓坑底部的主棺室因长期积水被泡塌，"金字塔"墓圹的形状逐渐消失。终于，到了2010年前后，当地还是建起了覆盖整个墓坑口5 000多平方米范围的拱棚，保护的问题得到了一定程度的解决。这是另外的话题，不再多说。但透过这个难产的遗址博物馆保护过程可以看到：它确实是太大了。而它再大，和秦陵比起来还是"小巫见大巫"了。

换算二：秦兵马俑坑总面积约20 780平方米，秦陵面积是秦兵马俑坑总面积的12倍多，深度是6—7倍。秦兵马俑坑经过陆续50年的发掘，实际发掘面积并不大。一号坑前两次发掘揭出10个20米×20米＝400平方米的探方，共4 000平方米，第三次发掘面积430平方米，合计4 430平方米，占一号坑14 260平方米遗址总面积的31%；二号坑发掘200多平方米，占二号坑6 000平方米总面积的3.4%；

三号坑520平方米遗址已全部发掘完毕。三个俑坑合计发掘面积约占整个20 780平方米遗址总面积的四分之一，实际上也就是50年一共挖了5 000多平方米。按秦兵马俑坑的实际挖法，或者干脆就取个整数5 000平方米的话，那么秦陵面积就是秦兵马俑坑已经挖掘的总面积的50倍，那要挖多少年呢？我几乎没勇气算下去了。

再换一个也可笑至极却可能有点靠谱的算法。如果不管封土，不计深度，只算秦陵的地宫面积：东西长170米×南北宽145米≈25 000平方米，那么就是秦公大墓面积的4倍多，要挖40年；是秦兵马俑坑实际挖掘面积的5倍多，也要挖250年。

还有两个参考数据：专家们估计秦兵马俑三个俑坑全部发掘后将出土陶俑、陶马8 000件，出土各类青铜兵器数万件，其中最著名的一号坑约有陶俑、陶马6 000多件，排列成38个纵队构成的步兵军阵。陶俑平均身高1.8米，陶马平均身高1.7米、身长2米。三个俑坑目前出土陶俑、陶马2 000多件，出土了总数的四分之一左右；修复完好的陶俑、陶马1 000多件，约占总数的七分之一。

别看这些数据枯燥，如果未来哪一天条件真的成熟了，如果我们的子孙后代真要开启秦始皇陵，这些数据绝对有重要的参考价值。尽管有关这些数据的说法很多，目前还没有一个权威可信的统计结论，但四分之一和七分之一这些约性数据，却也能非常清楚地传达出这样的信息——秦兵马俑坑的考古发掘还有大量需要进行的工作，大量的遗物和遗迹都还埋藏在地下，这也将给我们无数的判断、猜测、争议、推论带来比照的论据。何况秦兵马俑坑的规模、体量等远远不足以与秦始皇陵的相比。我又做了一个约略性的比较数据，以供参考：

兵马俑坑的规模、体量与秦始皇陵的比较

比较内容	地上高度	地下深度	总面积	发掘难度
兵马俑坑	无	约5米	约2万平方米	已知，遗物种类相对比较单一
秦始皇陵	高约70米	约35米	约25万平方米	未知，遗物种类可能非常复杂

兵马俑坑经过50年仅发掘了四分之一。秦始皇陵园的面积大约56.25平方公里，已进行过详细钻探的部分仅占总面积的十分之一。陵园中心部分面积约2平方公里，对其地下埋藏情况比较清楚的部分，也只占中心区的三分之一。在陵园内已发现的600多座各种各样的陪葬坑和各种墓葬，以及数百万平方米的宫殿建筑基址，基本上都还没有进行正式的发掘。秦俑考古队自组建以来已经历了两三代人，老考古队员多已退休，有的已不在人世。对此，已退休的考古队首任队长袁仲一说："兵马俑和秦始皇陵园的考古工作仍任重道远，考古任务十分艰巨，需要几代人、几百年坚持不懈地努力。"他这话靠谱，说的是实情。

五是投资要多大？

投资包括人力、物力和财力三个最主要的要素，其他的暂且不计。以一、二号坑为例，二号坑平面呈曲尺形，东西长124米、南北宽98米。二号坑保护大厅钢网架式结构，平面尺寸为长134.2米、宽106.25米、高14.5米。一号坑更大，东西长230米、南北宽62米，保护大厅几乎都是宽出坑外边沿10米建造，东西长204.5米、南北宽70.24—72.5米。厅顶至坑底高21.9米，厅顶用的是落地式三铰钢拱架结构，拱架弧长80米、弦长67米，总重量306吨，投资245万元。令考古学家最遗憾的是，1975年前后建大厅时，国家经济困难，为了节省10万元一个的钢拱架，少建了三个拱架，但却把一号俑坑两端计约45米长的坡道留在了大厅外面。节约了30万元，却留下了无法弥补的遗憾，使人们无法再看到俑坑完整的结构。

如此大规模的发掘，资金需求巨大，没有充足的经费支持，发掘工作根本无法启动。国内平地起建一个省级博物馆，不包括土地和搬迁，按2010年前后的馆舍造价至少也得上亿元，这还是被人笑话的低廉价格，造价3亿元的现在早已不再稀奇。2005年前后的一个实例是苏州博物馆，请贝聿铭先生设计，建筑面积约近2万平方米，只相当于秦陵地宫的十分之一还不到，总投资高达3.39亿元。2021年新建成的苏州博物馆西馆，建筑面积约5万平方米，相当于秦陵地宫的五分之一，总投资超过10亿元。挖秦陵要多少投资？挖好了后建造秦陵博物馆又要多少投资？

造好了博物馆日常的维护和保护又要多少投资？这恐怕不是本书能预算的了，没有人能直接告诉我们挖掘秦始皇陵需要多少经费，一旦开启还需要增补多少经费。

再说人力和物力，就更难以预料了。我记得2000年前后十年间，三峡工程文物抢救最紧张的关头，曾有来自全国各地的近百支考古队同时作业。秦陵考古是凭陕西自己的力量干，还是也募集全国甚至全世界的考古人员，都不好说。加上成百上千人的考古规模和相关间接人员的配合，几乎是可以创造出无数就业机会的"大会战"了，即便仅衣食住行、吃喝拉撒两项，也够承受的。2010年建成的秦始皇陵遗址公园也是国家重点工程，投资7.7亿多元，占地规模56.25平方公里，相当于七八十个故宫，这几乎是一个城市的规模了。三峡工程的成果之一是成立了重庆直辖市，秦陵动工的结果会不会出个西安或咸阳直辖市呢？所以，我们实在得佩服秦始皇，当年有70万人参与修建他的陵墓，他是如何调度和协调千军万马的呢？时至今日，我们还在为如何保护他的陵墓犯愁，这个始皇帝真是另类到家了。

六是发掘技术行不行？

秦始皇陵内的文物如果没有被盗掘或破坏，肯定极为丰富。但彩绘、帛画、壁画、漆器、竹简、陶器、木器的保护将随之成为令人头痛的问题，墓葬本身的维护也马上会变成巨大的难题。除此以外，秦始皇陵的发掘还有一个很少有人注意到的问题，这个问题不是发掘之后能不能保护，也不是发掘之前具不具备充足的人力、物力和财力，而是发掘本身会不会有重大失误？我们有没有研究它的能力？

秦始皇陵的发掘涉及一系列勘测、钻探、发掘、修复技术，虽然秦景公大墓有过发掘的实践，但早已是半个世纪前的往事了，有无更有效的借鉴作用，已不好说。换言之，我们缺少科学揭露土木建筑陵寝的先例，缺乏直接发掘的经验，谁能保证来自考古学家的工作失误不可能发生？现在所说的不能挖的理由几乎都是保护技术不过硬，千篇一律地讲什么丝织品可能硬结、器物可能变色之类，给人的感觉仿佛是这几个技术保护难题一旦攻克，就可以甩开膀子大干了。从考古学角度看，推动考古学进步的是发现本身和发现的方法——错失了发现，可以把

发掘时的兵马俑

机会留给技术能力肯定更强的后人，但由于我们现今所用的方法或研究的能力所造成的失误和局限，却是历史的遗憾甚至是罪过了。面对这种不可再生的资源，谁敢轻描淡写地说句"付学费"了事？谁来埋单？向谁问责？

话说回来，如果发掘后，真的出土了种类繁多的遗物——不仅仅是秦兵马俑那样的陶质文物的话，那修复的工作量又有多大？又有多复杂？又有多少技术难

修复中的兵马俑

关需要攻克？也都是我们无法回避的一系列问题。看看下面这个慎之又慎的修复秦兵马俑的例子，我们就能知道即便发掘容易，但保护是何等的困难：秦兵马俑曾遭到过人为破坏及火焚，再经过2 200多年覆土重压，均已残破不堪，每件陶俑、陶马都得由几十片或百余片破碎陶片粘接起来。

在修复前，首先要记录每个陶片的出土地点、现状、坐标，与周围文物的相互关系，同时辅以必要的照相、绘图，为后期研究和修复提供可靠数据与实物资料，也便于今后文物复位。其次，在修复前还要对修复对象进行全面观察和分析，了解其结构关系及附件情况。再次，根据前期的一系列准备工作，制定出一套完整的修复方案。

在修复时，先仔细地除去粘在陶片及茬口上的泥土，接着用清水清洗，然后晾晒或者烘干，再根据陶片出土时的编号进行拼对。残片拼对结束，要把陶片顺其茬口由下向上逐步粘接，在粘接过程中要把俑体分成若干部分进行加固，以防胶体脱落，陶俑双腿断茬处用钢筋做暗支撑。陶俑体腔及脚踏板，用切成小块涂上胶的裱布平展地贴于接茬处。待胶干后，修补俑体表面的裂缝，最后再进行做旧处理。

可见，每件秦兵马俑都必须经过以上许多道工序的严格操作才能修复完成。另外，2006年《中国文物报》还曾报道说，为了治理秦兵马俑生出的几十种病菌，科技人员连续攻克技术难关，费尽了心力，这里就不多说了。

七是世界相关组织同意不同意挖掘？

联合国教科文组织和世界遗产委员会是不是会干预秦陵的发掘？怎么干预？都是未知数。即便经过我们国家动之以情，晓之以理，人家最后同意了。那会不会也像当年埃及修建阿斯旺新水坝时，联合国教科文组织发起"努比亚行动计划"那样，先后组织22个国家参与进来，从1960年起干预了整整20年呢？如果国际化了，那外国的发掘——我们只讲这一项——是不是和我们现有的考古发掘标准有冲突呢？比如他们要一点一点地挖，一寸一寸地下，速度奇慢无比，规矩奇多无比，那得挖到猴年马月？当年三峡工程的文物抢救也不是没有外国人想投资参加进来，还好我们中国人自己干了，否则三峡大坝什么时候能蓄水可就难说了。

　　看来，秦陵也好，乾陵也罢，都还没有到非抢救不可的地步。是一定要在我们这一代把所有的地下文物都挖完？还是留给我们未来的子孙？这是感性和理性的较量，是本位与全局的抗衡，是业绩与政绩的对决。秦陵和乾陵等中国皇陵面临的真正危机，其实不仅是游客的攀爬与刻画，盗墓人觊觎宝藏的贼心，以及地震、渗水、风化、霉菌，而是我们文化遗产保护观念的危机。我们总是习惯于把自己的智能最大化，总是对自己能力的时代局限性缺乏清醒的自省。

　　由此可见，不挖王陵的理由，不仅仅在于我们有多大的技术保护能力，重要的还在于我们有多少挖掘能力和认知能力，这才是事物的关键或实质。前者是技术，后者考量着我们的文化成熟度。换句话说，如果技术达到了难道就可以挖了么？如果我们的考古学家没有能力适应人类认识的进程，落后于现在考古学的普遍认知阶段，向古代提不出更多更深入的问题，我们的技术再好，哪怕世界一流，也还是不挖的好。

　　话说到这里，我们的共识差不多已近达成：发掘帝王陵墓既要有技术条件，还要有考古研究能力，更要有保护好历史文化遗产的科学发展观。三者都未达标，我们就别无选择，只能把陵墓留给子孙。但不挖又不能一刀切，不能因为考古学强调尽量把文物留给我们的后人去挖，就认为这样的保护便是科学的保护了。留到什么时候呢？如果地下的文物遭遇了自身的和外来的侵蚀，那先挖出来给我们研究岂不更是科学的保护么？所以，一味地强调挖是不对的，但一个不挖也不见得就是科学的保护。换句话说，不是所有的文物都要留给后人，有些容易腐蚀的应该先挖出来，那些容易保存的应该留给我们的后人。

　　遥想未来，我们的子孙在感谢我们留给他们的物质遗产时，会更珍爱我们传递给他们的精神遗产，这会让他们更加受用并为之感动。我们真正要核算的成本与代价，实际上可以借用商周青铜器经常镌刻的那句铭文体现："子子孙孙，永宝用享。"这也如同当今西方政客或普通百姓提出政治主张或公益建议时常会说的那样："For our children and grandchildren"——"为了我们的孩子和孙辈"。

兵马俑的"发现权"

如果说一个国家的最大危机不是技术也不是制度，而是文化观念，我想很多人未必同意，这也不是本书所要讨论的话题。下面介绍的兵马俑发现权之争与陕西眉县青铜器窖藏发现者之间的境遇反差，却能让我们从中体验到一种文物保护观念的时代变迁，以及我们思想文化的进步。

不少介绍兵马俑的书刊上都说，最早发现秦兵马俑时，当地的村民以为挖到了"瓦神爷"。后来，鉴于几个陪葬坑内出土的都是带有军事性质的陶人和陶马，考古人员就定名为秦始皇陵兵马俑坑。随后大家都叫开了"秦兵马俑"，或径直叫"兵马俑"了。仔细想想，当初的这个叫法其实是不太准确的，也可以说不太科学。

一是，俑有专指，指的是那些专门代替活人陪葬用的以陶、木等材料做成的偶人。这在《孟子·梁惠王上》引用孔子"始作俑者，其无后乎"时，早说得明明白白了——"为其象人而用之也"。所以，俑模拟的就是人形，人以外的生物像马、牛、羊之类不应该叫俑。仅从这点说，早期发现的似乎叫兵俑或兵俑坑才是，把马也叫俑不太靠谱。

二是，在越来越多令人意外的发现中，除了兵马俑坑，还有文官俑坑、百戏俑坑、铜车马坑、马厩坑、珍禽异兽坑、动物坑、青铜水禽坑、石铠甲坑等。既然有文官俑、百戏俑，将来哪一天再发现其他什么性质的俑坑，恐怕也就是个时间问题，仅称其为兵俑又有点以偏概全了。所以，应该像后来学术界开秦俑学讨论会时提倡的那样，叫"秦俑"才较合适。如果说凡事总有个约定俗成的规矩，舍不得放弃"秦兵马俑""兵马俑"的叫法，那最多也就是秦俑的俗称而已；如果不登学术殿堂的话，在民间也没有不能叫的道理。

相关链接

何止秦陵兵马俑

　　在中国考古发现中，大规模用兵马俑陪葬的墓葬有五处：秦俑；汉景帝阳陵兵马俑；咸阳杨家湾兵马俑，汉初功臣周勃及其子亚夫陪葬汉长陵之用；徐州狮子山兵马俑，陪葬楚王之用；山东章丘危山汉墓兵马俑，陪葬西汉济南王刘辟光之用。

　　后四处都是汉代早期，但个头和规模都不如秦代那么大了。秦到汉初，百来年时光，随葬观念变化之大，连我们后人都始料未及。

　　2003年年底，1974年在打井中发现了兵马俑的九位当地农民，将《关于"秦兵马俑发现人"资格认定的申请报告》交给了秦始皇兵马俑博物馆，要求该馆颁发证书，确认他们的发现权；还要求该馆把一号坑文字介绍中写的"当地农民打井并发现"中的"农民"，全部换成他们的名字。媒体在发布这个新闻时，提出了令人反思的问题："到底什么才是发现？是不是只有发现了兵马俑的价值，才算是发现？才能被称作发现人？"为此，报刊网站开辟论坛，一时众说纷纭，支持几位农民者有之，就此引申到农民社会地位者也不乏其人，综合其说法有四：

　　第一种说法认为：在施工中发现文物，向文物部门报告是公民的法定义务。所谓义务，是必须无条件履行的，否则要受罚；但履行得好，要给予奖励。一号坑的介绍文字中写的"当地农民打井并发现"，已经具有表彰的性质。

　　再有一种说法强调：秦始皇陵是国务院1961年公布的第一批全国重点文物保护单位，农民打井的位置是在不许进行工程建设的秦始皇陵重点保护区内。如此说来，农民在这里打井的行为就是非法的了，而法律不支持建立在违法基础上的权益。

还有一种说法来自学术逻辑：生产和施工中发现文物，实为"碰到""遇见"文物之意，并非科学意义上的"发现"。科学发现和一般发现之所以不同，是因为事物或规律是原本就客观存在的，只知其然不叫发现，知其所以然才叫发现。同一切科学发现一样，正常情况下考古发现往往也需要经历一个复杂的工作过程，才能完整和准确地认识文物的性质。从开始不知道哪儿有文物，到主要通过调查、勘探、发掘等手段，确认某地有什么性质、哪个时代、多大规模的文物，需要经过专门训练的人通过长期、艰苦的劳动才能取得，非专业人士凭零碎资料短时间难能所为。五十多年过去了，至今还没有完全弄清兵马俑包含的所有信息，这个发现过程尚未结束。几位农民只是报告了一个埋藏有重要文物的地方，提供了文物线索，发现了陶片或陶人，这与他们今天主张的权利客体——"秦兵马俑发现人"相去甚远。

也有一种说法比较中立：认为调查也是发现的过程，必须得到肯定。现行考古发现奖励办法，有不尊重前人劳动的情况，把发现的成果全部给了发掘者，使发掘者独享荣誉和与之俱来的经济利益，这是极不公平的。所以，如何建立科学、正规、权威的奖励办法，把考古发现各个环节的贡献搞清楚，公正、公平、公开地奖励公民进行的具有科学意义的考古发现，才合乎民意民心。

看来，在偶然间发现的兵马俑的发现权之争，一时还难以彻底解决，我无意也没有能力对此作进一步的评价。不过上海《新民晚报》1996年1月2日曾刊登过一个报道，讲记者对兵马俑发现者杨志发的采访，特录于下，仅供参考：

> 发现秦兵马俑的陕西临潼县农民杨志发昨天早上接受记者采访时说，当年说他发现秦兵马俑曾得到10元奖金的报道其实是误传，他的奖金只有1角3分钱。现在，他更希望得到的不是奖金，而是一份能够证明他这一切功绩的荣誉证书。
>
> 杨志发说，1974年3月，他在打水井时首先发现了兵马俑碎片，有的像

脑袋,有的像手足,他立即报告了县博物馆,并带着几位妇女拉两大车碎片前去检验。县里当即奖励了他30元,他不敢拿,上交生产队,生产队算了他5个工分。当时,壮劳力一天10个工分才2角6分,5个工分只有1角3分。

以后,有个日本记者前来采访,生产队长怕说1角3分不好听,随口说出了10元钱,从此就这样传开了。杨志发说,目前,秦兵马俑博物馆解说词中,依然只写有个农民挖井时发现了兵马俑,却无名无姓。他的名字湮没了21年,近半年来由于传媒广泛报道,才为世人所知。

目前,杨志发还在种田,并养2只羊。秦兵马俑2号坑商场近来请他为游客签名促销,由于签名不拿钱,商场每月给他300元。前来签名的游客成群结队,络绎不绝。

相关链接
秦俑发现与秦俑学

自建馆以来,前往秦始皇帝陵博物院参观的游客数量已经累计过亿。近年来的年参观游客数量可达1 000万人次,年门票收入达到10亿元。秦始皇帝陵博物院还连续多年免费为全国千所高校征订《中国文物报》。获得国家科学技术进步奖二等奖、国家文物局田野考古奖一等奖等多项奖项。出版论著40部,发表论文200余篇,建立了秦俑学。

应当相信这篇报道的大部分还是基本属实的。在袁仲一先生《秦兵马俑》一书里,他没有像媒体记者那样热衷于花费笔墨描绘奖金的细节,而是更详细地记录了发现后第一时间的处理过程,也可以作为参照,择要摘录如下:

县文化馆的文物干部赵康民等人得到消息,火速骑自行车赶往西杨村。他们来到打井处,看到几个比较完整的无头陶俑的躯体及遍地的残陶片,十分震惊。初步推断这可能是大型陶俑。不过这里距秦始皇陵太远，是不是秦陵的陪葬品，其时代、作用，一时还不易判断。他们决定先让农民停工，并把已出土的文物集中一起保管。

最后把收集来的残陶片装了满满的三平板车，由杨志发、任彩兰、陈菊梅、陈菊兰、任菊琴等人拉到县文化馆，放进库房内。赵康民给了他们30元人民币。回到生产队后，他们把钱如数上交，队里给每人记了五分工。

我在这里想再讲述另一个考古发现的故事，或许能给我们的对比带来更深层的思考和感怀。这便是本书前面提到的2003年偶然发现眉县青铜器窖藏的五位农民，他们所受到的待遇已远远不是三十年前发现兵马俑的那些农民能比的了，可谓天壤之别。即便是同样发现青铜器窖藏，在有名在册的近百年来的三四十位窖藏发现者中，也从没有哪一位像这五位村民那样一发而成天下名。但在陈述前，有一个时间细节，特别提请注意。即1974年在打井中发现了兵马俑的九位当地农民，提交《关于"秦兵马俑发现人"资格认定的申请报告》的时间是2003年12月10日。眉县五位农民偶然发现青铜器窖藏的时间是2003年1月19日，一经报道遂引起轰动，并于2004年2月20日在人民大会堂获选中国"2003年度杰出文化人物"。对此，来自各大媒体的报道，据说仅《宝鸡日报》一家就刊发了四十多篇，实实在在地记录了21世纪初的文化实况。甚至我们仅从各家媒体的标题上就足以看出时代的变化:《陕西农民一镢头挖出27件青铜器，被奖出国观光》《京城媒体聚焦眉县五护宝农民》《荣誉·英雄·新体制》《文明时代的荣耀》。这里仅撮引《中国文物报》2004年3月10日的报道，便可知道《五位感动中国的农民》已经如何使发现兵马俑的那些前辈们难以望其项背了：

2003年1月19日，这个令人难忘的日子，在中华民族的发祥地，陕西省宝鸡市眉县，一个叫杨家村的地方，5位普普通通的农民在取土时意外发现一座青铜器窖藏，27件旷世国宝隆重出土，震惊全国。著名历史学家李学勤先生评价:"这一发现是近十年来全国最伟大的考古发现之一。只有'震撼'二字才能表达自己的心情。"陕西省文物局局长张廷皓高度赞扬5位农民自觉保护文物的行为和发现国宝本身具有同等的价值。

这5位令人尊敬的农民就是:王宁贤、王拉乾、王明锁、王勤宁、张勤辉,他们发现保护27件青铜器的高尚行为在社会上引起巨大反响,一年多来他们先后受到各级政府和部门的重奖和表彰,社会各界也对他们予以高度的评价。

2003年3月4日,杨家村召开隆重的表彰大会,省市县领导为5位农民披红戴花,陕西省文物局和宝鸡市政府当场宣读了表彰通报,为5位农民颁发荣誉证书,并奖励每位农民人民币2万元。

12月26日,经过40万网民投票和评委会终评,"2003年度杰出文化人物评选"活动在京揭晓,王宁贤、王拉乾、王明锁、王勤宁、张勤辉喜获杰出文化人物称号。农民当选杰出文化人物在新中国历史上还属首次。

2005年8月,我到陕西周原参加一个学术会议,会上组织我们去宝鸡中国最大的青铜器博物馆参观这批眉县青铜器窖藏出土的铜器。一进博物馆广场,就看到一幅巨大的张贴画耸立在门前,画上是以窖藏为背景的五位农民的巨幅半身彩照,旁边并排竖立着的是前国家主席江泽民来馆参观的纪实照片。普通农民与国家主席在一起,我想这是挖到兵马俑的农民们在那个特殊年代里,无论如何也难以想象的荣誉。在博物馆里,还出乎我意料地陈列着五位农民当时使用的镢头,以红丝绒做衬。他们每个人的名字都赫然在列,我还注意到介绍的字体用了极其醒目的金黄色。

同样是偶然的发现,但2003年这五位农民挖到窖藏后的第一反应是:"文物是国家的,赶快向上面报告!"而三十年前的农民以为挖到的是"瓦神爷";有的村民还以为挖到的是瘟神,说多年来我们贫穷,就是因为这些不祥之物兴妖作怪,并举起镢头把本来已肢体不全的"瓦神爷"砸个粉碎;还有的农民认为,挖到的大瓮可以拿回家里放鸡蛋或盛柿子；也有的说，发现的青铜兵器能熔化了做旱烟袋；再有的说，挖到的砖可以用来做枕头，冬暖夏凉，能治疗失眠和高血压病；也有人把捡到的青铜器拿到废品站卖了 14.4 元钱……那个时代的农民们几乎什么都想到了，就是没有想到这是文物。要不是一位当时负责水利的公社干部房树民同志来村里了解打井情况，觉得可能是文物，还不知兵马俑的发现什么时候才能上报到县文化馆。

我想，事实陈述至此，这个"发现权"的话题在对比了两个不同时代的案例后，孰是孰非，可以暂时打住了。我们想到的词汇也肯定不止幸运、知识、文化、愚昧、局限性、时代、法律、具体分析、理解之类了……

篇末议题

1. 秦陵作为世界上最大的考古学遗存之一,是一座充满了神奇色彩的地下"王国"。它的谜面至少有如下数条:

第一,巨大陵寝有多大?

第二,幽幽地宫深几许?

第三,地宫设有几道门?

第四,"上具天文"作何解?

第五,地宫埋"水银"之谜?

第六,地宫珍宝知多少?

第七,秦始皇使用铜棺还是木椁?

第八,秦始皇遗体完好吗?

第九,地宫中有没有防盗的自动发射器暗弩?

第十,秦陵是否被项羽火烧或被盗?

2. 经常有朋友问我,有考古发现你们是不是都得去啊?其实,即便是考古学家,也没有可能去考察每一个考古发现地。抛开时间、经费和专业研究方向不同不说,绝大部分的考古发现地,考古后都回填了,再说也不是每个发现地都能建立像秦始皇兵马俑博物馆那样的遗址博物馆。

其实,即便是考古过后已经被回填的考古发现地,也是很有看头的。如果它就在你的家乡,如果你正好出差路过,如果就离你旅行目的地不远的话。其实,也未必一定是国家级的文物保护单位才有看头,省级、市级甚至县级的文物保护单位都有很多名堂。何况中国可看的,又有了被评定出的几十处世界文化遗产和自然遗产地呢。你有什么文旅打卡计划吗？

3. 北京大学李零教授在《说考古"围城"》的随笔中感慨：圈外人看考古报告犹如读天书，不知所云，不但不知道怎么找材料，也不知道怎么读材料和用材料。考古学专家自己对遗存的定性也常常是见仁见智，让想利用考古资料的非专业学者无所适从。复旦大学历史地理学家周振鹤也说，他很喜欢用考古资料，但考古学家写的前言和结语看得懂，正文看不太明白。你不妨到图书馆或书城找一本考古报告来翻翻，感觉一下他们的说法怎么样？

伍 上海不是无古可考的地方

江南现有六个远古时代的考古学文化
以上海地名命名者有其三
江南有两个史前考古发现入选中国20世纪100项考古大发现
上海有其一

——本书作者

中国东部　有个上海

在中国东部，有个上海。在上海西部，有座佘山。

佘山隶属松江区，海拔97.2米。这座不及百米的自然之山，可看作上海人文地理的峰点。

峰上有两个奇特的建筑，一圆一尖，一白一褐。圆白的建筑，是中国著名的上海佘山天文台，敦实地倚住山腰，悠然地眺望宇宙，一副科学模样；尖褐的建筑，是有远东第一大教堂之称的佘山修道院，坚挺地鼎立山顶，巍巍乎绝地天通，一派宗教气息。

科学与神学，就这样共存于上海的峰点，比肩而立，蔚为大观。有人说和谐，

佘山

有人讲反差，有人感慨这里充满世界观，也有人无所谓，压根儿没想那么多，够得上郊游一趟就成，配得上打卡背景就好。

峰点不高的上海，海拔基点也不高。佘山一侧有个叫作广富林的村子，平均海拔仅2米。在发掘之前，没几个人知道发生在上海的一个古老的故事——这个故事就发生在这村子的地下。那是一片贴近现代零海拔的地方，村头菜地里还零星散布着几座多年没培土的坟茔。

1999年的最后一夜和2000年元旦那天，我不仅在广富林迎来了千禧年的第一缕阳光，还在这前后两个月的时间里，带着复旦大学的一群田野考古实习学生，在广富林参加上海博物馆考古部的跨世纪发掘。

世纪初的上海和世纪末一样，依旧冰冷冰冷的，每天早上得等到日上三竿，阳光把冻了冰碴儿的地表土融化了以后才能开工。但始料未及的考古新发现，却使我们激情满满、热血沸腾。曾经在这里生活过的一群古老的广富林人的遗存，在四千多年后被我们发现。最叫人惊讶的是，这些遗存似乎并不是最早的上海本地人留下的，而是来自遥远的黄河下游！我们的证据是，在环太湖流域的江南地区，第一次发现了大量具有黄河下游史前文化特征的陶器残片。

佘山脚下的考古现场

这些残片看上去破破烂烂，但这个发现却不可小瞧。按陶器分析鉴定的"五要素"来观察，这种外来文化的陶器形制、纹饰、颜色、质地、制法等与上海原来土著的史前良渚文化截然不同，与以往分布于环太湖地区的所有其他土著文化也不相近。在本地既找不到它的渊源关系，又缺乏可类比的材料，有点像"天外来客"。

于是，我们只好把视野放大到更广大的周边其他地区，发现这样的陶器与长江以北的江苏高邮市周邶墩遗址、兴化市南荡遗址的出土遗物相似，如垂腹釜形鼎、浅盘细高柄豆等，甚至还有些来自更北边山东地区的陶鬶。这用考古学文化交流来推测的话，位于苏北的南荡、周邶墩遗址，极有可能是从黄河下游迁徙南下而来广富林的一支外来文化的中转站。这里的故事先按下不表，我们先说说在一般人看来的这些破破碎碎的陶片。

相关链接

陶器鉴定五要素

器形、纹饰、颜色、质地、制法是陶器鉴定的五个要素。

1. 器形是器物的结构造型。由口部、腹部和底部三个部分构成。器口和器底在使用时最易破损，形态改变最敏感。所以鉴定时多从底部和口部入手。腹部变化小，长得差不多，不易看出时空差别。

2. 纹饰包括彩陶、彩绘、拍印、刻划等。题材以动植物纹和几何形纹为主，偶有人物造型。彩陶先在陶坯上着色，再入窑烧制，流行于五六千年前的仰韶时代，多见于黄河流域和长江中游地区，是礼仪和祭祀用的礼器。彩绘先是入窑烧制成器后，再在器表涂画，易掉色，不便日常实用，适于祭祀或一次性随葬。刻划纹多见于新石器时代早期。篮纹和方格纹在三千至五千年前的龙山时代和夏商时代最常见，北方流行。绳纹贯穿于陶器发展始终，历时万年，遍及各地。

> 器形和纹饰是陶器鉴定的"重头戏",其他三要素位居其次。陶色中的红、灰、黑陶,有时空之别。红陶历时最久,最普及,灰陶多见于新石器时代中晚期,秦汉时期更多。黑陶以东南沿海为主。陶器质地有夹砂陶和泥质陶之分,夹砂多用做炊器,泥质多用做盛器、酒器以及彩陶等。陶器制法可分手制、轮制和模制三类,手制出现时代早,轮制和模制是新石器时代中期以后常见技法,成器效率高。

在考古人的眼里,一块看上去不起眼的碎陶片,有时候比发现三五个完整的陶器都让人兴奋。打个小比方,在一个墓里出了三五个形制大致相同的汉代陶壶,我们会说这是距今两千年的汉代墓葬,如果在这座墓下面的地层里又出了一块史前的陶片,那么就能推论,这个地点有人类活动的历史比汉墓的年代至少又提早了两三千年甚至四五千年。如果这片陶片不是本地的而是外来的,那么它就

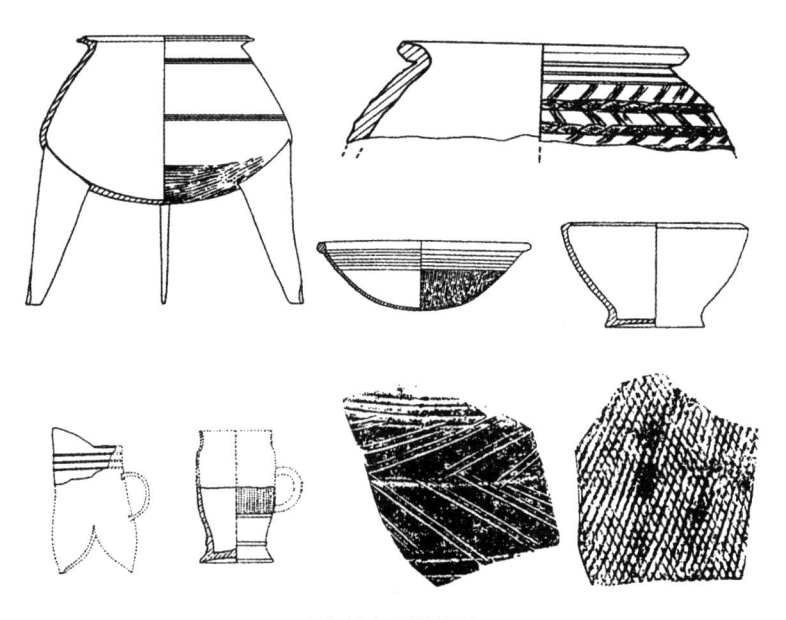

广富林出土器物图

不仅仅是提前了这个地点的年代,还透露出这个地点曾有外来文化的信息。一块陶片既延长了这个地点人类生存的时间,又扩展了与外界联系的空间,谁还能说这块碎陶片的价值不及数量众多的陶壶么?如果说它没有价值,也只能说是没有观赏价值,但它的历史价值却不在陶壶之下,这道理就不用我再多敲黑板了吧?!

考古上评价一个发现的重要与否,很看重它的历史价值。具体拿上面的例子说,就是陶壶和陶片不但显示了各自存在的时间价值,还把这个地点先人生存的时间少说向前延伸了至少两千年。所以在确认时间和空间这两点上,一块3厘米的拇指大小的残片和一件30厘米高的陶壶,在研究价值上几乎没有什么区别。这就如北大李零先生说的:"人类的史前史,拿'文明'的眼光去看,好像很寒碜,箭头鱼钩,石刀石斧,陶盆瓦罐,破破烂烂,但其筚路蓝缕,艰苦卓绝,不能不令人肃然起敬,即其聪明智慧也不让今人。"其实,古代先贤们也早已明示过这个道理——《论语》上说:"虽小道,必有可观者焉;致远恐泥,是以君子不为也。"《庄子》里讲:"道在蝼蚁,在稊稗,在瓦甓,在屎溺。"说白了,就是我们常挂在嘴上的那些个比喻,如窥斑见豹,如一孔见天,就是以小见大,以一滴水见太阳的意思。现代人常说细节决定命运,大概也是这个理儿。

相关链接

中国最早的陶器

近20年来,对中国最早陶器的发现和研究不断取得新进展。

广西桂林庙岩第5层下部出土陶片的测年数据分别为:公元前15560±500年和公元前15600±260年;江西万年仙人洞与吊桶环遗址出土早期陶片的测年数据为:公元前18050—前17250年。另外,对广西柳州鲤鱼嘴出土陶片的下一文化层的螺壳的碳-14测年数据也可以作为参考:公元前23330±250年、公元前21020±450年、公元前18560±300年。

一片片外来文化的残留陶片，近看可能来自十里八里以内，远看又可能是千八百里以外。近的不讲，咱们说远的。现在的人们从黄河下游到上海，早不是什么艰难险阻的事了，即便是长江也早已天堑变了通途。紧靠太湖的正北，已建造了江阴长江大桥。在江阴大桥的东部紧靠长江口连接崇明岛和长江南北的"万里长江第一隧"上海长江隧道、上海长江大桥以及崇启大桥，也早已在2010年前后竣工。在这之前的2006年暑假，我曾驾车去北方草原。虽然不敢说走的就是广富林先民的南下路线，但至少有些路段可能与祖先走过的地方交叉重叠：上午9点出上海，转入江苏沿江高速公路，到江阴过长江公路大桥一路北行。还记得在过江时，因为桥高风大，车向有点跑偏，你只要握紧方向盘，稍稍拧住直线，没3分钟就驶到了对岸。当天晚上19点就到了位于黄河下游的济南，行程800公里，用时仅10个钟头，快到了日行千里。

问题是，几千年前没有路，没有交通工具，野兽出没，河泽遍野，广富林的先人怎样走来？走了多久？如何过江？他们为何要跋涉千里？为何要选择广富林落脚生根？他们获得了什么又失去过什么？面对佘山他们曾作何感想？可曾像我们念叨远古的他们这样遥想过未来的我们？……把这些问号归纳一下，就是考古也好，历史也罢，说白了都是想弄清楚六个字——"什么样？"和"为什么？"。

把这六个字略微展开一下，也就是两个命题，一个是："什么时间、什么地点、发生了什么事件？"另一个是："为什么这个时间、这个地点、会发生这样的事件？"也就是说，考古学不但要告诉我们过去发生了什么，还要讲出文化和社会发生变化的原因，即所谓动力学研究。那么，广富林的考古发现显然已经具备了"什么样"里的三个要素，即距今四千年前，在一个现在叫广富林的地方，曾经生存过一群来自遥远北方黄河流域的先民，他们还可能和当地的土著居民有过交流和共处。

为什么能下这样的结论？很多事情就是这样，现象容易观察，表面便于描绘，可原因实难寻觅，原委百思乏解。常常是"什么样"的谜面刚刚发现，转眼之间，又有"为什么"的谜团接踵而来。背景是这样的：略微了解一些江南考古发现的人可能都知道，在江南这个区域已确立了四个远古时代的考古学文化。为了找出这四个考古学文化，几代考古学家们几乎工作了半个多世纪——有多少人筚路蓝缕开创了考古先河，又有多少专业新人薪火相传地加入进来，实在是难以估算了，好像不做个科研课题都难弄明白这段考古史。这四个考古学文化有两个是浙江首先发现的，还有两个是上海首先发现的。

在我们发现广富林文化以前的20世纪，考古界给这四个文化划定的存在时间长短不齐。但先声明一下，为了给读者诸君理解起来方便，我暂时先取整数算，不按专业细说，那就大体上按一千年一个更替周期来看，它们早晚的排序依次是：

1. 马家浜文化（距今7 000—6 000年），1959年发现于浙江嘉兴的马家浜村。
2. 崧泽文化（距今6 000—5 000年），1957年发现于上海青浦的崧泽村。
3. 良渚文化（距今5 000—4 000年），1936年发现于距杭州不远的瓶窑和良渚镇。
4. 马桥文化（距今4 000—3 000年），1960年发现于上海闵行的马桥镇。

相关链接

什么是考古学文化？

考古学家常常把一个区域中出土的远古陶器、工具、装饰品、武器、葬俗、房屋样式等特征相近、时代又相同的出土遗存叫作某某考古学文化，并以首先发现的最小行政地理单位的名字来给考古学文化命名。一般是以村名而非乡镇名命名，这样就避免了地名范围过大，可能出现的不同文化命名的地名重复了。

我们知道，任何历史都是由时间和空间这样一个坐标组成的。非专业人士常常把注意力集中在历史事件和人物方面，看事件的发生发展，瞧人物的命运变换。而考古学家研究过去，复原历史，却首先要搭建一个时间和空间的结构，他们把这个叫作"时空关系"或"时空框架"。没有这个结构,事件发生的年代就不能确定,人物活动的空间就不明晰,本来有血有肉的历史就缺失了骨架。所以他们经常告诫学子一个记住历史概念的"三要素"方法,就是时间、地点、事件。也有人放进了人物、过程、结果和意义等更多的要素,其实都属于附加,不是主干。尽管这会让初学者在求学时和考试中背得昏天黑地,咬牙切齿,望而却步,但复旦大学著名历史地理学家谭其骧先生的那句名言,道出了学史、治史中时空关系作用的真谛:"历史好比演剧,地理就是舞台,如果找不到舞台,哪里看得到戏剧?!"

明眼人可能已经看出,江南的这四个文化基本上是上一个结束了,下一个紧跟着又接续上来,中间几乎没有多长时间的"空窗期"。各个文化之间几乎是紧挨着长大的,仿佛一个古老的家庭,先有爷爷,再有爹爹,后有儿子,最后养育出孙子,从无间断。这用考古的行话讲,是时间上"没有缺环"。

在考古上,一般建立了中间几乎没有缺环的时代序列,还只是万里长征走完了第一步,犹如一座大厦打下了几槽地基,或支起了几根框架。接下来往往会关注各个文化之间的亲缘关系,也叫作"谱系关系",即前一个文化是不是后一个文化的直接祖先,后一个文化是不是前一个文化的直接继承者。如果不是嫡传式的父父子子、子子孙孙的继承关系,那就一定是出现了另外一种外来文化进入的情况。也就是说,本来不是生存在这个区域的人们,把他们的器物、生活习惯、制度、观念等带到或传进了这里。上面提到的在江南发现的四个考古学文化里,这两种情况都存在。

位列前三的马家浜文化——崧泽文化——良渚文化,就是一脉相承的关系。说白一点,就是从大约距今7 000—4 000年这三千年里,环太湖的江南地区以土著居民的传承为主,几乎没有外来文化进来过。问题出在最后一环的马桥文化,也就是上面说到的三个一脉相承的文化传到良渚文化后,发生了颠覆性的改变。在上海闵行马桥的地层里,出现了从浙江和福建过来的外来文化器物。这个时期处于距今4 000—3 000年之间,恰恰是中原地区建邦立国的夏代和商代,大禹、夏桀、商汤、殷纣，或和平禅让，或武力征伐，一个取代另一个，演绎着早期中华文明的宏大故事，整个远古中国似乎突然间出现了一个前所未有的天下动荡的现象，迁徙频仍，交流不已，北人南下，南人北上。长期稳定的江南，也不再太平。土著的良渚文化遗存被后来命名为马桥文化的遗存替代了，也就是被外来的人群取代了，原本同一谱系的文化链环出现了断裂。

这就出现了一个让人头疼的问题：按照过去研究的成果来看，如果江南地区原有的四个考古学文化中间没有年代缺环，那么广富林新发现的外来文化的时代怎么定位？它应该插在哪个环节中？那么原来的时间链就肯定有问题了。

碳-14年代测定数据显示，广富林外来文化的时代是公元前2300年左右，也就是良渚文化和马桥文化两环当中的一环。一个可能性是，良渚文化的年代下限有可能被考古学家定得偏晚了，实际的年代下限可能在公元前2300年左右，那么广富林外来文化就在时代序列上恰好位于良渚文化之后、马桥文化之前。但还有另外一种可能性，也就是良渚文化还没有结束的时候，广富林这个地方迁徙来了外来文化，广富林外来文化和良渚文化有过一段共存的时期。可不管怎么说，广富林外来文化既和良渚文化没有继承关系，也不与马桥文化血统相续。

如果说马桥文化是南人北上创造的，那么广富林发现的外来文化就是北人南下形成的。他们到来时，如入无人之境，似乎没有遇到任何反抗，考古上也没有找到任何战争的迹象，连弓箭之类的武器都很少发现，也没有砍杀猎头之类的遗骸出土。这不能不让我们想到另一个问题，那就是当广富林人到来的时候，原来一直生活在江南和谐氛围里的良渚文化哪里去了？良渚人到哪里去了？他们为什么要离开？

盛极而衰的江南

关于上面这些问题，我们找到不少证据，有直接证据，也有间接证据。

先说直接证据。1987年在江苏省最北部靠近山东省的新沂市西南花厅村，发现了埋藏有大量良渚文化较早时期器物的墓地。1997年又在浙江省南部山区的遂昌县好川墓地，出土了不少良渚文化较晚时期的器物。可是，这两个地方都不是良渚文化的核心分布区域，因此考古学家们说，这很可能就是良渚文化北上或南下的直接证据。

学者们对此的解释是合乎情理的，当良渚文化在太湖流域兴起后，迅速发展成长江下游甚至东南地区的强势文化，玉珠泻地，四方传播。说句不太严谨的话，最发达时候的良渚文化，有不少是当时的"全国"第一；即使保守点说，起码也是全国领先水平，足以彪炳中华文明史册：

首先是遗址数量众多。

我们看到良渚文化有至少600多个大大小小的遗址点散布在江南的大地上，再加上尚未被考古发现的城镇村落，那可是什么样的地表景象？更让人不可思议的是，杭州市北郊的余杭一带，在面积约100平方公里的范围内，竟然发现了至少300处遗址组成的规模宏大的良渚遗址群，几乎达到了每平方公里平均几处遗址的程度。从实际分布图显示的密度看，瓶窑、安溪、良渚三镇附近甚至能达到两位数，竟然是现代村落城镇数目的几倍。

现在我们从杭州到上海，或从上海到苏州，车窗玻璃外闪过的视野里，总会出现连片的房屋，一望无际的大片农业景观正在被城镇化所吞噬。推溯到远

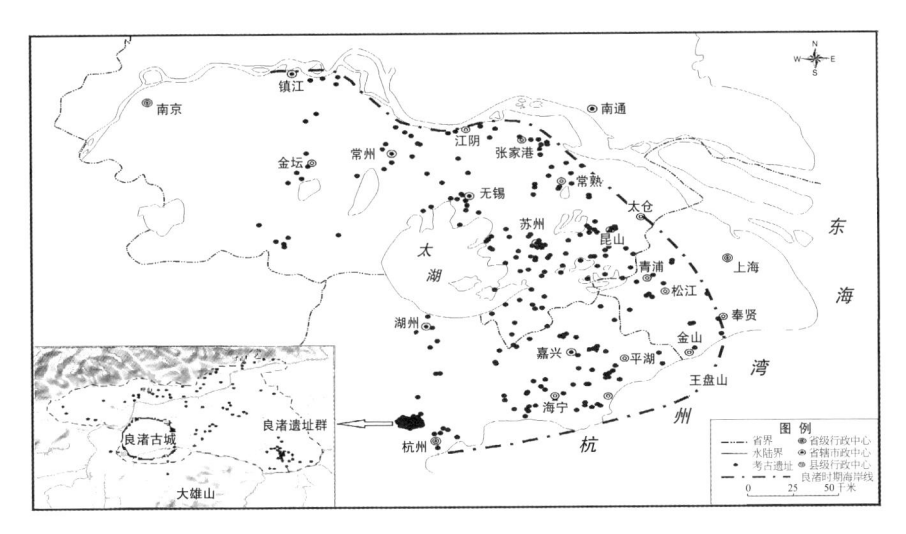

良渚遗址群图

古,良渚时期的聚落分布显然也非常密集,仿佛在我们眼前能出现一幅幅连片的鸡犬相闻、炊烟缭绕的画面。以现代这般江南景观,何以就不能联想到远古良渚风光?!

其次是人口指数飙升。

有研究显示,现代中国全国范围内大约平均每2平方公里就有一个聚落,平均间隔为1.4公里,可说是房舍相邻,人影相望。每个聚落平均有200余人。现代长江三角洲特别是上海周边地区的乡村聚落分布特点显示,也是大约每1平方公里有4—7个聚落,每个聚落平均人口为128人。有学者根据良渚古城的规模,推测当时良渚古城城内及周边区域人口约有10万人。如果对良渚数据进行换算的话,良渚—瓶窑遗址群这种非常态的人口景观呈现的土地人口密度,应当是:100 000人÷100平方公里≈1 000人/平方公里,人均占有空间面积约1 000平方米,也就是两个多的现代篮球场大,这无疑是一个非常惊人的人口密度。这个结果放到现代社会,与我国2022年天津或广东揭阳的平均人口密度接近。

我虽然怀疑这个假说能否成立,但中华文明探源工程首席专家之一、北京大学教授赵辉在《良渚的国家形态》一文中,做过的一个推论更值得参考:若按良渚古城居民不太离谱的2万人口计算，人均一天1斤粮食的话，全年需要3 650吨粮食才能保障最低的基本需求。良渚古城附近茅山遗址的发掘显示，村落7—8户人家，人口30—40人，种植80亩水田，按亩产量200斤算，年产量8吨，也基本能满足村民需求，略有1.2吨盈余。茅山遗址500米外还有一个玉架山遗址，如果每个村落的领地是25万平方米，那么，每平方公里可能会有4个村落，人口100—200人。

聚落一多，人口数量就大；民以食为天，人们对生存资源的需求也就相应增大。有个考古数据挺能说明问题：比良渚文化早的马家浜文化和崧泽文化时期，人们靠野外狩猎鹿等野生动物获取的生存资源占70%，还没有多少人工饲养家畜的行为方式，依靠自然资源就可以生存了。可到了良渚文化时期，人们的生活却一下子转为大量栽培植物和蓄养家畜了，人工养殖的比例甚至超过了60%。对此，考古学家分析有两个可能：一个是自然环境恶化，造成了动植物资源的减少；另一个显然是人口大量增长，导致了自然资源供给的紧张和不足，学界相信此说者众。

再次，大量使用玉器。

良渚文化特有的玉琮、玉璧、玉钺等，多出在大中型墓中。根据《周礼》等古代典籍的记载，琮、璧是祭祀用的礼器，即所谓"以苍璧礼天，以黄琮礼地"，

良渚文化玉琮、玉钺、玉璧

而钺像我们日常用的斧子,是军权乃至王权的象征。值得注意的是,琮上多雕刻有神徽——头戴羽冠、四肢俱全的人神与环眼前视、张口露牙的兽面的结合,表现为能够沟通天地、交接人神的巫师骑在神兽上,这是巫师作法的一种写照。据说有一种观点认为,这个造型后来简约为一种传说中贪吃的神兽,叫作饕餮,可能具有威慑辟邪之功。奇怪的是这种至今无人能够通解的商代饕餮纹,竟然从江南传到了中原,被后来的商、周王室贵族吸纳,铸造成青铜礼器上标志性的象征母题,江南反倒少见这种纹饰了。这种说法未必是事情真相,况且很多学者并不赞成良渚神徽和商代饕餮纹有传袭关系,但难以否认的是它们却带给了我们极大的启示和丰富的联想。

相关链接

琮 璧 钺

玉琮:是一种内圆外方的筒形玉器,上大下小,外方内圆,似方柱体。中心有一上下贯通的圆孔。琮体四面多饰简化纹饰。

玉璧:是一种中央有穿孔的扁平状圆形玉器。

玉琮和玉璧的用途有多种说法,大多数的学者认为是用于祭祀和礼仪活动,同时也是权力、身份和财富的标志。

玉钺:是一种玉质的斧形兵器,象征着军权与王权。

还有,建造大型礼制性建筑。

浙江良渚古城遗址发现的瑶山祭坛,是完全靠人工建筑起来的。祭坛整体呈方形,面积400平方米,里外三重,用红、黄、灰色土堆成,并有砾石砌就的护坡。祭坛上埋有13座大型墓葬,随葬品丰富,这说明墓主人不是一般的人。这些掌握特权、地位崇高的贵族,能驱使成千上万的劳动力完成浩大的工程。相反,随葬品十分贫乏甚至没有随葬品的低等级小墓,多分布在自然山丘和平原上。在上海青浦,有一个被定为全国重点文物保护单位的福泉山墓地,发现了殉人这种

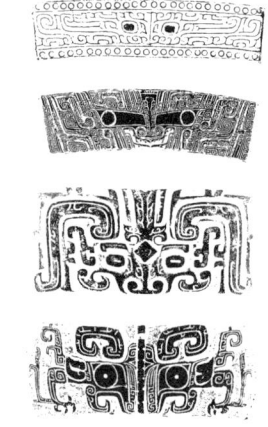

良渚玉器上的神徽　　　　　　饕餮纹

文明社会才有的葬俗。很明显，那时社会结构开始发生变化，阶层分化明显，社会性质出现量变到质变的过渡趋势，文明社会已然到来。

最后，高技术含量的创新产品。

良渚文化的器物生产已经进一步专业化了，规格统一、标准化、功能明确的日用器物和非实用礼器分化显著，一次性使用的随葬性器物大增。中国考古问题专家、美国人吉德炜曾经发表过一篇文章，分析了中国东部陶器、玉器等器物的制作方式和使用方式，并作了十分有趣的解析：

> 东部陶器以单一性功能为主，是根据特别需要而特别设计的。器物由各部分组合而成：复杂的工艺需要协作，显示了专业分工，高技术含量要求陶工之间相互理解程序。
>
> 器壁薄：必须严格筛土，意味着严谨；器类多：需要多量词汇表述，语言表达能力因此而发达；器物上多器盖：表示谨慎贮存、清洁甚至对欲望的限制；模制：模制技术暗示着统一、规范和标准化的实施；器物上多流、嘴、把手、盖和腿等附件：规范了使用方式并代表着高效率；其他还有无彩绘、器物带棱和分节、附加堆纹、器体变高趋势等，这里不一一解析。这些关键

特征所能促成的认识是：这都是文明人最基本的标志。

东部沿海的制陶者是造型家，同时对陶器的生产有更大的控制能力、操纵能力、协调能力和测量能力，更愿意把工具随葬在手边。技术上的进步意味着工艺、思想和社会的日益分化，意味着一个具有更大的控制能力、精确化、数量化、标准化、组合能力、表达能力以及分辨能力的世界观。

东部的居民更关心"社会工程"的实施，他们似乎还是占卜通神的先驱，在他们的各种宗教仪式上，大概需要饮米酒达到癫狂，此状态可被视为另一种操纵形式，人们的意识才可以从日常生活的刻板秩序以及由死者带来的恐怖气氛中解脱出来。东部的传统迷信造型和控制，喜欢在陶器和玉器上雕刻深深的永久的印痕，并从中获益匪浅。东部陶礼器具有华美而又易碎的特性，最重要的一点是它意味着一切事物都应拥有自己的位置。他们的目的不是简单地理解世界，而是要改造它。后来，大多数重要的东部特征成为商文化的来源，尽管商文化并非仅是东方的产物。

良渚文化在早中期多是以文化输出为主，对邻近地区施加影响。举个例子，黄河下游大汶口文化分布区中的玉璧、玉琮、贯耳壶、阔把杯，无不是良渚文化传播过去的典型器物。目前，最引人注目的良渚时期文化交流事件，就是新沂花厅墓地发现的良渚文化人群与大汶口文化人群合用一处墓地的现象。

对这种罕见现象的解释有多种说法。一种是战争说：认为是良渚文化的一支武装力量北上远征，打败原住花厅村的大汶口文化居民并实施占领。为了缅怀这些在异乡战死的英雄，人们特意给他们随葬了最能反映本民族特色的玉器和陶器等物品，同时也随葬了一些原来属于大汶口文化的战利品，甚至把敌方未能逃走的妇女儿童同狗一起随葬。一种是婚姻说：认为花厅人和良渚文化有联姻的关系，花厅发现的众多精美的良渚文化器物，应是联姻或结盟的产物。也还有仿制、贸易和相互馈赠等说法。一种是水患说：认为新石器时代晚期中国东部沿海发生了一次大规模的海侵，在无法抗拒的洪涝灾害的打击下，处在地势低平的太湖地区的先民，有的不得不忍痛离开故乡，移向高地，迁徙他方。花厅海拔69米，背靠群山，面向平原，地理条件优越。于是，有一支良渚先民选择了北上距离较近又理想的花厅遗址作为落脚地，之后没有重返家园，逐渐被大汶口文化人群同化。

学者们发现大墓的主人是当地的大汶口人，但殉人、琮和璧等玉器又仿佛是作为一整套礼器或"礼制"的载体传播而来的。科技考古学家用实验测试的方法对陶器加以鉴定，结果发现大汶口文化的陶器群烧制于当地，而良渚文化的陶器却是和玉器一起，由北上的良渚人群从长江以南带来的。初看这个结论，叫人简直难以相信，陶器又不是棉花，这么重的器皿如何千里搬运？李零先生在他的《我的考古梦》里说了一段话，放在这里很适用。他说："我们千万不要低估了古人的能力。他们没有飞机、火车、汽车、轮船，也没电报、电话和网络通信，但他们是时间富翁，探险精神比我们强，乌龟和兔子赛跑，我们不能小瞧。特别是与艺术有关的奢侈品，它们的播散，更是如此。即使是石器时代，也会碰到这类问题。"

良渚人群初期北上的路线，很可能是从苏北里下河地区的海安青墩、吉家屯和阜宁陆庄等地经过。但到了晚期，情况似乎发生了变化，环境变迁的结果已使文化的强势输出转换成背井离乡式的迁徙。浙江省南部山区的遂昌县好川墓地，可能就是这种迁徙的结果。

几千年的光阴，是一条时隐时现、时断时续的线，将远古江南断断续续的往事，连缀成扑朔迷离、支离破碎的片段传递给我们。或许我们的联想太过丰富，思维太过跳跃，难免会有穿凿附会的嫌疑。考古给学术的是严密论证，给公众的却是旖旎迷人。其实，考古也不总是正襟危坐的学术面孔与青灯黄卷案头的智者思虑。这一点，谁又能否认呢？

说了不少直接证据，再说说间接证据。

良渚文化的扩散实际上还不止黄河下游和浙江地区。从目前该文化最有代表性的玉器和陶器等典型遗物扩散的四至范围来看，它西到西北，北上延安，远播岭南，近传洞庭，几乎遍及中国大部分地区。因此，北京大学的著名考古学家严

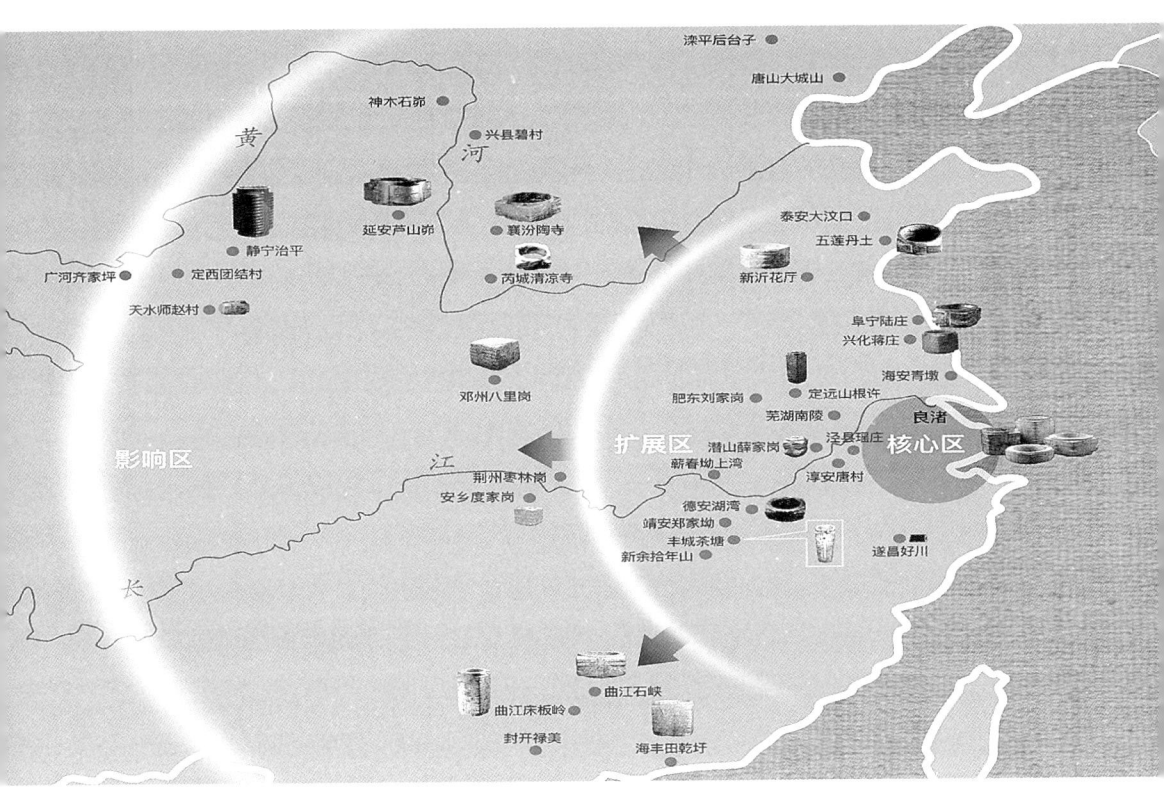

良渚文化核心区、扩散区、影响区示意图

文明先生说，良渚文化曾经影响了半个中国，是当时中国最强势的考古学文化。他还把良渚文化形象地分为以太湖为中心的核心区、环太湖周边的扩散区和扩散区以外的影响区。不禁让人思路顿开，啧啧称赞。

即使在江南本地，我们也找到了良渚文化向外四散的迹象。从我们研究对比的各种图中，一眼就能看出，良渚文化早中期，遗址还基本分布在长江以南，集中在东部地区和杭州一带。可晚期一到，原来集中分布的区域遗址数量开始减少，而外围遗址却增加了，连长江以北也有了遗址，这大概率是外迁的证据。

读者诸君可能不太相信，远古的江南还差一点成为中国第一国都的所在地。因为考古学成果向我们呈现出足够的证据：包括江南在内的、曾经齐头并进地迈

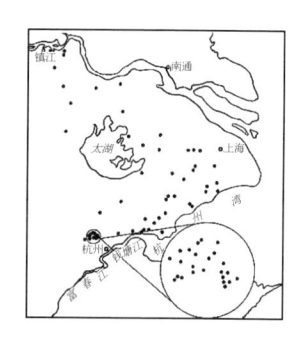

良渚文化早中晚各期遗址分布图（自左至右）

向文明化复杂社会的中国各地区的史前考古学文化，到了距今四千年前后却纷纷衰落下去，唯独中原地区的新石器文化发展成为中国早期国家的母体，并孕生出河南一带以二里头文化为代表的具有早期国家水平的政治中心。如果说江南在这样一个重大的社会演化进程中，扮演过非常特殊的角色的话，那就是以环太湖流域为核心的这一地区，作为当时最发达的文化圈之一，一方面曾孕育过中国文明的起源，另一方面却又与中国第一王朝的诞生失之交臂，成为极具典型性的盛极而衰的考古演化标本。

我们1999年发掘广富林那年，佘山脚下一个庞大的松江大学城计划工程已经启动，而今大学城早已建成。发掘六年后的2006年夏，我在复旦大学面试了一位来自大学城的女大学生。她来自中原，已经在别的大学读了一年，这次面试是准备插班到复旦大学来。我对她提了一个问题，请她说说她所知道的上海历史。但她的回答实在叫我摇头，第一句话就出了纰漏："上海是由一个小渔村发展起来的，有一二百年的历史。"她的回答基本上不靠谱，因为即便不讲郊区，仅说上海市区，也不止有这点历史了。何况她所在的校区一带，我们还在附近发掘出几千年前的上海远古遗址呢。

其实，这位女大学生的回答，反映了民间对上海历史的普遍认识。我后来在网上的检索证实了这一点，说法五花八门，但有趣的是都认为上海是由一个小渔村演变而来的：

说法一：

傍晚，靠在床上看一本哲学书，楼下的人太吵，就带了几本书到H大。在自习室寻到一个位置……瞅到左边的女孩一本书上的一行字"上海在宋代之前是个渔村"。想起自己一直说要找本介绍上海历史的书籍，一直没有着手呢。回到家，从上图网站上看了几本，明天过去查查。

说法二：

上海以前可是有钱人的地方啊！

下方的回复是：

以前上海是个小渔村，根本不是什么有钱人的地方，长长脑子。

说法三：

所谓鸦片战争前上海是个小渔村的说法是无稽之谈！所谓英雄不问出处，纵然上海开埠前是个小渔村，也毫不影响她今天的文明进步。

看来，上海到底是不是由渔村发展过来的，是从什么时间、什么地方开始成为一个现代大城市的，等等，已然成为一个可以讨论的民间话题了。为此，我在复旦大学期末考试中给本科同学们出了这样一道开放性讨论的题目：请对有关"上海以前是个渔村"的说法给予分析评论。建议参考2002年第10期《考古》杂志有关上海博物馆考古研究部将多年考古成果集合而成的上海考古专稿，以及葛剑雄在2004年2月8日《文汇报》发表的《分清"上海"的四个概念》一文。

在我四十年的学术印象中，距今五千年前后的史前江南，也就是包括上海在内的环太湖流域，是个发达而又封闭、创新而又排外的独特区域。起码我看到的中国，目前还找不出有这类情势的另一个区域。这是什么样的一个区域呢？为什么这样说呢？

先察地理，从南京绵延向东的宁镇丘陵，一到镇江就低缓下来，向东到海，再无大山阻隔，低丘湖网一片。再听方言，从南京过来的官话，一到常州就变音了，往东到沪，尽是吴语天下。我曾观望文明起源时期的文化交流现象，发现炎黄时代传播四方的中原彩陶，无论如何也传播不到环太湖流域。哪怕降至商周时期，中原的太伯、仲雍奔吴，他们所带来的中原风格的炊爨用三足鬲，能进江西，能过安徽，也能到宁镇，但就是在太湖流域难觅踪影。马桥文化中期以后，这种文化现象在太湖地区又出现了反复，中原地区商文化的南来基本上只到达了宁镇地区，而没有再东进到太湖流域。前些年新发现的江阴佘城遗址仍以土著遗存为主，北方的商文化铜器怎么也进入不了吴地。

这些年不少文人向世人出示研究心得，说近代以来以上海为代表的江南是一个非常特殊的群落，从根儿上就与凛然的中原文明不太协调，不太和顺。其实要我看，他们大多是在千八百年来的历史时期的中国里打转儿，如果他们把视野放大十倍，做些考古常识的案头工作，不囿于近现代，从中古延伸到远古，就能把话说得更扎实，就能让历史之音回荡出金石之声，就能发现这个非常特殊的地域文化现象，早在几千年前已露端倪，遗传结构早已定型，代代相传，基因难变。所以不少文人以为自己能出具良方，信誓旦旦地说要重塑上海人，要调整江南人格云云，终究是文人说事，秀才将兵。但如果给这类既不求结果也不验假说的一家之言加点历史感，最好是加点考古感，兴许能成熟很多。所以说现而今研究历史，不懂点考古怎么行？哪怕你研究的是汉代以后的历史。

再回过来说，太湖一带远古的江南人向外播撒的似乎不是生活用具，不是生活方式，甚至也不是生产技术，而是玉器上承载的观念甚至礼器上昭示的制度。同时，他们自己却对外部观念有着神奇的抗拒力，如果说针扎不进，水泼不进，以放为收，只出不进这类话有点绝对。但在公元前这漫长的五千年中，似乎只发生过两次大规模的文化输入现象，一次是距今 4 300 年广富林遗址里出现了中原文化迹象，一次是闵行马桥发现浙江和福建的文化进来了，发生在广富林文化消失之后。

但一个奇怪的现象是，这些外来文化皆不久居，在断断续续地经历了大约三四百年后，都去向不明，江南复又归常，再现守势。粗算算，这一守，竟不下四千年之久。在内敛外放里，江南走过了五千年。这个守局至少维持到公元前 500

年前后的吴越争霸、楚取江南的东周时期才告一段落。旋而秦汉一统,移民江南。至于开埠租港,外国殖民,大都已是公元后这一两千年来的上海故事了,但绝不是一两百年由一个小渔村发展起来的故事。

至于前些年文化学者余秋雨说上海文明始于明代进士徐光启,那更是连距今500年都不到了。但非常重要的是,到了徐光启所在的明代,包括上海在内的江南地区业已开始区域性的基因突变,守望的时代成为过去。上海出身的徐光启不仅向欧洲传教士利玛窦学习天文、历法、数学、兵器、经济、水利、军事,还翻译了《几何原本》,接受了西方文化的东来。近代的上海更是移民辐辏,杂糅八方,甚至到民国期间还得了个"东方巴黎"的名号,被彻底开放化了。历史的天平完全翻转,从几千年前的左端,滑到了几百年来的右端。殊不知,那最初的一滑,竟源自广富林的考古发现。乃至有人说,上海最早的外来移民就是广富林人。这也对也不对,因为青浦崧泽遗址早在六千年前就有马家浜文化的人在居住了,他们也该是外来的吧。所以2014年我在策划崧泽遗址博物馆时,给主题墙上写了"上海人文之始,中国文明之脉"。意即崧泽是上海人最早居住的地方,并在后来的中华文明起源与形成过程中,作出了上海贡献。

说实话,广富林的南下文化也好,马桥的北来文化也罢,用现在的话比喻,都不是什么先进的文化,更不是强势的文化。外来的广富林文化和马桥文化,比起当年土生土长的良渚文化,在发达程度、全国的领先水平上,可以说是全面停滞或倒退了。这两个文化虽然出现了铜器和原始瓷器等新技术产品,但还不能提供在良渚文化后进入发达社会和高质量生活方式的有力证据,反而表现出社会发展缓慢,获取生存资源的行为倒退到以采集和狩猎为主的初级开发模式上,社会发展进入低谷时期。

专家分析,到底是什么原因造成了这个"盛极而衰"的结果呢?基本结论是距今四千年前后,长江下游出现了洪涝灾害。随着洪涝水域的扩大,气候也变得干燥、寒冷。同时,诸多社会因素之间的矛盾激化,导致良渚文化迅速衰亡,遗址数量骤减,空间分布疏散。前文所述良渚时期产生的所有新事物,几乎全部消亡。看来，是不再有利于人类生存的环境，导致土著的良渚人群被迫迁徙他处。

北方的外来人群因为更难以适应这里的环境，只是短期地在此居住，一段时间以后，也不得不迁徙他去，人口从此亦大量减少。进入马桥时期以后，有一个现象非常引人注目，那就是无论太湖流域还是宁镇地区，开始呈现出文化输入和接收远远大于输出的特点，上海的马桥遗址反过来成了东南部的辐辏中心。

落后的外来文化覆盖了原本先进的优秀文化，但外来文化在优秀文化的土壤上碰撞、融合、创新，又生发出新的文化。这个发生在江南的史前事件，可谓故事无穷，史绪缕缕，让人感慨无限。

2014年，上海博物馆举办《申城寻踪——上海考古大展》之际，还召开了"城市与文明"国际学术研讨会，时任中国考古学会理事长的张忠培先生前来参会前，给我布置了一个"小作业"，让我为他在会上的讲话，准备些可以参考的资料。我收集整理了3页A4纸、不到1 500字的"一东一西，一头一尾：上海史地大事记"呈给他，都是一条一条的资料和说明。

他看完之后说了六个字："两头高，中间低。"

我一下子没太听明白，也没敢直接问。省悟了一会儿才顿悟：原来他说的是上海六千年历史发展进程中，远古和现代具有中国历史价值，商周至明清这三千年里只是一个地方性的文化区域。到底是中国考古学会理事长，他看上海的视角是从全国看上海，而不是就上海说上海。后来他的讲话形成了文章，请允许我摘录一下他的表述，有点长，值得看：

> 上海的历史是从马家浜文化开始的，距今大约6 000年。上海6 000年的历史，就上海本身的发展来看，基本是一个直线上升的发展趋势。但是，如果把上海放在全国乃至东亚与世界来看，我认为上海呈现出两头高、中间凹的马鞍形的文化发展态势。两头高，其中一头即是史前，史前又分为两段，马家浜文化至良渚文化是第一个阶段，尤其是崧泽文化到良渚文化，发展最快。另一头高就是1854年到20世纪30年代。中间的一段和两头相比，比较

低洼，文化发展较为平缓，与中国其他区域相比没有太高的地位。

进一步就两头高来比较的话，前面一段更多的是原创性的，后面一段则是在引进与模仿的基础上的发展。上海的崧泽文化、良渚文化，如崧泽陶器的轮制水平是非常先进的，最早发明了犁和镰刀。崧泽文化时期，其玉器发展水平已经非常先进，至良渚文化时期，其玉器工艺已经冠绝全国。所以这是上海的光辉时代，在这个时代它的很多发明都具有原创性，所以它就把上海推到了一个先进的行列。后一阶段，开埠以来的上海，与第一阶段相比，原创性不多，主要是引进、模仿外来文化的东西并加以改进。这个时候，上海基本是在追赶西方文明，但是追赶得还不错，形成了海派文化。在20世纪30年代，上海成为全国乃至东亚最大的城市，超过了东京，当时香港也只是一个中等城市，台湾就更不用讲了。然而，就这两头比较来看，原创性显然要比引进、模仿更好。当然，在不能原创的时候也要模仿，模仿也能进步。

上海近现代的发展也呈马鞍形的态势。20世纪30年代的上海人文荟萃，思想活跃，涌现了许多大学、许多知名教授、许多出版社，涌现了胡适、陈独秀、鲁迅等一大批知识分子。1949年以后生动活泼的上海渐趋沉寂。改革开放以后，邓小平提出以经济建设为中心的路线，活跃了文化氛围，上海又开始了快速的发展。

2023年春季的一天，上海博物馆的馆长褚晓波找我，说上海博物馆准备长期举办"何以中国"系列考古大展，本年度正在筹办崧泽和良渚文明考古展览，叫我帮着想个主题词。我给了他几个建议："玉见中国""实证中国""是以中国"等，最后定名为"实证中国：崧泽·良渚文明考古特展"。暑期开展的这个大展，成为上海那个夏天的文化风景。

黄河流域古人来上海干什么

但凡考古发现都有一个规律，那就是发现的谜面永远多于揭开的谜底，揭不开的谜底多了，就变成了谜团，谜团多了，那就是谜局了。因为我们不知道，所以我们想知道。陶片有形，考古发现让它再现于世；远古已逝，考古研究使它复活于今。

上海博物馆"实证中国"特展

有朋自远方来，不亦乐乎？这是春秋时代的名言，适于泛论。而面对广富林遗址非同小可的考古发现，却成为我们一时难以解破的谜面。那就是黄河下游的人群为什么要过淮河、渡长江，到佘山这块土地来？他们究竟是怎么来的？之后他们又去了哪里？

现在，我们再回到前面提过的长江以北的南荡、周邶墩遗存中去。

南荡遗存分布在江苏高邮、兴化一带的里下河地区，那里地势低洼，环境潮湿，分布着众多湖荡沼泽。其实在里下河地区，南荡遗存也是一支外来文化，考古学家在当地同样也找不到它长期生存的源头，并且发现在它到来之前的一千多年里，由于自然环境恶劣，这个地区几乎无人居住。在追溯南荡遗存的来源时，有的研究者曾寻到了龙山文化王油坊类型。该类型的核心区域是以商丘地区为中心的豫鲁皖三省交界一带，主要包括山东的菏泽地区、河南的商丘地区和周口地区一部分，其次还曾分布于苏北南荡、周邶墩、龙虬庄、唐王墩以及苏南高淳朝墩头和长江三角洲一带。这样，可以基本认为王油坊类型的一支人群离开其原居地，长途跋涉，迁移到了苏北和长江三角洲一带。

南荡遗存和广富林遗存为什么会分别出现在里下河地区与环太湖地区？尤其是广富林遗存，突然插进了当地的文化演进过程，然后又消失得无影无踪。考古学家认为这应该和王油坊类型的去向有关。王油坊类型的居民离开他们世代生息的家园，远走他乡，其原因不外乎社会与自然两个方面。社会原因应该是距今四千年前的社会持续动荡，部族不断分化与重组，其结果是华夏国家文明的诞生。要说自然原因，就是那场经过鲧禹两代方得平息的、持续了很长时间的水患。传说中，王油坊类型所在地区是黄河与淮河的冲积平原，地形平坦，自古以来洪涝灾害连绵不断，不少古代遗址被埋藏在淤土和积沙之下。1994年以来中国和美国联合在豫东地区考古调查和发掘，发现龙山时代的遗址埋藏很深，有的距现今地面深达十米左右。频繁的水患迫使先民们择高地而居，当地常称这类高地为"堌堆"或"孤堆"。但是在特大水患袭来且持续不断时，即使在高地之上也难以长期生存。因此，水患应该是王油坊类型在当地消失的主要原因。

离开家园的王油坊类型的先民们开始了漫长的迁徙过程，包括南荡在内的里下河平原是他们不归路上的歇息地之一。很显然，南荡遗存实际就是王油坊类型南下后的遗存。考古命名不同，其实质大体上还是同一支向南迁徙的人群。里下河地区属湖沼平原，环境并不好，长期以来乏人居住，迁居来的先民虽然没有与原住民发生冲突，但生存依然不易，且居住分散，一段时间以后再次被迫离开。环太湖地区便成为他们的另一处歇息地，这便形成了上海松江广富林文化，以及后来又在浙江湖州钱山漾发现的钱山漾文化。根据王油坊类型遗存在苏北、宁镇地区和长江三角洲地区的地理分布，王油坊类型文化的迁移路线可能是从豫东地区南下，越过淮河，到达南荡、周邶墩遗址。而当时里下河地区盐度较低、水较浅的潟湖及沼泽环境，不适宜于人类居住。于是，这一支人群便开始再次迁徙，越过长江，或迁往宁镇地区，或迁到广富林遗址和钱山漾遗址。

南荡遗址的遗存特征揭示了王油坊类型迁徙的轨迹，代表了一种跨地域式的文化迁徙的模式。该文化的年代大致在龙山时代末期至夏代初期，这一时期正是建立我国王国文明的时期，也是目前所知有史以来罕见的一次大分化、大改组和大动荡的时期。在考古学文化上动态的反映也是错综复杂的，既有文化的继承，也有文化的断层；既有文化的碰撞，也有文化的迁徙。考古学家们说，南荡遗存的文化迁徙对于探讨中华文明的起源和形成有着积极的意义。

广富林与南荡遗存不同，这里的原住民属于良渚文化。王油坊类型迁移到广富林遗址时，正值良渚文化衰亡之际，因此，王油坊类型对良渚文化的影响，究竟是异常强烈还是极其微弱？外来人和原住民是和平相处还是冲突不断？广富林遗存在环太湖地区文化演进过程中扮演了什么角色？这都是考古学家们目前和今后所面临的新问题。

广富林人四千年前到过江南，他们不仅带给我们"长途跋涉"的概念，还有更重要的寓意：远古的秘密，是由这样一片片无言的陶片透露出来的；文化的延续，是由那些看起来残碎的陶片拼接起来的。广富林遗址被发现之时，正值地处长江三角洲的江南地区以前所未有的步伐走在全国经济社会发展前列之际。这里要说的是，建设现代和谐社会的人地关系，广富林人和"盛极而衰"的历史事件，可以算是远古留传给江南无比珍贵的千年史鉴。

广富林遗存之后，太湖流域接下来的文化是马桥文化，但在上海闵行发现的马桥遗址中，并未发现广富林遗存遗留下来的文化因素。那么，在广富林遗址留下过足迹的王油坊类型又去了哪里？考古学家们在太湖西面南京附近的点将台文化等遗址中，发现了它的遗存。因此可以推断，王油坊类型在广富林遗址定居一段时间后，可能由于佘山一带环境的变化或受到其他文化的压力，被迫再次从广富林向西迁移到宁镇地区。最终，王油坊类型人群与宁镇地区土著居民相融合，共同创造了宁镇地区的早期青铜文化——点将台文化，该文化即是后来春秋时代争霸中原、后败于越王勾践的吴文化的前身。

马桥文化中多源文化因素掺杂的现象是有目共睹的，在这一文化的内涵中，来自中原二里头文化、山东岳石文化、宁镇地区湖熟早期文化、本地良渚文化和浙闽地区肩头弄文化的因素，组成了一个众多谱系脉络的文化结构。在过去的研究中，学者们多认为，良渚文化和马桥文化是环太湖流域有先后承递关系的两种考古学文化，到了距今四千年前后，良渚文化被马桥文化所取代。对两者文化面貌的分析表明，良渚文化自身特点比较突出，具有单一性特征，主要来源于其前身的崧泽文化和马家浜文化，以环太湖流域本地发展起来的土著人群为主体；而马桥文化的文化因素比较复杂，体现出复合性特点，谱系关系呈现多支脉现象，其文化主体来源是浙江南部和福建地区的肩头弄文化。

由于马桥文化所覆盖的基本地区正是良渚文化长期赖以生存的环太湖流域，所以，马桥文化特征中不乏一些良渚文化因素的孑遗，如钺、"V"形石刀、造型相似的鼎、云雷纹等。这种文化特征的雷同性或者说承袭性，表明取代良渚文化的马桥文化因袭了一部分当地原有的文化因素。换言之，良渚文化本土的一部分人群有融入外来文化人群中的可能性，并共同创造了一种全新的马桥文化。近年兴起的遗传基因研究中的检测结果也显示，在良渚时期和马桥时期，马桥地区的居民都有一半是M119C突变的，甚至到了战国和明代样品中，仍有M119C和M95T的发现。也就是说，古DNA测试数据支持这一观点，即良渚和马桥时期这一地区人群的遗传结构中具有某些传承性，这与器物特征所体现的两种文化因素的一些相似性暗合，而且这种传承性即使到了战国时代和明代仍遗传在当地后人的基因结构中，成为现代上海人来源的一部分。

器类＼文化	石钺	"V"形石刀	陶鼎	
良渚文化	福泉山M40	余杭余家堰	海宁徐步桥M12	金山亭林M8
马桥文化	闵行马桥	闵行马桥	闵行马桥	闵行马桥

良渚文化与马桥文化相似器物比较

一堆陶片，一段古史，几个文化，几组人群，百般记忆，千里江南。随一缕追思，走过千里江南。广富林的"什么样"和"为什么"，在上面略显专业的笔墨里，已经有些逻辑，有些鲜活了吧？

但是，对复原江南历史如此重要的广富林遗存的考古发现，还是难以入选全国年度十大考古新发现，因为广富林的发掘实在是全国每年众多考古发现中的一个普通发现。比这个发现重要得多、比这段考古影响更大的考古成果，数不胜数。比如前面提到的全国100项考古大发现名单，比如每个年度的全国十大考古新发现名单，再如世纪初前后全面开展的三峡考古——这一工程用宏大来形容绝不过分。在三峡水利枢纽工程计划淹没的1 084平方公里流域面积中，涉及湖北省、重庆市20个区、县、市，277个乡镇，1 680个村，6 301个村民小组，116座集镇，1 500多个工矿企业。淹没的大城市中有千年古城万州和涪陵，淹没的大县城依次为秭归、兴山、巴东、巫山、奉节、云阳、忠县、开县、丰都、长寿；有待拯救的地面和地下珍贵文物古迹总量达1 087处，面积超过150万平方米；国内有超过70家考古单位、1 000多名考古学家投入行动，他们必须在跨世纪前后的15年里，完

三峡坝址中堡岛考古工地

成正常考古50年以上的工作量。即使如此，也只能拯救出三峡全部文物储藏量的10%左右，这就是20世纪末和21世纪初的中国考古实况。考古发现就是这样，有些是一看场面规模就叫人激动不已，有些却是要经历深入研究才能看到它的重要价值，广富林的考古发现显然属于后者。

广富林考古六年之后的2006年夏，上海松江召开了来自全国各地的考古学家参加的专题讨论会，会上正式提出"广富林文化"的命名。一个面积只有数千平方公里的小小的上海，却有三个考古学文化被命名，这可不是随便哪个城市所能比拟的。"上海无古可考"这个人们曾经的普遍误解，就这样被一堆又一堆陶片和一个又一个考古学文化的新发现彻底改写了。

站在佘山峰下的广富林，我们已经无须分辨上海是否只是近代才兴起的问题，犹如我们没必要证明江南有没有未来。江南富庶的土地上，竟然蕴藏着一段盛极而衰的历史，这是江南的文化宝藏。物质上的极大丰富与宗教上的虔诚信仰，在江南竟然如此神奇而和谐地融为一体。于是，我们不能不说这是我们的传统起源之地，是我们的文化源远流长之地，是我们子孙万代的敬畏之地，是我们现代上海人的守望之地。我们只平静地说上一句足矣：全国有哪座山能如佘山这般——

有古，有今，有未来？接下来我们能做的，不只是把过去、现在和将来连在一起，而是能把它们当成同一件事情。

　　佘山真是个有趣的地方，远古的人群，中古的神学，现代的天文，就这样看似有逻辑却又不显章法地杂处一道，这天地人神之间，方圆不过十几公里，却是贯通中西，纳古藏今。科学与宗教，现代与远古，顶点与起点，科学观与宇宙观，天外与世间，未来与过去……这是上海的缩影？还是江南的精神？如果胸怀这样敞开，广富林没有入选国家级的考古发现便不会使我们扼腕遗憾，因为我们的发现已经远远超越了考古发现的评选。

考古上海　水陆两栖

2023年底，改革开放初期就已创刊的《上海滩》杂志，约我写一篇稿子，要我谈谈上海考古最新进展及其成果。我想烁今还得贯古，知来还需鉴往。

上海考古工作始于20世纪30年代，是中国最早开始考古的城市之一。近百年来，上海已发现40多处考古遗址，把上海的历史推进到六千年前，改写了上海无古可考的认识，填补了文献记载的不足，为中华文明起源和形成作出了上海贡献。近年来，"长江口二号"古船的最新考古发现，进一步实证了从远古时代到近现代的上海历史，为上海地区近现代进入全国经济、文化、社会发展前列，谱写新时代的辉煌提供了贯古通今的文物考古成果。

国内旅游界一直有个说法："五千年历史看西安，五百年历史看北京，一百年历史看上海。"这种说法的画外音是上海到了近现代才从一个小渔村发展成为东方大都市，其社会公众形象主要是近现代城市颜值，历史短，古迹少。20世纪50年代初期上海博物馆成立考古部，好多人开玩笑说，上海是在柏油马路上考古，那意思就是上海几乎无古可考。

其实很多人并不晓得，被认为无古可考的上海，其实是中国百年考古史上的引领风气之地。早在1935年，留法归国的暨南大学张凤教授和金祖同等就在金山海边发现了戚家墩遗址，还出版了《金山卫访古记纲要》。虽然今天看来戚家墩田野调查严格来说还算不上科学考古，但还是创造了上海考古史上的"四个一"：开启了上海第一次具有一定科学意义的考古活动；发现了上海地区第一个古文化遗址；出版了上海第一本考古调查报告；第一次拉开了上海近百年来考古

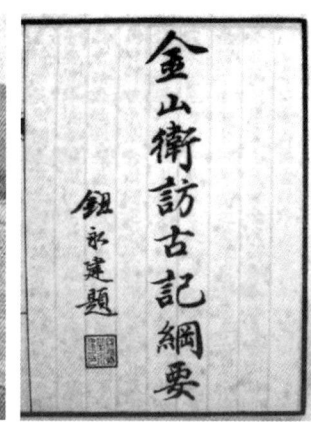

上海金山早年考古

历程的序幕。

　　作为中国最早开始考古的地区之一，四五代考古工作者筚路蓝缕、赓续传承，先后发现了一个个新遗址，改写了上海的早期历史记载空白和上海无古可考的传统认知。截至2022年，上海市境内已发现了40多处各个时代的考古遗址。其中全国重点文物保护单位6处，即青浦崧泽遗址、福泉山遗址、青龙镇遗址，松江广富林遗址、闵行马桥遗址，普陀志丹苑遗址；上海市文物保护单位14处，包括金山查山遗址、招贤浜遗址、亭林遗址、戚家墩遗址、青浦金山坟遗址、寺前村遗址、刘夏遗址，松江汤庙村遗址、平原村遗址、辰山遗址，嘉定南翔寺山门遗址及古井、北水关遗址，奉贤柘林遗址，浦东老宝山城址等；另外还有多处区县级的文物考古遗址等。

　　根据上述遗址的重要学术价值和突出文化价值，有三个遗址获得了全国性的考古学文化命名，即五千多年前的"崧泽文化"、四千多年前的"广富林文化"和三千多年前的"马桥文化"。它们既是上海远古文化的命名地，也是长江下游地区远古文化的代名词；既是上海历史人文之始，也是中华文明之脉，为中华文明起源与形成作出了阿拉上海的贡献。

　　上海发现的这些考古遗址，时代上跨越了马家浜文化、崧泽文化、良渚文化、钱山漾文化、广富林文化、马桥文化、两周汉唐、宋元明清等时期，文化序列从六千年前一直延续至今，延绵不绝，不曾间断。把上海有人类活动的历史推进到六千多年前，实证了上海的历史悠久、源远流长、贯古通今、海纳百川。

如果将上海的这些考古成果，以千年整数方式，做一个历史年表式的梳理，权可算作上海地区古代历史演进序列的考古史脉：

  6 000 年历史看崧泽（青浦）

  5 000 年历史看福泉山（青浦）

  4 000 年历史看广富林（松江）

  3 000 年历史看马桥（闵行）

  2 000 年历史看戚家墩（金山）

  1 000 年历史看青龙镇（青浦）和元代水闸遗址（普陀）

头些年，中央电视台拍了一部电视片《三江源》，解说词中讲到长江尾的上海时，有这样一段话：长江源远流长，水量特别丰富，每年都将大量泥沙带向河口，特别在绥靖之后，长江泥沙更是与日俱增，大量泥沙堆积在江阴以下的海湾里，越堆越多，渐渐露出海面，变成现在的三角洲。听浦东江镇的老人说，今天繁忙的浦东机场所在地，他早些年来这里看到的还是潮进潮退的海滩。据说，沿岸滩涂每年增长多则一百米，少则三四十米。

不知央视在解说词中，为什么没有把沿岸滩涂每年向北增长，还有浦东机场选址在该地点的原因解释出来？上海经济建设中也有因考古发现而选址的实例，那就是著名的上海金山石化厂所在地一带，原来有非常适合大型船舶停靠的深水港口泊位。但为了预测它会不会因杭州湾的水浪而岸崩塌陷，选择厂址时进行了科学审慎的反复论证，还请到了复旦大学的著名历史地理学家谭其骧先生前往考察，后来发现那一带的考古遗址 5 000 年来安然无恙，遗址所在地的地质环境非常稳定。于是，一家现代化的大型企业终于拍板建设，成为原本冷门的考古成果应用于现代经济建设的案例。

上海的山都不高，但上海的水却很多。金山石化选址是考古从陆上走向海岸的预演，而上海这十多年来的考古新发现，又从陆地走向了水下。

话说近十多年来的上海考古工作，一方面是配合"考古中国"长江下游区域文明模式研究重大项目，对传统的典型的福泉山遗址、柘林遗址、青龙镇遗址等继续进行考古，既为新石器时代晚期上海文明起源和形成模式提供新证据，又探寻唐宋青龙镇遗址的港口与码头设施、市镇布局与贸易等文化内涵，为海上丝绸之路申遗提供基础资料。另一方面在抢救性考古工作中，清理和发掘了松江区车墩镇南门村清代水井、天马山东麓清代墓葬、奉贤庄行王明时墓、浦东上浦路明清墓和前滩公园明清墓等。而且在连续多年持续进行的上海市地下文物埋藏区调查中，又新发现了韩坞遗址、颜圩遗址和浦秀村遗址等。在这些常规的考古发现之外，上海近些年最大的考古新成果是"长江口二号"古船的调查发现和出水打捞。

"长江口二号"古船是2015年考古人员于长江口水下考古调查时发现的一条古船。接下来连续数年开展水下考古工作，逐步了解了沉船年代、沉船结构、船载

"长江口二号"古船打捞启动仪式

文物等信息。因为船上出水了"同治"年款瓷器，年代被确定为清代晚期。由于这艘古船对理解上海国际航运中心和贸易中心的历史有着重要的意义，遂制订沉船整体打捞迁移方案，于2022年岁末成功打捞出水，并整体迁移至杨浦滨江上海船厂旧址1号船坞，以便进行后期的发掘保护与展示利用。这项水下考古工作的成功实施，为世界水下考古和水下文化遗产保护提供了中国案例、中国模式和上海技术、上海经验。

"长江口二号"古船长约38.5米、宽约10米。船体下部结构整体保存较好，发现了30多个舱室。船体主桅杆底部与船体也连接完好，尚存高度超过4米。目前发现了桅杆、船舵、船板等船体构件，还有滑轮、缆绳、铁锚等船用属具，以及船舱内码放整齐的陶瓷器船货等遗物，包括以景德镇民窑瓷器为主的青花等陶瓷器约600件。该船是目前中国水下考古发现的体量最大、保存较好、船载文物丰富的古代木帆船，具有重要的学术价值和文化价值。

"长江口二号"古船是按照长江口水下发现船只的先后时间顺序来命名的，在这之前勘测到的一艘民国年间的军舰已命名为长江口一号沉船，这也是近些年上

"长江口二号"古船复原模型

"长江口二号"古船出水文物

海考古的新发现之一。那么,为什么不先打捞一号沉船而要打捞二号古船呢?主要原因是二号古船位于长江河口海域交汇处,水流冲刷严重,致使古船加速露出河床表面,水下保存状况越来越不稳定,船体越来越倾斜。上海市文物保护研究中心的同行告诉我,他们最初发现这条古船时,船上的甲板都还比较完好。但几年过去,甲板都被水流冲刷掉了,现已露出甲板下的一格格货仓,再不考古抢救随时都有彻底倾覆甚至散架的风险。

说到水下考古抢救,目前国内外主要使用的是原址保护、船体拆解、围堰发掘、整体打捞几种技术手段。就"长江口二号"来说,首先,河床淤沙不稳定,原址保护不现实;其次,长江口水下能见度几乎为零,水流流速快,流向杂,实难拆解船体;再次,围堰工程量太大,古船又在航道上,会影响长江口航道和运输;最后,采取了目前世界上最先进的弧形梁不损害文物整体打捞技术,将沉船一次性吊浮起运整体打捞。

"长江口二号"古船成功提升出水

2022年11月20日晚上，上海电视台叫我去直播沉船出水，还请来了中国水下考古第一人、国家博物馆的张威先生来沪坐镇，一起直播。这场直播一直播到凌晨1点多，翌日又去直播了两场，见证了这条清代古船的出水过程，也算为上海的水下考古间接地助了一次该尽的力。我在直播中，对"长江口二号"古船成功实施整体打捞所展现出多个"世界级"的中国价值和上海亮点，做了一些介绍：

第一，原真性得到了真实保护。第二，整体性得到真正保护，古船本体、船货、遗址周边泥土等所有信息，都被整体打捞、完整提取上陆，这对古船沉没原因、造船技术、贸易航道等研究的开展和今后的保护利用更有帮助。第三，首创世界最先进的弧形梁非接触文物整体打捞技术。这是上海各方为打捞专门研发的一种先进技术，同时还专门设计建造了"奋力"号专业打捞船，这种考古加科技的创新成果堪称世界首创、中国原创、上海独创。第四，这是世界首次集古船打捞、整体迁移、考古发掘、文物保护与博物馆规划建设同步实施的项目。

"长江口二号"古船成功打捞后，被直接运送到杨浦滨江上海船厂旧址一号坞"安家落户"。在一号坞还搭建了一个考古保护大舱，考古人员将在棚内做精细化考古清理，温湿度、微环境都能得以控制，降低了水环境变迁不平衡所带来的损害。正在建设中的实验室考古站，能满足精细化发掘和现场文物保护的需求，而且发掘和保护过程还会面向社会公众开放，做到"边发掘、边保护、边研究、边展示"的一体化新模式。而作为近现代优秀历史建筑的上海船厂旧址老船坞，也将"华丽转身"为沉船考古研究保护基地和古船博物馆，使老船厂遗址焕发新的生命力，成为工业遗产活化利用的典范。

　　回首百年考古路，沪上考古新华章。上海考古将用上海的方式讲好"以物论史、以史增信""让文物活起来"的上海故事，做足"海派城市考古"的大文章，提高上海城市文明的价值和品位，增强上海城市文化软实力，打造上海的城市"文明记忆"，增强上海的国内外传播力和影响力。

篇末议题

1. 从古至今，人类探寻既往的步伐从未停止过，令人们倍感艰辛又收获良多。探寻上海是不是无古可考的地方有什么意义呢？北方来客和南方来客与上海又有什么关系呢？上海人骨子里过去的"排外"是不是已被上海城市精神中的"海纳百川"迭代了呢？

2. 人类是自然的产物，人类与自然之间的关系协调与否直接关系到二者的生存和发展。诚如考古学家苏秉琦所说，迄今为止人类与自然的关系经历了两个过程："旧石器时代几百万年，人与自然关系是协调的，这是渔猎文化的优势。距今一万年以来，从文明产生的基础——农业的出现，刀耕火种，毁林种田，直到人类文明发展到今天取得巨大成就，是以地球濒临毁灭为代价的。"这种所谓的发展和增长对整个世界的生态环境而言是一种灾难，是一种非持续发展观的教训。那么，我们是否可以从古往今来江南人民敬天畏地、尊重自然、与自然和谐共存的基本价值观中获得启示，从而找到一条可持续发展的道路呢？我们能不能把自己看作自然之子，而非自然的主宰呢？

陆 考古不只是挖挖挖

有一次我和苏秉琦先生去博物馆
他讲了一句我现在还记得的话
他说以后我们就得在博物馆考古了
考古资源是有限的
我们这个时代的人有局限性，这个得承认

——故宫博物院前院长张忠培

如果评选最遗憾的考古发现

20世纪末的1999年，我们在广富林的考古发现并没有引起震动，也就是上海的地方媒体在文化版面发布了几条消息，北京的《中国文物报》报道了一下学术收获，广富林的遗存也没有像后来那样被命名为广富林文化。甭说一般的公众，恐怕在考古界也没有引起多少人的关注。原因很简单，这类发现在考古学上，实在是太普通了，不敢说月月有，起码能年年见。

对于考古学来说，1999年广富林这样的一般发现，与兵马俑那样的重要发现，在学术价值上没什么太大的不同，只是社会轰动效应不一样罢了。重要也好，普通也好，在考古学家眼里都是一种破坏，都是一种遗憾。考古这门学科的性质决定了它必须毁坏所研究的对象才能提取到研究信息。考古发掘不是在翻阅地下的天书，而是翻一页就撕掉一页，甚至像碎纸机一样粉碎一页。如果我们没有读懂的话，就再也没有任何机会去复读和查证。所以，考古学没有办法像拍电影那样可以逐条反复拍摄，不允许也不可能重复实验直至成功。好像有位考古学家说过这样一句话，电影是一门遗憾的艺术，考古是一门遗憾的科学。这话说得形象，说得实在，但没说明白，需要展开。

考古结果无不伴随着遗憾，犹如考古发现无不充满着期待一样，这已成为考古学家谁都迈不过去的"火焰山"。这样的感悟是一个考古学家在成长中所必经的路段，只不过期待往往发生在考古发现之前或之中，而遗憾总是出现在考古发现之中或之后。这就像国外评选最差电影那样，如果哪天评选中国考古发现史上的最大遗憾，估计绝大多数的人都会把发掘明定陵排在首位——有趣的是，在20世纪中国100项考古大发现中，定陵却是排在末位的。当然，这个顺序纯属巧合，因为100项考古大发现是按遗存的时代早晚排序的，但如此的巧合却又是那么讽刺。

发掘定陵实在是半个多世纪前的一个偶然选择，却是那个年代里的一个必然结果。

定陵，是明神宗万历皇帝朱翊钧和孝端、孝靖两位皇后合葬的陵寝，位于北京市西北部昌平万寿山谷中的十三陵陵区。定陵的主人万历是明朝历史上在位时间最久的一位皇帝，也是一位至今都很神秘的皇帝。他10岁继位，22岁起修建自己未来的寿宫，多次亲临陵址现场督察。陵寝在6年后建成，他却在此后的紫禁城中度过了30年与世隔绝的生活，几乎从不上朝，也从不理政，直到长眠于这一座闲置了30年的地下宫殿。皇帝的地下玄宫是什么样子的？著名的《永乐大典》是不是随葬在永乐皇帝的陵寝里？这样那样的疑问一直吸引着人们，也困扰着像明史专家吴晗那样的学者们，总想探个究竟。

北京明十三陵景观

相关链接

明 十 三 陵

　　明十三陵位于北京昌平北部天寿山麓，是明朝迁都北京后十三位皇帝及皇后合葬陵墓的总称。陵区面积80平方公里，三面群山环抱，符合"前朝后靠左右抱"的选址理念；中部川原开阔，形如盆地，水流曲折交错，藏风聚气，得水为上，也对应"山主人丁水主财"的丧葬观。陵区以永乐皇帝的长陵为祖陵，位于主神道尽端，后世诸陵，依次排开。陵寝建筑规模宏大，体系完备，与自然环境融为一体，达到天人合一的完美境界。

　　2003年7月，经联合国教科文组织第27届世界遗产大会审议通过，明十三陵作为"明清皇家陵寝"的扩展项目，列入《世界遗产名录》。

　　1955年10月，时任北京市副市长的吴晗作为发起者，联合了当时的中国科学院院长郭沫若、文化部副部长沈雁冰、《人民日报》社社长邓拓、中国科学院历史研究所第三所所长范文澜等人，联名上书请求发掘明成祖永乐皇帝的陵墓长陵。这在今天几乎是一定要经过全国人大议程但绝对不会被表决通过的上书，在那个年代却很快就获得批准，尽管当时受到了来自文化部文物局局长、中国科学院考古研究所所长郑振铎和副所长夏鼐等考古学家们的理性反对。

　　不过，吴晗他们上书请求发掘的长陵作为十三陵中的首陵，建造得实在太大了，一时难以找到墓道，考古学家们只好放弃，决定先

定陵玄宫

找一个小一点的陵墓进行试掘，等积累一些经验后再发掘长陵。在其他十二陵的调查中，偶然发现定陵有塌陷漏洞，由此定陵成了最初上书发掘长陵计划的"试验品"。

当两年以后发掘完工时，考古人员已在反对无效却又不得不参与领导发掘的夏鼐先生的指挥下，历尽艰辛地把地宫内的所有文物都清理了出来。遗物总计约3 000件，绝大多数是万历皇帝和他的两个皇后生前使用的生活用品。这些奇珍异宝作为随葬品被埋入地宫，原本是为了让墓主人在死后仍能继续享受奢侈的生活，可它们在300多年后被考古发掘揭露时，大多已霉朽破碎。连万历皇帝和皇后也已腐烂，只剩枯骨了。

万历皇帝的葬式有些奇特，不是人去世后通常四肢并拢、胸腹朝上的"仰身直肢"葬式，而是有些像"屈肢葬"的葬法：左臂下垂，手压腹部，手中执拿一串念珠。右臂向上弯曲，手放在头右侧，仿佛在扶着自己的面颊。脊椎骨上部弯曲。左腿伸直，右腿弯折，两脚外撇。而当考古人员再打开两位皇后的棺椁之后，看到两位皇后的遗骨与万历皇帝的葬式非常相近，下肢呈弯曲状。孝端皇后的尸骨尽管没弯曲到万历皇帝和孝靖皇后那种程度，但不是常态的仰身直肢葬式。

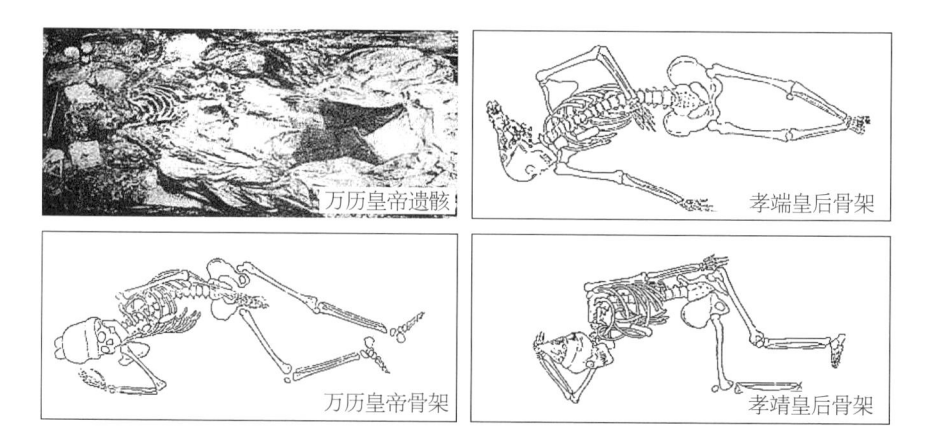

万历皇帝与孝端、孝靖皇后侧卧图

对此解释有二：一说入殓途中棺椁晃动所致。下葬万历皇帝时，从京城到明十三陵的路途有几十公里，使用的抬杠军夫多达8 600人，一路上绳索时有损坏，木杠断裂，更换不断，棺椁还曾一角落地，尸体姿势变化完全可能。一说与万历皇帝信仰佛教有关，死后仿效佛祖释迦牟尼涅槃的侧卧姿势。两种说法尽管不无道理，但还需要其他明代帝王和皇后的葬式加以验证才行。可遗憾的是，明代帝王陵寝目前只有万历皇帝的陵墓被发掘过。所以，万历皇帝和皇后们的侧身屈肢葬式到底由何而来？是不是明代帝王和帝后的普遍葬式？仍然还是谜面，谜底依旧待揭。

不过定陵的发现还是让部分的神秘变成了现实：万历皇帝的金冠，用518根细如发丝的金线，经过拔丝、编织、焊接等非常复杂的工艺制作完成，重量只有826克。用100多粒红蓝宝石和5 000多颗珍珠镶嵌的凤冠，重2 320克。色泽瑰丽、典雅庄重的凤冠，比起轻薄似纱的皇冠要重了许多，肯定不适合经常使用，恐怕只是在逢迎大典时才偶尔戴戴。这样的凤冠共出4顶。金器和首饰永远是皇家的最爱。金器289件，几乎都是手工制成；首饰248件，其中簪就占了199件，表明发型和发饰同样用来彰显皇家威仪，仅次于皇冠、凤冠。这和前面说的商代妇好墓随葬499枚骨笄的状况，虽时隔三千余载，却遥相呼应。王室和皇家的女性总是引

皇帝金冠和皇后凤冠

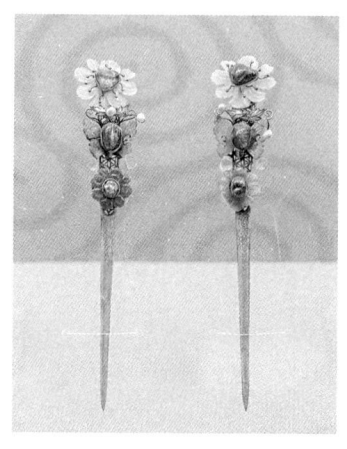

镶嵌珠宝的金簪　　　　　　万历皇帝像

领着新风尚,不由让人感慨万千。除了头饰,定陵出土的467件衣物,也大多供帝后穿戴。但说到威仪,那还得说是万历大典用的5件衮服最为惹眼——这种十二团龙衮服,一衣所成,用工十年,万历身穿1件,棺内还放了4件。

与这些华贵服饰相配套的,也是出土最多的随葬品是织锦布料,总计165匹,仅万历皇帝身边就放了69匹。在此之前,还从没有发现过如此大量的古代丝织品,而且整匹的丝织品在出土时依然色彩艳丽。但这每一件都堪称精品的专为宫廷织造的衣物和丝织品,在发掘后却慢慢变硬、变脆、变色、变霉……然而比出土文物的变质更叫人痛心疾首的事情,还在后面。

那是定陵发掘十年后的1966年8月的一天,定陵博物馆大红门前广场上,一大群红卫兵高喊"横扫一切牛鬼蛇神"口号,把万历皇帝朱翊钧和孝端、孝靖两位皇后尸骨砸烂焚烧后付之一炬。考古学家们精心发掘并用了一年多时间才拼合完整的三位帝王、皇后的骨架,从此不存。在南京博物院前院长龚良主编的《中国考古大发现》一书中,特别记录了有关万历皇帝和皇后的骨架被焚毁前后的一些细节:

郭沫若对万历的尸骨十分关心,他对考古发掘人员说:"万历帝一生多病,有人说他是瘸子，但到底是什么病使他身体变形，却成了不解之谜。将来可用多种手段测试，凡能做到的都要详细分析研究。"吴晗在被捕入狱之前，曾以极其悲伤的心情对夏鼐说："文献记载，罂粟在明代中叶就已传入中国，作为药用，我总怀疑万历生前抽过大烟，可证据不足。本来万历的骨头可以用来化验，好证实真假，然而一把火，什么也别想了。"他含泪说："作铭（夏鼐的字），在定陵发掘这件事上，到现在我才明白，当初我们的论争，你和老郑（指郑振铎）是对的，你比我看得更远。"

这段话是吴晗在红卫兵焚烧万历皇帝和皇后尸骨一年后所说的。又过了一年，他怀着无尽的悲愤和悔恨，死于狱中。这一年距他当初上书申请发掘定陵整整14年，但月份却是相同的，都是10月。吴晗去世21年后，由中国社会科学院考古研究所等编写的《定陵》考古发掘报告正式编辑出版。吴晗去世32年后，定陵考古发掘在2001年入选中国20世纪100项考古大发现。

"如果"二字，永远是遗憾的后悔药。如果不是2003年而是再早几十年，包括定陵在内的整个明十三陵被联合国教科文组织列入《世界遗产名录》，这个成为全人类共同遗产的昔日皇家陵寝，可能就不会开启；如果国务院最后不是出于长陵规模大，决定先试掘小一点的定陵，今天在地下含笑的就是万历皇帝而不是永乐皇帝；如果吴晗不提出发掘可以开展明史研究的学术理由；如果吴晗不是当时的北京市副市长，只是一位普通的明史专家；如果吴晗在郑振铎和夏鼐的极力劝阻后，慎重考虑，改变初衷，不再急切地催请国务院……那就不会给中国考古留下一个永远无法痊愈的病灶标本。这个标本一直吊挂在中国考古的天空下，成为后来无数发掘帝陵言论的镇静剂和冷却符。下面提到的乾陵，就是因为当时吸取了定陵发掘结果不利于文物保护的教训，才停止了进一步的发掘计划。

1958年11月的一天，因修西兰公路需要大量石料，陕西乾县附近的农民去乾陵所在的梁山炸山取石。炮声过后，在清理碎石时他们发现了几根石条。原来这炮点恰好炸在乾陵墓道上，石条就是墓道的阶梯。考古学家随后对墓道进行了清理，还发现了陵墓入口的金刚墙。如果打开金刚墙，乾陵地宫即可面世。但能不能发掘皇陵，不是陕西所能决定的。当时他们组成代表团进京请示主管部门，向中央有关部门递交了《乾陵发掘计划》。当时的文物局领导没有明确表态，建议他们去参观一下正在进行发掘工作的定陵，结果定陵不尽如初衷的考古使乾陵的计划再也无法实施下去。现在看来，定陵的发掘教训可以说是挽救了乾陵。

今天，定陵已成为北京市最著名的旅游景点之一，每年都要吸引着数百万游客来到这里。人们被这个古老的中国皇陵深深折服，感受着一代皇帝的传奇故事时，可能根本不知道它曾经有过一个让我们受用至今的细节：当年极力反对发掘但又不得不受命参加发掘定陵的郑振铎和夏鼐先生，痛定思痛，上书国务院，请求立即停止再批准发掘帝王陵墓的申请，当年作出同意发掘批示的周恩来总理立即批准，随后通令全国。试掘定陵后再发掘长陵的计划，就此搁浅。

如果说发掘定陵有所收获的话，那就是中国其他帝王陵墓从此保住了！

考古失误种种

我们现在做的事情也许都是正确的,最起码是我们认为正确才去做的。可正如现在的我们看100年前的人们所做的事情一样,100年后我们的子孙也会认为我们干的事情有大部分竟是那样的滑稽可笑,匪夷所思。因此,未来的考古学家极有可能会得出当今考古学家的大量发现和研究,简直是挥霍人类宝贵遗产的结论。于是,他们所继承的只是一小部分我们科学劳作的经典,而我们今天的教训大多已被更加聪睿的他们所避免。

有一天,当他们要撰写中国考古学史时,我们今天的教训会被他们一一拣选出来,在未来和煦的阳光下风干晾透,为的是让祖先的病灶彻底死去。在他们反思的目光里,他们会想起当年定陵的考古一切都是按照科学发掘的程序进行的,他们还会想起在不具备处理和保存出土文物的条件下,自己该如何避免类似的事件再次发生。他们一边思考,一边把我们的教训列举出来,写给他们自己看,也留给他们的子孙看:

失误举例之一——发掘挖过了头

石兴邦曾在20世纪50年代主持发掘中国第一个史前聚落遗址,他在《史前时期的文化遗址——记半坡遗址的发掘》的回忆中如实地写下了这样的文字:

> 解剖大房子费的力气最大,这个房子的墙修得又宽又坚实,墙壁厚达

二十多厘米，里面夹的树枝、草和泥土，团成一块，坚如砖石。一块块打下来，再打成碎块，在里面搜求包含物。就这样将这个房子全打成碎土块，里面并没有太多太特殊的包含物，都是杂草和树枝。如果是现在就不费那么多的事，解剖典型的几个部分就行了。但那时有一种"打破砂锅墨（问）到底"的彻底精神，就怕遗漏了什么。后来，半坡博物馆要恢复这个大房子，将原来的屋基发掘出来后，一点墙的影子也没有，叫人非常失望，我才感到为那个时候的彻底精神而后悔。当初我们不知道后来要建博物馆的事。……我们将不同类型的房子都这样解剖了，我们把建筑结构和内涵弄清楚了。在当时看来，从考古研究的角度说，这样是对的、应做的。但在博物馆成立后，原貌没法展出就觉得遗憾了。到挖姜寨时，我向半坡博物馆建议，多留些原形房子，即使复填还可重新刨开，或布置陈列。

考古发掘的根本目的是不是文物本身，几十年来有一个观念变化和形式变迁

半坡遗址大房子发掘场景

半坡遗址大房子复原图

的过程。早期的考古现场不会就地建造遗址博物馆，那时把文物从出土地点移到库房或博物馆，便是考古工作完成的标志之一。而近些年来，就地保护、开发、利用、管理重要考古现场的观念，使建设遗址博物馆乃至更大范围的考古遗址公园呈现出雨后春笋般的态势。保存遗物及其伴生的遗迹，全面收集、研究和展示它们共生的各种信息资源，已经成为新时期考察考古发现研究与文物保护利用相互之间辩证关系的重要指标。这用张忠培先生的话说，就是通过考古发现和研究来带动文物保护利用，因为只有发掘了才知道文物有多重要，只有研究了才知道文物具有什么价值，只有知道了文物有什么价值才知道要保护到什么级别，只有知道了保护级别才知道要利用到什么范围。

失误举例之二：发掘挖错了地方

三峡著名景观的景色都美轮美奂，诗意盎然，像神女峰、兵书宝剑峡、孟良梯等，著名的夔门甚至还被选为2005年发行的十元人民币的背面图案。可考古队要去调查和发掘的地方与这些陡峭山峰的关系都不大，因为那上面也不适合古人生存，游客观赏足矣，山峰无古可考。考古队去的多是现代人还居住的最小行政地理单位，过去是一个公社、一个生产大队、一个生产小队，改革开放后行政地名的称谓改了，考古队就要先到一个乡镇，再到一个村，最后要下到一个组。这些地方大多还有一个非行政叫法的传统地名，世代沿用，口耳相传，如李家、坪窑、鱼浦、坝子头、张屋场、竹园子，等等。问题是这些小地名的重名率很高，一个村不重，一个乡可能就重，一个县里有几个同名异地的地方都不稀奇。

三峡工程重庆库区万州地区的陈家坝就是这样重名的地方。一个陈家坝在长江南岸，属五桥区；一个陈家坝在长江北岸，属龙宝区。1998年上半年，从西北大老远来的一支考古队，人生地不熟，到达万州后即与当地文化局取得联系，希望帮助落实发掘地点。局里的领导告知陈家坝就在万州市区的长江对岸，属五桥辖区。于是考古队便到这个陈家坝安营扎寨。可是经过个把月的钻探勘察后，怎么也没有找到文物抢救规划上的任何墓葬线索。考古队这才发现，规划资料上的陈家坝根本不是万州区文化局领导说的这个地点，而是万州以西几十公里处龙宝区武陵镇的那个陈家坝。

失误举例之三：缺乏考古经验

20世纪70年代发掘马王堆汉墓时，据说考古人员曾在棺椁储藏物品的一个果盘中发现有完整的新鲜藕片，但取出来时一经晃动，藕片就消失了。这对植物考古学研究来说，失去了一项难以再现的重要物证和研究资料。

1976年广西贵县罗泊湾汉墓出土了一个杯形铜壶，壶盖密封得非常严实。一个初次参加发掘的学员把它捧在手上，抹去器表的泥浆以后，找不到开盖的地方，于是倒来倒去，一不留心把盖冲开了，倒出一摊清水。马上有人说："是酒，不要倒掉！留着化验！"但说时迟，那时快，已经晚了，水被倒了个精光。也是这座罗泊湾汉墓，考古队员打开一个盖着盖子的陶盒，看见盒内装满青青的梅果，翠绿的叶子，像刚摘下来的一样。他赶忙递上来，想叫人拍一张彩色照片，但却眼看着叶子和果子变成黑色的了。这种酸梅在当地每年4月成熟，它出土时是青色的，说明下葬的时间是夏初之际。

1993年，江苏连云港著名的尹湾汉墓文物清理结束后，考古工作者召开了现场办公会，向东海县政府、文化局和镇党委的领导汇报了这次发掘的成果。

> 镇里的一位领导伸手就从桶里取出一片木牍观看。就是他这一拿，给我们以后的释读留下了永远也解不开的疑难。他取看的那片木牍正是24方木牍中最为重要的吏员薄，而他的大拇指正按在右上部，轻轻地一带，就把这片木牍最重要、最关键的记有这片集薄名称的字给抹掉了。今天给这片集薄命名时，有的说是吏员总薄，有的说是定薄，众说不一，疑义相析。后来把它带到上海，用远红外模糊图像处理时，再也没有显现出它的庐山真面。
>
> ……现场办公会决定，由市博物馆负责抢救和保护这批简牍。然而，当我们要携带这批简牍回馆时，由于支付尹湾村开工补偿费没有到位，尹湾村的民工不让我们带走，只好暂时将简牍留在办公室。待我们一星期后回到尹湾村时，看到塑料桶中浸泡的简牍，不由得倒抽一口冷气。原来泛着金黄、闪出油光的简牍已经完全变黑，而原来清晰可读的墨书，现在已经十分模糊。一堆发黑霉变的简牍已经失去了它生命的活力。

发掘者的这些回忆，真实地令我们感受到"一失足而成千古恨"这一至理名言。

失误举例之四：没按专业要求操作

考古发掘的基本要求是挖到生土才算工作完毕，可广西某汉墓的清理，竟使考古工作者前后往返了三次，简直是创造了考古发掘反复工作却未能完成的"吉尼斯纪录"。

罗泊湾西汉墓是一座具有南方区域特点的木椁墓。椁室早年被盗，但盗得不彻底，仍出土了1 000多件随葬品。当年曾在工地上参加清理的考古队员后来回忆道：

> 我们在椁室工作了几天之后，以为该捞的文物都从淤泥里捞上来了，全部工作也就接近了尾声。大部分工作人员于8月20日撤离工地，回南宁去了，只留下5个人做收尾工作。对此，我很困惑，因为椁室的壁板和底板都没有取出来，整个椁室范围没有完全暴露，发掘工作还没完成。
>
> 他们与我有同感，希望再作一次细心的考察。因此，还经常跑去工地看看。有一次，发现留在椁板底下的积水断断续续地往上冒气泡，于是找来小钢条往下扎，扎了好几处，有时带上来的泥土是熟土，有时扎下去还碰到硬木的感觉。
>
> 9月1日，找到贮木场的工人，带着电锯，请他们将冒气泡的地方的椁底板锯断一块，撬开来看，只见下面露出一大片黑糊糊的泥潭。清除上面的淤泥，发现下面有一根南北纵向的原木，这绝对是人工有意埋藏的东西。

相关链接

生土与熟土

考古上把没有经过人为扰动的自然堆积叫生土，把经过人为扰动的土层叫熟土。凡是熟土都可能存在人类留下的遗物或遗迹，都要发掘出来，直到清理至生土出现为止。

得到这个新发现的消息，已经回到南宁的考古队员们又赶回墓地，重新开始发掘。他们沿着这根木头摆放的方向往前找了约2米后发现到了尽头，原木两头是截平了的，平放在一个长方形的土坑内，土坑的周围才是红色的生土。原来，这是为椁室内墓主人陪葬的陪葬坑，原木是殓放陪葬者的圆木棺。后来，在椁室下一共清理出六女一男七个陪葬者。这些陪葬者都由棺木装殓,身穿彩绣衣服和鞋袜,身旁都有随葬品,入葬的姿势是仰身直肢,死态正常,骨架上没有损伤,不像是砍杀致死的奴隶,而像是被毒死的侍从或歌舞伎。

这次意外的发现使考古人员认识到,椁室内的器物清理完毕,并不是万事大吉可以结束工作了。清理古墓不清理到生土,肯定会留下遗憾。但他们还是把这个遗憾留到了第三次返回墓地。

原来,考古人员在清理椁室时发现一壁塌方,泥土压迫壁板向前倾斜,压住了两根椁室底板,无法将之取出。于是他们放弃了,没有再发掘,便撤离了工地。谁知,当地的化肥厂工人在考古队离开后,相中了考古队不要的椁板,这些椁板都是杉木材质,埋在地下两千年之久还未腐朽,将其阴干以后,锯开来还可以做家具。他们试图把每一块椁板都取出来,最后把考古队没有办法取出的被塌方土压住的两块椁底板也吊起取出。谁知椁板底下居然又露出了两个专门埋藏器物的土坑,里面堆满了器物。

考古队第三次回到墓地,"看到经工人取出的那些器物,又惭愧又高兴。惭愧的是,因为我们操作的失误,差一点把最珍贵的器物打入地下冷宫。高兴的是,幸亏有心人把它们探察了出来,挽回了这一损失,也使我们大开了眼界"。参加发掘的考古队员后来总结道:

> 我们的错误,从清理填土时就铸成了。那时已认定此墓被盗,发掘就不认真,没有严格按照操作规程去做。见到木椁后,只顾清理椁室内的东西,没有再花时间和精力清理墓边,因而没有提出椁室底板,第一次就草草收场。
>
> 待锯开椁室底板,发现殉葬坑,进行清理椁室底板下的殉葬坑的时候,依然碍于塌方压住的壁板,后椁室的壁板和最后两块底板没有取出,便第二次收场,才出现今天这样的局面。

这些当年不知为何挖掘在墓葬一角又几乎被考古学家们遗漏的器物坑,出土的大部分是青铜器，总计有30多件，包括大型铜鼓、羊角钮钟、九枝灯、铜盘、可能用于盛酒的杯形壶、直径近70厘米可以沐浴用的大铜盆等。对于第三次的发现，发掘人员这样评价：

> 如果说这座大墓出土的大批珍贵文物，在椁室内的只是盗劫之余的小件，在殉葬坑只是一些很有研究价值的人骨和个别完整器物的话，器物坑里的器物就是我们期待已久的大件奇珍了。如果说我们前面一波三折的发现仅是一部发掘长剧的铺垫的话，器物坑的发现才进入全剧的高潮，给人一种意想不到的大结局。

且不论这个真诚的反省是不是彻底，但该汉墓的发掘无疑是那个时代考古能力薄弱的一个缩影，这在今天看来就更是完全违反了最基本的考古操作规程。果然，我们在20世纪全国100项考古大发现中也没有看到它。

挖过了头，挖错了地方，缺乏考古经验，没按专业要求操作之类，既有经验性失误，也有时代性局限，这都是野外发掘中暴露出来的问题。而在室内整理和解释阶段，在那些出土的大量无字遗存中，还有几类叫考古学家头痛的遗憾。一类是挖出来的遗存难以解读，令人束手无策；另一类是众说纷纭，难以盖棺定论——尽管这可能才是考古学的科学性所在。

2004年，我带领复旦大学三峡考古队在重庆开县复洪墓地进行发掘时，在一座汉墓中发现了两个特殊的迹象。其中之一是发现一块墓葬铺地砖上画着一匹马，

马纹砖上的手指画　　　　　　　　马纹砖拓片

与以往大量出土的模制画像砖不同，这幅画很显然是用手指画上去的，给人的感觉是非常随意的涂画。

马，是汉代非常流行的图像主题，以车马出行图为题材的画像砖曾大量出土。但是在技法上，我们却始终找不到更多的例证来证明这种手指画的源流，也不知道作画者是出于什么动机和背景，至今仍充满了悬疑。

无独有偶，当考古队清理该墓葬壁砖时，在砖上发现了大量的指痕，这显然是烧砖者在搬运砖坯时留下来的。我们仿佛看到了古代工匠的劳作场面，但我们却无法找到任何烧砖的线索，我们也无法知道为什么在砖坯还没有完全干燥的情况下，就要匆忙搬动它们？

三峡汉墓砖上的指纹

东周陶罐口沿上的指印拓片

现代男性指印拓片　　现代女性指印拓片

现代指纹陶器模拟实验

在此之前的1999年，我们还曾在重庆万州麻柳沱遗址出土的东周陶器口沿上，发现过成排的制陶者的手印，初步认定陶器很可能是由妇女制作的。但这种解释还需要大量实证，否则只能是一种推测或推理而已。

考古之谜的产生，不全是我们对考古发掘的结果无法解释，还在于专家的解释相互矛盾。如果加上非专业学者的解释，再加上爱好者的解释，事情就更加复杂了。大部分考古之谜是无法解释的，可是谜题却越来越多。一个考古发现，发现五个问题，随后可能就会出现十个解释。这是正常现象，既成就了考古的无穷魅力，也造成了考古的无限遗憾。

考古学可能是使用逗号最多、句号最少的学科；也可能是使用感叹号最多、问号最多、省略号最多的学科；更可能是今天得出的结论，到明天又被新发现否定的学科。考古人是学术界最不怕说自己错了的学人，因为在客观真理面前实事求是、务实求真地说实话，不说假话，才是真正的科学精神，一点儿也不丢人。

考古遗憾一箩筐

2000年岁末，美国《时代》周刊评出了当年度世界十大丑闻，号称日本"石器之神"的藤村新一自埋自掘旧石器的丑闻榜上有名。这出震惊了世界考古学界的闹剧，与之前我们讲的考古失误，已经有着本质上的不同了，是典型的"伪考古学"案例。

这件事情的曝光，实在是新闻媒体之功。

从20世纪70年代后期开始，日本列岛一批旧石器时代中期和早期的遗址相继被发现。其中日本东北旧石器文化研究所原副理事长藤村新一主持发掘的上高森遗址，不仅每年都有新发现，而且每次挖掘出的旧石器的年代都要向前跨越10万年——1994年挖出50万年前的旧石器6件，1995年挖出60万年前的旧石器15件，1999年又挖出了70万年前的旧石器。藤村甚至踌躇满志地说，他将从上高森遗址挖出"100万年前"的旧石器。

对于藤村近似神话般的成功，日本考古界和新闻媒体早就存有诸多疑问。因为不论在何处发掘，只要绰号为"神手"的藤村不在现场就一无所获，而几乎所有的重大发现无一例外均出于他一人之手。更奇怪的是，这位在考古发掘方面硕果累累的名人，却从未提交过一份像样的学术报告。

正当藤村意满志得之时，他自己的一次"作伪"行径，彻底暴露了这一连串骗局的真相。2000年10月22日，藤村趁凌晨无人之际偷偷溜进即将发掘的现场，从口袋中掏出6块事先准备好的石块埋入地下，被《每日新闻》设置在现场的监视器逮个正着，整个过程全被拍摄下来。后经证实，经藤村参与的遗址考古发现全是假的，而且假造遗迹多达42处，遍及日本东北、关东和北海道地区的一道六县。此消息一出，立即在日本考古界和全社会引发轰动。考古学者普遍认为，日本有关旧石器时代的研究将为之倒退20年，曾经因藤村的发现而写进中学历史教科书的内容也将被全部修改。

一个人的失信，需要多少代价才能弥补，人人都可能遇到过，但一个学科由于一个人的渎职造成的国家信誉流失，我也算是有了切身的感受。2000年到现在已经过去了近25年又四分之一个世纪了，我很少再去关注日本考古界的人和事，甚至多次访学、访问日本带回来的那些资料，也灰头土脸地摞荒在我的书架上，懒得再去碰它们。科学伦理一旦被作伪亵渎，最过不去的首先是情理这一关，而且感性在前，理性在后，就我这种信奉有情有义的人来说，索性理性在后也都不去说它了。

藤村作伪事件的曝光，媒体的功劳不能抹杀。但媒体看走了眼直至南辕北辙，也时有所见。2006年7月10日某报刊发了一个标题为《国家文物局被传将发掘武则天墓，可能藏有兰亭序》的新闻，尽管这个标题存在语病，但大意还是能叫人明白的：国家文物局要挖可能埋藏着王羲之《兰亭序》的武则天陵墓了。原文好在不长，照录如下：

> 最近西安传媒称，在"纪念武则天入葬乾陵1300周年学术座谈会"上，有关人士透露，国家文物局、省文物局、乾陵博物馆等部门已经着手工作，准备大规模考古勘探乾陵陵域的文物遗迹。此消息引起海内外高度关注。
>
> **"顶级文物"多达500吨**
>
> 乾陵埋葬着唐高宗李治和大周女皇帝武则天。据记载，唐高宗临死时，曾遗言把他生前所喜爱的字画埋进墓内。加上武则天和唐高宗都处在唐朝的全盛时期，墓内陪葬品因而极具价值。
>
> 专家推测，若能打开，乾陵将会成为世界上最大、最具观赏性的博物馆。乾陵地宫里，到底有多少文物呢？一位资深的文物工作者推算：保守一些说，

最少有500吨！

最让世人感兴趣的就是那件顶尖级国宝——《兰亭序》。史书记载，《兰亭序》在唐太宗李世民遗诏里说是要枕在他脑袋下边。即是说，这件宝贝应该在昭陵，而不在乾陵。但五代时期的耀州刺史温韬将昭陵盗了，在他写的出土宝物清单上，却并没有《兰亭序》，专家推断，十有八九《兰亭序》就藏在乾陵里面。

陕西欲挖掘未获同意

曾主持西安半坡遗址挖掘的陕西省考古学会会长石兴邦先生，坚决主张挖掘乾陵。他告诉记者，乾陵是一座至今未被盗过的帝王墓。墓葬里的尸骨，各种金银器、陶器、木器、丝织品都是极具考古价值的。虽然出土后也有烂的可能，但与其这些东西放在墓坑里也会烂，还不如挖掘出来呢！

据介绍，关于乾陵挖掘的申请，陕西省曾几次向国务院申报，国务院专门组织专家研讨，最后未予同意。

看完这条报道，给人的感觉是正文与标题完全是两码事，而且有不少说法让人难以接受：

一是第一个小标题说出土物按吨位算的报道，简直闻所未闻。即便是文中那位资深的文物工作者糊涂，说走了嘴，该媒体是不是都要照单全收呢——文物有论吨出土和报道的么？它又不是粮食亩产量、煤矿开采量，也不是钢厂出钢量。但这种按吨位论文物的报道还真是"后继有人"：2015年前后江西南昌西汉海昏侯墓考古发现引发社会关注，考古发掘者介绍说，在墓葬里清理出的汉代货币"五铢钱"约有200万枚之多。有媒体报道说，这些钱币重达15吨。这15吨重量是怎么计量出来的？我不免心生疑惑。众所周知，汉代的一枚五铢钱，相当而今的3.3克左右。我好事儿地粗算了一下，发现无论怎么加减乘除也不至于有15吨。此外，还有媒体演绎得更离谱，说这些钱币相当于今天的百万元人民币云云，我也不清楚如此换算到底有什么真凭实据。

二是再怎么演绎，也不能说出"最让世人感兴趣的就是那件顶尖级国宝——《兰亭序》"这样的话吧？一口气用了三个极端的词：最，顶尖级，国宝。报道文物考古的事，就像我们下面在"有没有'国宝级'文物"一节中将要说的那样，泛用"国宝级"一词已经是有点出格了，还嫌不过瘾，还得再修饰个"顶尖级"的定语，不是造词，而是造次了。再说谁有权利代表"世人"说他们最感兴趣的一定是《兰亭序》呢？这是一个典型的新闻误导，误读文物信息，误解专家话语，误导观众心理，唯恐不耸人听闻。

不能否认，现代媒体正在由社会功能的扬声器，向经营功能的服务器方向发展。近年媒体的经济属性日益强化，采写重磅新闻，已不仅是为了公众知情权，还要有"卖点"的经营效益和"接地气"的"爆点"。我们也知道老记们的职业日子不好过，采访文章往往还与业绩和效益乃至岗位挂钩，是耶非耶，不是本书讨论的话题。可个别媒体朋友"想当然"甚至"玩八卦"的本事越来越大，也已是不争的事实。为了吸引更多年轻人，他们常常想出吸引眼球的"标题党""谐音梗""当代表达"式的输出。比如说，现场仅仅是发现水中漂浮着几个炭化的红枣和板栗，他们便会说两千多年前的老祖宗已经吃红枣、板栗等零食；专家仅仅考证出墓主人可能与屈原生活年代相当，他们又会联想到"一号墓主与屈原是同事"；汉墓里明明只是清理出几件歌舞伎俑，他们能迅速以"考古发现汉代歌舞团"为题在头版刊发；汉墓里只是出土了几枚钱币，他们便说发现了"汉代财迷"……不少记者还养成了第一时间就地发稿做时讯、即时上线抢发布的新兴习惯，既不找工地负责人核实，也不给考古人过目。某报纸有一篇报道的题目更是骇人听闻：《金沙遗址考古再获重大发现，4小时出土文物130件》，看上去，记者笔下的考古工地仿佛成了生产月饼的流水线。

"伪考古学"在中国还没有发现，但绝对应该引起警惕。"当代表达"式的输出方式顺应时代变迁，越来越被年轻人所接受，这无可厚非。但之于考古报道，媒体玩起各种"梗"来，适当有个度数和边界可能更好。因为考古学毕竟是个科学领域，不是小品圈，不是相声舞台，更不是脱口秀场。

这里，再举一个类似缺乏考古经验造成遗憾的例子，就是前文也提到过的尹湾汉墓。

1993年，连云港市考古工作者发掘了6座汉墓，其中有两座墓葬出土了100多枚涉及汉代东海郡政治、经济等内容的简牍，字数超过4万，内容十分丰富。这批材料非常重要，重要到什么程度？1996年第13届国际档案大会在北京召开，邮电部特别发行一套4枚纪念邮票《中国古代档案珍藏》，分别用了龟甲、木牍、铁券、文书四类不同材质的档案，其中的第二枚就取自这个墓地出土的《东海郡吏员簿》。这批出土的西汉郡级档案文书，2002年还入选首批《中国档案文献遗产名录》，成为中国珍贵的记忆之一。如此重要的考古发掘，在记录发掘缘起时，也出现了不同的版本。

版本一：

> 1993年2月底，尹湾村农民在高岭取土时发现土墩下有墓葬群，报告县文化局和县博物馆。市、县文化局即组织市、县博物馆的考古人员对墓葬群进行勘查，发现地下共有10余座墓葬。根据已发掘墓葬的先后，编号为WYM1—M6，进行了抢救性发掘。发掘工作从2月至4月，历时60余天。
>
> ——《文物》1996年第8期

版本二：

> 1993年2月，春节刚过，人们还沉浸在欢乐之中，一场私自盗掘尹湾汉墓的序幕悄悄地拉开……几个尹湾村村民早就瞄上了这块"风水宝地"。春节刚过，他们组织人开到了"龙庙"，开始了以"挖药材"为幌子的挖坟取宝的行动。他们很有经验，用钢钎探明了一个直径3米多、深5米的土坑，打开了我们编号为一号墓的棺盖。
>
> 温泉镇党委领导获知这一事件时，随即赶到现场，制止了这一破坏行为，

并将情况及时报告给东海县博物馆。由东海县博物馆专职考古人员×××同志赶赴现场,补救性地清理了一号墓。并将这一情况通报了市博物馆……

2月开始,我们调用了尹湾村20余名劳动力,在这旷远的高岭之上,在冷峻的春寒中,开始了对二至六号墓共计5座墓葬的发掘。从二、三、六号墓中收获多一些。

风雨无阻,考古工作者和20多位淳朴的农民,在发掘现场上度过了40多个难忘的日日夜夜。有惊喜、有失望,但更多的是只有考古工作者才能深切体验到的艰辛和丰收的喜悦。

——2002年5月出版的《考古人手记》(第二辑),据主要发掘者回忆

两个记录的出入不小:在发现原因上,一个说是农民取土发现,主动报告;一个说是农民盗墓发现,被制止后,当地政府报告。在发掘时间上,一个说历时60余天;一个说"40多个难忘的日日夜夜"。其实这还都不是最大的症结所在。这个重要墓地的清理工作,从主要发掘者的记录中能看到不少纰漏,如果与正式发表在《文物》上的考古简报对比观察,矛盾就更加明显了:

首先,《考古人手记》上发表的几幅工作现场的照片,很难让人相信尹湾汉墓是按照严格的发掘程序操作的。给人最明显的感觉是怀疑其是否进行了考古发掘的第一个流程——"布方"。从照片上看工作场地围观的人群混杂在墓穴各处,感觉不到有"布方"的迹象。如果没有"布方",那这个发掘就违反了《田野考古工作规程》的规定。而且造成墓葬"原生态"保存环境的缺失,实

尹湾汉墓发掘现场

是无法弥补的。

> **相关链接**
>
> ### 什么是"探方"
>
> 探方，考古学术语，是进行考古发掘的基本作业单位，一般面积5×5平方米，由主体、隔梁、关键柱三部分组成。考古时先发掘主体，形成4×4平方米的发掘坑。北面和东面留出1米宽的隔梁，便于清理时作通道和观察地层剖面，一般在主体发掘完毕后再发掘。关键柱位于相邻四个探方交角处，能校正各探方之间的地层和遗迹关系，要保留到工地发掘结束。
>
> 在探方的发掘过程中，要求按照地层逐步下挖至生土，包括去耕土，修边（切直四壁），刮平面（刮平探方底面），按坐标收集遗物，清理遗迹，挖掉隔梁等多个步骤，最后形成一个个整齐的"方格子"组成的成片的发掘区。

其次，简报也好，手记也罢，都没有发表按规定必须拍摄的墓葬器物布局平面照片。在其公布的6号墓的平剖面图上，有一个很容易被忽略的细节，那就是所有随葬器物不是以图的形式而是以阿拉伯数字的形式标记在图上，这叫人不得不怀疑工作人员是不是没有当场绘制墓葬里所有器物的平面分布位置图，或者只是

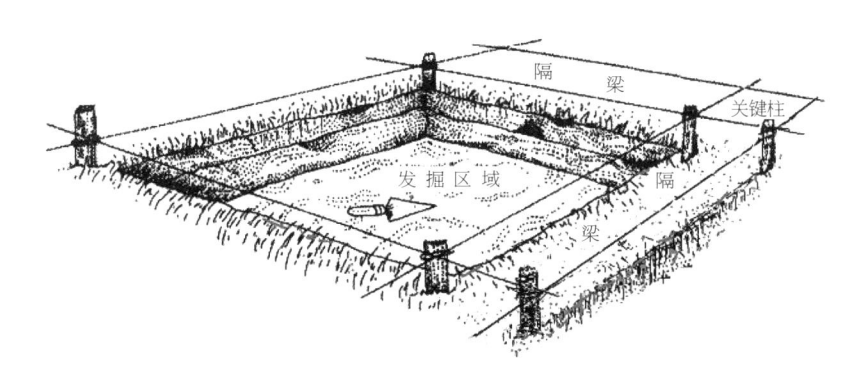

探方示意图

连片布方场景

取器物的时候用文字简单标注了位置。还有，剖面图绘制过于简略，剖线经过的人骨和器物都没有出现在图中。简略也无不可，但要看什么样的墓葬，像6号墓这样重要的墓葬，给出的却是一份不完整的记录，这已不是简单的遗憾二字所能形容的。

再次，最叫人不解的是器物的编号。手记上说，两个棺是搬运到村委会后才开棺取器的，而足箱里的器物是在现场起取的。按一般的工作流程，器物的编号是从现场起取的第一件起登记并按出土顺序编下来的流水号。但6号墓的平、剖面图标注的号码正好相反，后起取的棺中的器物编在前面，早起取的足箱中的器物却编在了序尾。关键是最早起取足箱时如何知道从22号编起？如何知道还没开棺的两个棺内有21件器物？退一步说，虽然我们不能说后期整理重新编号有何不可，但这样换号有何意义？

考古上讲求提炼考古学信息不应当局限于文物本身，而是在各种文化遗存的埋藏基质、出处和其他发现物的共生关系上做仔细的记录和研究。考古的相关性

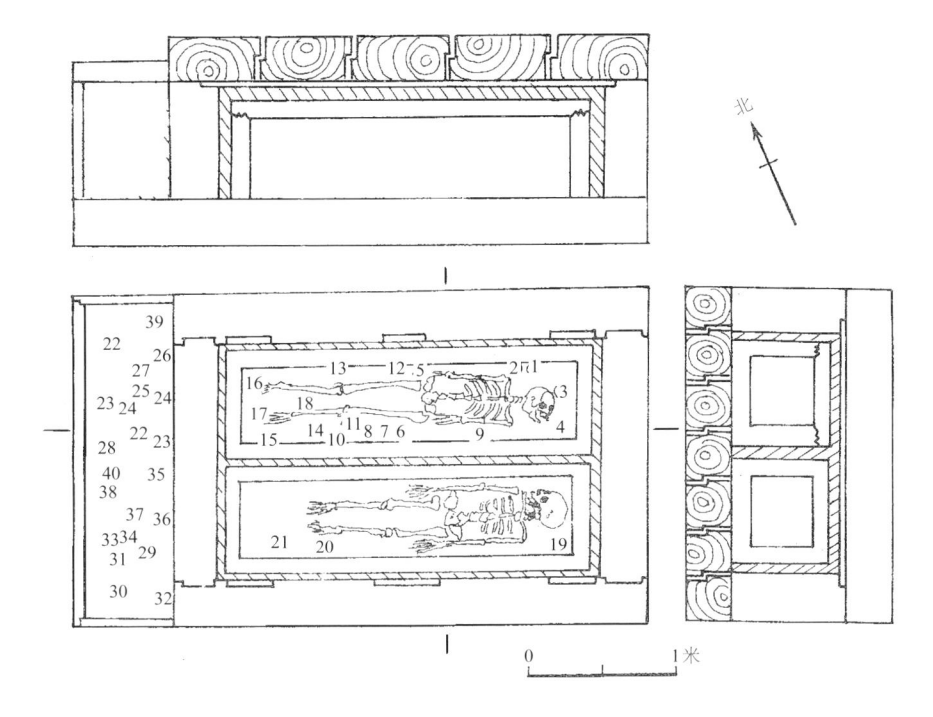

1. 虎头木雕　2. 木蝉　3. 面罩　4. 玉蝉　5. 铜带钩　6. 琉璃璧　7. 铁剑　8. 木印　9. 铁刀　10、11～20. 铜镜　12. 铜书刀　13. 毛笔　14. 板研　15、21. 梳、篦　16. 竹简　17. 木牍　18. 铜五铢钱　19. 骨簪　22、23. 持盾俑　24、25. 武士俑　26. 持铲俑　27、28. 女侍俑　29、30. 釉陶瓿　31～34. 釉陶壶　35. 铜樽　36. 漆勺　37. 漆耳杯　38. 铜盆　39. 漆凭几　40. 竹筒

尹湾汉墓平、剖面图

研究是我们赖以重建文化历史的基础，包括一件器物是怎么出现在这个位置上的，以及它的主人在将其废弃之后又发生了什么，等等。任何人想要重建人类行为或文化历史，必须要对相关地下文物的考古学相关性予以充分的关注。因此，如果严格地讲，尹湾汉墓的发掘充其量是"准科学"的结果。

科学是允许失败，也允许失误的。可有两种科学失败不起，一个是载人航天，一个是考古。一般的科学研究失败了可以重来，损失的是人力、财物和时间，但生命和遗存却不能复制，不可再生，上天入地的科学，就更需要严谨。这两个科学是小心翼翼的最好注释，是如履薄冰的最生动的写照。什么时候成功发射，什么时候安全回收了；什么时候清理完毕，什么时候撤出工地了，什么时候才能安心地喝一壶酒。所以，给他们开庆功会，无论怎样隆重都不过分，怎样奖励都不夸张。因为很少有哪一种工作成天、成月、成年过的是与世隔绝的日子，过的是提心吊胆的日子，过的是远离城市繁华的日子，过的是有家难归的日子。

　　面向未来的考古学家们都知道，考古学的发现犹如考古学的解释一样，总是片面的，总是与遗憾相伴的，甚至还不免失败。但正因为不断的发现，才使考古学天生就有了更正自己的勇气。所以考古学家的错误不是失败而是进步，完全不必为此脸红和尴尬。提供辩证的结论和过程性错误的规律，正在成为并且已经部分成为考古学的道德伦理和科学价值之一。就像永远也不能得出终极性的结论一样，与棺材打交道的考古学，只是为世界揭开棺盖，它自己却永远也不是盖棺定论的学问。走近而不可能走进历史真实之道才是作为科学的考古学的一般法则，如同世人常常提到的那个永恒的命题：我们从何而来？又将归于何处？可能永远无法破解，但我们一直走在接近真相的路上。

篇末议题

1. 在本书写作的过程中，我看到2007年1月24日《中国文物报》刊发的一条消息，内容是乾陵博物馆召集新闻媒体记者，正面回应社会关注的问题，其中就有引起争议的乾陵地宫藏有500吨文物的说法。

报道说，"该馆专家认为，这种说法是不科学的，也不符合文物考古工作的计量范围，该馆业务人员没有在正式场合坚持这一提法。唐代贵金属质地的文物，如金银器的计量单位最大为'两'，相当于今天的40克。用'吨'计算乾陵两朝皇帝玄宫内包括书法作品、丝织品等在内的珍贵文物，远离学术和专业修养。这一说法来源于几年前的文学作品"。

这样的解释，给人以"吨""两"转换之嫌，读者诸君怎么看？

2. 在中国的考古学界，几乎所有的知名学者都是被正面宣传，以学术贡献的形象被盖棺定论和将要被盖棺定论。即便我们不看他们做人如何，单讲做学问，给人的印象也都是从不出错的宗师型学者。这样的他们只有A面，不见B面，神龙见首不见尾，有些被神化了。更让后学深感高不可及，只能景仰，无法超越，更不可模仿。其实，这可以理解，只是不太正常。

而这一情况在国外就不尽然了。像著名的德国考古学家海因里希·谢里曼，人们都知道他有通过不正当渠道成为美国公民的劣迹。时至今日，有关他到底是"学者还是恶棍"、是"天才还是无赖"的争论仍在继续，但都没有影响他成为考古学史上永垂史册的伟大人物。在我国，也有出错的例子，但是记录的却是洋人，不是国人。比如可称之为中国考古先驱的瑞典学者安特生，曾走入学术认知的误区。他对甘青地区远古文化的编年，就被夏鼐先生科学地纠正过，但没有人因此而否定他对中国考古学的贡献。

　　学问允许误判犹如实验可以失败，其实，每个人在学问上都有挫折和教训的经历，完人应当是有缺点和犯过错误的人。但从近几年出版的《中国考古学之父：李济传》《思文永在——我的父亲考古学家梁思永》《夏鼐传稿》《认识夏鼐》《我的父亲苏秉琦》《考古学家邹衡》《热爱大地的智者——邹衡传》《黄展岳传：华夏文明的解密者》《读写生命大地：记20世纪知名科学家李伯谦》《袁仲一传：行走在历史的遗迹上》《上海考古第一人：黄宣佩传》等人物传记或纪念文集里，我们看到的多是伟大和不凡。这已经不仅仅是中国传统文化"为尊者讳"的问题了吧？读者诸君怎么看？

　　3. 很多学考古的本科学生现在不太注重师承关系了，他们在学四年，甚至都说不出本系教过他们的老师的师承，也不太了解这些老师出身的校堂，更不知道他们有哪些论著并且有哪些经典观点和创建。其实，这也是一种考古的遗憾。读者诸君是否也注意到了这个已经不只是考古圈的现象了呢？

柒 文物不再是藏藏藏

1958年9月,毛泽东主席视察安徽省博物馆时,对著名的楚大鼎很感兴趣,他贴近口沿往鼎内看,风趣地说:这里面能煮一头牛啊!

——1998年9月9日《中国文物报》

有没有"国宝级"文物

2024年春节前，国家文物局宣布，一件流失海外40年的一级文物西周丰邢叔簋，被成功地从美国追索回到中国。可是，国家文物局所称的一级文物，到了媒体那里却升级为了"国宝级"文物，比如有报道的标题就是"流落海外国宝级文物回归祖国"云云。

"国宝级"文物是近年出现频率颇高的一个新词，特别是媒体界的使用几乎可以用泛滥来形容。在民间，还有很多鉴赏者或收藏者也以为所谓一级文物就是"国宝级"文物。此类例子随处可见，俯拾即是。人们不禁要问：什么是"国宝级"文物？这个提法对不对呢？是民间俗语，还是专业词汇？是否有法律依据呢？

我国到底有没有"国宝级"文物？可以肯定地说，在正式称谓中没有"国宝级"一词。我国法律法规目前给文物制定的最高藏品等级是一级，并且经历了一个漫长的过程。

中国有近两百万年的人类活动史和五千年的文明史，传世文物和出土文物极其丰富，品类繁杂，需收藏定级者以千万计。虽然早在南北朝时期，中国古书画就曾有过"六法三品"之说，到明代还出现了中国现存最早的文物鉴定书《格古要论》。但总的来说，过去的文物鉴定和定级主观性很大，各地各部门的定级标准也不统一，各行其是。直到1987年文化部颁布了《文物藏品定级标准》，2001年文化部又颁布了修订后的定级标准：根据历史、艺术、科学价值将文物藏品分为一、二、三级，并对其范围进行界定，这才使我国文物定级有了法律依据。实际上，分级也是一种无奈的办法，这种待遇式的文物分级，是否真能切实保护和发挥文物藏品的功能，也只是反映了当下我们对文物价值的认知程度而已。

2002年10月，第九届全国人民代表大会常务委员会第三十次会议修订通过的《中华人民共和国文物保护法》第一章《总则》第三条进一步规定："历史上各时代重要实物、艺术品、文献、手稿、图书资料、代表性实物等可移动文物，分为珍贵文物和一般文物；珍贵文物分为一级文物、二级文物、三级文物。"《文物藏品定级标准》更加明确地规定了各级文物定级的标准："具有特别重要历史、艺术、科学价值的代表性文物为一级文物；具有重要历史、艺术、科学价值的为二级文物；具有比较重要历史、艺术、科学价值的为三级文物。具有一定历史、艺术、科学价值的为一般文物。"其中，"封顶"的一级文物，或者融三重价值为一体，或者其中一项价值非常突出。具体规定如下：

（一）反映中国各个历史时期的生产关系及其经济制度、政治制度，以及有关社会历史发展的特别重要的代表性文物；

（二）反映历代生产力的发展、生产技术的进步和科学发明创造的特别重要的代表性文物；

（三）反映各民族社会历史发展和促进民族团结、维护祖国统一的特别重要的代表性文物；

（四）反映历代劳动人民反抗剥削、压迫和著名起义领袖的特别重要的代表性文物；

（五）反映历代中外关系和在政治、经济、军事、科技、教育、文化、艺术、宗教、卫生、体育等方面相互交流的特别重要的代表性文物；

（六）反映中华民族抗御外侮，反抗侵略的历史事件和重要历史人物的特别重要的代表性文物；

（七）反映历代著名的思想家、政治家、军事家、科学家、发明家、教育家、文学家、艺术家等特别重要的代表性文物，著名工匠的特别重要的代表性作品；

（八）反映各民族生活习俗、文化艺术、工艺美术、宗教信仰的具有特别重要价值的代表性文物；

……

从上述标准来看，这显然是一个原则性很强的界说。在正式法规文献中，反正都没有所谓"国宝级"的概念。但对于一般的文物收藏单位和个人来讲，文物鉴定和定级，光有标准还远远不能满足实际操作的需求，必须以物说事，让人能按物索骥，以标准的实物作为范例，通过实物体现标准和规范。

相关链接

一级文物定级标准举例

玉、石器——时代确切，质地优良，在艺术上和工艺上有特色和有特别重要价值的；有确切出土地点，有刻文、铭记、款识或其他重要特征，可作为断代标准的；有明显地方特点，能代表考古学一种文化类型、一个地区或作坊杰出成就的；能反映某一时代风格和艺术水平的有关民族关系和中外关系的代表作。

瓷器——时代确切，在艺术上或工艺上有特别重要价值的；在纪年或确切出土地点可作为断代标准的；造型、纹饰、釉色等能反映时代风格和浓郁民族色彩的；有文献记载的名瓷、历代官窑及民窑的代表作。

铜器——造型、纹饰精美，能代表某个时期工艺铸造技术水平的；有确切出土地点可作为断代标准的；铭文反映重大历史事件、重要历史人物的或书法艺术水平高的；在工艺发展史上具有特别重要价值的。

书法绘画——元代以前比较完整的书画；唐以前首尾齐全有年款的写本；宋以前经卷中有作者或纪年且书法水平较高的；宋、元时代有名款或虽无名款而艺术水平较高的；具有特别重要价值的历代名人手迹；明清以来特别重要艺术流派或著名书画家的精品。

2002年初，国家文物局印发《首批禁止出国（境）展览文物目录》，禁止出展包括司母戊鼎、曾侯乙编钟、人物龙凤帛画等64件（组）一级文物。对这些国之重器、华之瑰宝，国家仍然是以"一级文物"定性，没有用"国宝级"文物冠名。

汉代铜奔马

相关链接

铜奔马的故事

1969年，正是毛泽东主席号召大家"深挖洞，广积粮""备战备荒为人民"的年代，甘肃武威新鲜公社的社员在饲养院的雷台下挖地下防空洞时，意外发现了一座东汉晚期墓葬。参与发掘墓葬的社员们每户获赠一本毛主席语录，每人得赠一枚毛主席像章，以作奖励。

发掘出土了随葬用的铜人俑和铜车马仪仗队等200多件文物，其中还包括一匹三足腾空、一足踏着飞鸟的铜奔马。据当事者回忆，这件高34.5厘米、长45厘米的精美艺术品，当初并未引起人们的注意，是郭沫若先生经兰州时"伯乐相马"，才使其一鸣惊人，随后命名为"马踏飞燕"，也有人考证后叫作

"马超龙雀"。

而今,这件著名的铜奔马不仅是武威市的城标,还成为中国旅游的标志性图徽,甚至有关部门还曾将其推荐给世界旅游组织,作为世界性的旅游候选图徽。

"国宝级"文物不是法律用语,国家文物局的正式发文中也从未使用过这个词汇,但这并不表明文物行业内绝不使用这个概念或这个名称。

早在1992年,国家文物局就开始有计划、有组织地在每年春秋两季分省区进行一级文物的定级工作,并专门成立了由专家组成的各种文物大类的专业鉴定组。据负责青铜组工作的故宫博物院杜迺松研究员介绍,专家们在定级时,通过对青铜器形制特征、造型风格、花纹和装饰特点、铸造技术和工艺水平、铭文内容和书体情况、铜器保存情况乃至光泽色彩程度、同一器种的多寡等方面的鉴选,把一级品的铜器又细化为上限、中限和下限,并认定全国青铜器中属于上限的器物比例很小;同时对那些卓越超凡、脍炙人口、举世无双、有着强烈震撼力的一级品,暂定为"国宝级"青铜器,但在目前仍将其归属在一级藏品中。

到了2004年,由上海辞书出版社编辑出版并荣获第六届国家图书奖荣誉奖的《中国文物定级图典》,仍然大体沿用了上面的标准。该书分一级品上卷、一级品下卷、二级品卷、三级品卷四大卷,共收入中国各地主要博物馆所收藏的一、二、三级品文物计3 000余件。书中明确将一级品分为两个层次,即一级品甲级和乙级,表明了同是一级品的文物,其水平会有很大的不同,有上限和下限之别。但对这些通过鉴定、已可以作为定级参照的代表性文物,该书也没有特别强调"国宝级"文物之说。

看来,"国宝级"文物概念的使用与否,在行业内也没有明确统一,但使用者日趋众多,而且渐行渐近。以青铜器为例,关于"国宝级"青铜器的标准,常常是指在一件器物上,或同时含有多项优势,或具有一项或两项鲜明独特的特点。

例如秦始皇陵铜车马、莲鹤方壶被认为具有独特超凡的艺术价值；再如虢季子白盘被认为具有高度的历史价值；像曾侯乙编钟、越王勾践剑等，被认定为具有高超的科技价值。但就一件器物上同时具有上述历史、艺术和科技等几方面综合价值的"国宝级"青铜器，却只有著名的司母戊方鼎和何尊等少数重宝。其代表性可举以下例，专家们给以定级的评价如下：

具有综合价值的"国宝级"青铜器

器　名	时　代	定　级　评　价
司母戊鼎	商代	相传河南安阳殷墟出土，是罕见的大型青铜器物，风格古朴典雅。在铸造风格上多范法和分铸法的运用，反映出当时生产力水平的高度发展，在我国青铜冶铸发展史上有着重要意义。
司母辛鼎	商代	河南安阳殷墟妇好墓出土，是商王祖庚或祖甲为其母辛所作祭器，书体雄劲有力，是殷墟前期青铜器断代的标准器。
何　尊	西周	陕西宝鸡出土，器身铸大扉棱，方形圆口，开铜尊造型之新风格。铭文记营建成周洛邑之事，可与古籍相参证。
大盂鼎 大克鼎	西周	大盂鼎铭文内容相当于《尚书》一篇，书体雄健有力，气势磅礴，极富神采；大克鼎铸刻长铭，笔画圆润，书体畅达。两器均属大型器物，是西周铜器断代的标准器，所刻铭文都是西周金文典范。
㝬　簋	西周	为厉王祭祀祖先的器物。㝬簋是目前所见最大的铜簋，重60千克。高耸的兽耳和腹与方座上的直棱纹，增强了簋的雄丽感。铭文书体整齐优美，是西周晚期金文的代表作之一。

表中列举的所谓"国宝级"青铜器，现在已成为入藏为公的国有资产，成为公共文化资源的一部分。自古以来，包括青铜器在内的珍品收藏或为朝廷皇室专有，或为官商巨贾独拥，世人难见其貌，百姓难享其益，直到近代出现公益性的集收藏、展陈、研究于一体的博物馆——以其兼备的行政和专业等职能成为具有

权威性的收藏机构。其中，除了国家调拨或收购的以外，还有不少来自民间或海外的捐赠。这样一来，一系列国家重器才得以发挥出它们应有的作用。上表大盂鼎和大克鼎的辗转收藏过程，就有一段非常感人的故事。

大盂鼎鼎身作圆形，腹部饰兽面纹带，足部饰大兽面纹。通高1.02米，重153.5千克。在器内壁铸有19行铭文，共291字。记载内容为：周康王廿三年九月的一天，盂接受康王的召见，康王向盂昭示，殷商朝野纵酒无度，是商亡周兴的重要原因，对这段历史要引以为戒，并高度赞扬了周初文武二王的立国盛德和治国经验。康王命盂继承父祖官职，效法其祖先南公，终生辅佐周王室，妥掌兵戎大事，谨慎处理讼罚事件。康王还赏赐盂车马、命服、酒和一千七百余名臣民奴隶，勉励他要克己奉公，不要辜负周王的信任。盂为感谢康王的册命，铸造了专门用来祭祀其祖南公的宝鼎，留传后世子孙，永以为宝。这段铭文真实反映了周初职官制度和赏赐奴隶的史实，是研究我国西周社会历史的重要史料，而大盂鼎也是西周初期青铜器铸造艺术中的珍品之一。

大盂鼎于清代道光初年出土于陕西岐山京当乡礼村村西，出土后先被当地豪绅宋金鉴收藏，后来曾一度被岐山县令周赓盛占为己有，流落到北京。道光三十年（1850年）宋氏上京赴试，得点翰林。他出银三千两，又把大盂鼎买到手，运归岐山。同治年间，宋氏家族中衰，其后代宋允寿将该鼎运往西安，以七百两白银出卖给袁保恒。袁保恒系辅佐李鸿章、左宗棠的军幕，他转而将鼎献给了左宗棠。数年后，左宗棠遭弹劾，幸得大理寺卿潘祖荫上疏营救，左宗棠才得狱解，后任陕甘总督。左宗棠为感谢潘氏之恩，便以大盂鼎相赠。

潘祖荫，号伯寅，江苏吴县人。1830年生，1890年卒。咸丰进士，后官至军机大臣。素有"官高而清廉，俭朴近平凡"之誉，死后被朝廷赐谥号"文勤"，故后人也称其为潘文勤。潘祖荫特别喜欢收藏青铜器和碑碣石刻等，并且能识读铭文。光绪十六年（1890年）陕西扶风法门寺任家村窖藏出土了数十件青铜器，其中大克鼎和其他七件克鼎尤为引人注目。

大克鼎高93.1厘米，口径75.6厘米，重201.5千克。宽沿鼓腹，双耳三兽蹄

大盂鼎　　　　　　　　　大克鼎

足，器身纹饰由三对对称的变体兽面纹和宽大的窃曲纹所组成。腹内壁有铭文28行，计290字。该鼎先被天津一位姓柯的盐商买到手，盐商请北京琉璃厂德宝斋李诚甫经理鉴定。李诚甫难识这么多铭文，便将鼎铭做成拓片，请潘祖荫辨识。

潘祖荫考证后，说铭文记述了一个叫"克"的人，因其祖父师华父谦逊的品德及辅佐王室管理朝政的业绩而受到周天子的怀念，并被提拔担任王室膳夫，赏赐礼服、土地、奴隶等。克叩首受命，特铸鼎颂扬周天子，同时祭祀祖先的在天之灵。潘祖荫随后托李诚甫到天津将鼎购得，成为个人收藏品。据《陈乾藏吉金文字》记载："文勤公生平所藏之器以此为最，曾镌印章曰：'宝藏第一。'求拓本者踵至，应接不暇，多以翻本报之。"

潘祖荫去世后，大盂鼎和大克鼎等由其胞弟潘祖年从北京运回苏州老家，供放在厅堂上，作为传家之宝，但秘不示人。光绪末年到宣统初年，当时的直隶总督端方觊觎两鼎，几度想方设法谋获，终未能成。到了20世纪20年代，有英国人曾专程到苏州，想以六百两黄金或一幢洋房为诱，换取两鼎等器，但被潘氏后人婉拒。之后又有国民政府要员在苏州城里盖了一座大楼，想以办展览馆为借口，妄图攫获两鼎，亦被回绝。

1937年苏州沦陷后，潘家选择无人居住、尘垢满室的后屋掘坑，将两件青铜鼎深埋，上铺青砖作地。埋藏时为了使鼎内铭文不至受损，还用破絮纳于鼎内，并将鼎装进特制大木箱里。日本侵略军探知潘家有宝鼎后，几乎每天都派人上门搜索，最多一天上门竟达七次之多，但毫无所获，由此传开两鼎已散失之说。不久，潘氏一家逃至上海避难。

1951年，潘祖荫孙媳潘达于深感保存大鼎责任重大，主动写信给上海市文物管理委员会，表示国家的文物不应再予私藏，而应公诸人民，由于上海将建立博物馆，愿将家藏六十年的宝鼎献给国家，以供人民欣赏和专家研究。上海市文管会接受了捐赠，并呈报华东文化部，转请中央文化部给予褒奖。不久华东文化部文物处举行授奖仪式，由沈雁冰部长签发了褒奖状："潘达于先生家藏周代盂鼎、克鼎，为祖国历史名器，六十年来，迭经兵燹，保存无恙。今举以捐献政府，公诸人民，其爱护民族文化遗产及发扬新爱国主义之精神，至堪嘉尚，特予褒扬。"捐赠仪式结束后，文管会组织人力，由潘达于之女陪同下，赴苏州现场揭去伪装，掀起大青砖，两鼎完好无损地展现在人们面前。至1952年上海博物馆对外开放时，历经半个多世纪沧桑的大盂鼎和大克鼎才首度与广大人民见面。

潘达于女士捐献两鼎后，政府曾发给她两千元奖金。尽管当时潘家并不富裕，她本人在里弄生产组工作，收入有限，但她还是将这笔奖金悉数捐献给政府，以

中央人民政府文化部部长沈雁冰签发的褒奖状

支援抗美援朝。1959年北京新建的中国历史博物馆要对外开放,欲在全国征调一批文物,其中就有大盂鼎。为此上海博物馆曾征求潘女士的意见,要将大盂鼎运往北京,以便更多的人可以观赏,得到了潘女士的同意。

时隔四十多年,2004年2月28日,是潘达于老人100岁的生日。上海博物馆联合中国国家博物馆,在上海博物馆举办"人寿鼎盛——百岁寿星潘达于大盂鼎、大克鼎回顾特展",将此前借展到北京的大盂鼎请回上海,使得这对阔别近半个世纪的宝鼎再次"聚首",大盂鼎和大克鼎重聚一堂,成为展界善举。2021年,上海博物馆举办"鼎盛千秋——上海博物馆受赠青铜鼎特展",久违的大克鼎与大盂鼎再次得以合体展出,成为沪上盛事。

大盂鼎和大克鼎之所以如此引人注目,除了它们背后有着充满爱国主义精神的护宝、献宝故事外,还与它们作为"国之重器"的级别不无关系。

上面说的是一件器物上同时具有高度历史、艺术和科学等方面综合价值的"国宝级"青铜器。而就带有一项或两项鲜明独特特点的"国宝级"青铜器而言,其或具有独特超凡的艺术价值,或具有高度的历史价值,或具有高超的科技价值。

具有高度历史价值的"国宝级"青铜器

器　名	时代	定　级　评　价
小臣缶方鼎	商代	铭文内容为赐禾稼事,以五年为限,这在商代金文中是特例,对研究当时的政治、经济有重要意义。
卫　盉 五祀卫鼎 九年卫鼎	西周	西周中期以后,"溥天之下,莫非王土"的国有土地制度变化很大。这在陕西岐山出土的这几件器物的铭文上都有记载,它们都是研究土地国有制到土地私有制历史变革的宝贵史料。
虢季子白盘 多友鼎	西周	铭文记录了西周王朝与猃狁战争的情况,是研究西周政治、军事和民族关系的重要史料。虢季子白盘书体优美,有很浓的小篆意味,开大篆向小篆演变的先河。

（续　表）

器　名	时　代	定　级　评　价
克　盉	西周	北京房山琉璃河出土。铭文中有"令克侯于匽"句，对研究西周分封制度和燕国历史有重要意义。
史墙盘	西周	铭文追颂周初各王的功业，内容不多见，可补充和印证历史文献，解决了学者们长期争论的一些问题。
㝬匜	西周	铭文可研究西周刑法和狱讼盟誓制度。

具有高超科技价值的"国宝级"青铜器

器　名	时　代	定　级　评　价
四羊方尊 三羊方尊	商代	造型厚重端庄，花纹繁缛富丽。羊头和羊角采用了分铸法，再与全器铸接在一起。
十五连盏灯	战国	全灯如茂盛的大树，由长短不同的八节接插而成，严密稳重大方，制作技巧高超；灯枝上的猴、鸟等动物惟妙惟肖。
蟠螭纹铜禁 曾侯乙尊盘 错金银网罩壶	东周	分别出土于河南淅川楚墓、湖北随州曾侯乙墓、江苏盱眙。某些部件采用了失蜡法，使器物细腻精美，玲珑剔透，为鬼斧神工之作。
越王勾践剑	春秋	湖北望山出土。吴越兵器代表。剑身呈菱形花纹，含硫。至今光彩照人，世所罕见。
嵌红铜狩猎纹豆	春秋	山西浑源出土。技术之精工，镶嵌狩猎纹之清晰，属上乘之作。
宴乐渔猎攻战纹壶	战国	在壶腹上雕刻出多种社会生活的图像，雕刻技术高超。图案内容是研究战国时代生产和生活的重要资料。
曾侯乙编钟	战国	全套编钟总重量达2 500千克，集冶金、音乐等科学技术之大成，表明我国在战国时已经具备完整的十二乐音体系。

柒　文物不再是藏藏藏

（续　表）

器　名	时代	定　级　评　价
鎏金银竹节熏炉 鎏金卧兽盒砚	汉代	利用了"金汞剂"的科技方法，表现了非常发达的鎏金工艺。金光熠熠，瑰丽优美，造型独特，是同种工艺中的杰作。

在这些具有高超科技价值的"国宝级"青铜器中，越王勾践剑其实存世许多。这正像不少人都知道的那样，古剑这一兵器系统，最负盛名也最为世所重的铜剑多与吴越地区有关。皇皇古籍中不止一处以赞赏的语气提到包括铜剑在内的吴国和越国的兵器。如《周礼·考工记》："吴粤之剑，迁乎其地，而弗能为良，地气然也。"《庄子·刻意》："夫有干越之剑者，柙而藏之，不敢用也，宝之至也。"近百年来发现的东周时期的吴越兵器，已有几十件之多，剑就占了一半左右，其中仅吴王剑和越王剑就已发现了20余柄，其中数湖北江陵望山出土的越王勾践剑和浙江省博物馆在香港购得的越王者旨於睗剑最为著名。

1996年从香港购得的越王勾践之子生前佩用的越王者旨於睗古剑，是前些年颇为引人注目的一件事，情节还很曲折。1995年秋，在从香港传来的一份拍

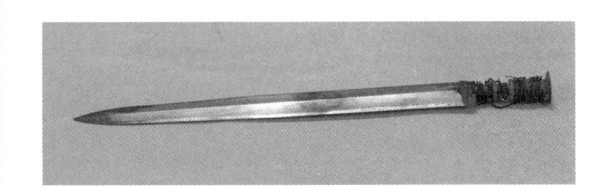

越王勾践剑及细部剑铭　　　　　　　　"越王者旨於睗"剑

卖品清单中，一幅古剑的传真照片引起了专家的重视，初步断定是一件难得的珍品。浙江省博物馆立即决定将这柄宝剑抢救回来，但又遇到了所需经费迟迟难以到位的难题，眼看拍卖最后的期限也快到了。消息传开，在社会上引起了极大反响。杭州钢铁集团开我国由企业出资抢救流散文物的先河，慷慨解囊，出资107万元人民币成功将宝剑购回，并捐赠给浙江省博物馆。无巧不成书的是，该公司的产品注册商标也恰为"古剑"牌。越剑归越，千年古剑与现代著名企业竟有如此姻缘，倒也不失为藏家乐道的佳话了。高兴之余，人们不免联想到，这柄距今2 400年的宝剑，于1995年在香港市场出现，这之前它究竟是如何流落到香港的呢？近百年来，又有多少国宝是经过香港转口流落到异国他乡的呢？

但不管怎么说，越王者旨於睗剑与越王勾践剑并列为越剑双绝，为国之重宝。越王者旨於睗剑保存完好，长52.4厘米，宽4.1厘米，剑体宽阔，前端稍收，是吴越古剑中的常见形式。剑的茎部实心，茎上有两道铜箍，剑茎上所缠的丝带长约2米，仍带弹性。一般来讲，东周时期的青铜剑在茎上都缠丝带，可出土的大多已经腐烂。这把剑连丝带一起出土，在全国还是第一次。专家测定结果表明，这丝带还是越国自己生产的。剑格的正面和背面均铸有双钩鸟虫书铭文，字迹十分清晰，铭文中间镶嵌着许多薄如蝉翼的绿松石，更显得古剑富丽华贵。剑格的正面铭文有四个字"越王越王"，背面也有四个字"者旨於睗"。"者旨"读为"诸稽"，是越王的氏，"於睗"是越王的名。越王者旨於睗是越王勾践的儿子，在位时间仅六年（公元前464—前459年），尽管他在位时间不长，但出土或传世的越王者旨於睗兵器却不少，仅越王者旨於睗剑就有七柄之多，但这些兵器都有不同程度的缺损或氧化，无法与从香港购得的宝剑相比。这柄剑的剑身通体毫无锈蚀，锋刃犀利，光亮如新，剑气逼人，甚至连黑漆剑鞘以及剑格上镶嵌的绿松石都完好如初，可以说是目前已出土或传世的吴越青铜古剑中最为完整的一件，堪称翘楚之作。《战国策·赵策》曾赋予这类古剑颇具文学色彩的描绘："肉试则断牛马，金试则截盘匜，薄之柱上而击之，则折为三，质之石上而击之，则碎为百。"可见其锋利无比，无坚不摧。

有人在研究中还发现过一个奇怪的现象，那就是很多带吴王名的兵器，除了少数在吴国疆域内外，几乎没有一件出自吴国后期的都城苏州，倒是大多出自非吴国统治地区。个中原因，除少数属于馈赠外，大多数恐怕是吴与越、楚交战时或亡国以后作为战利品被掠夺去的。吴亡于越，越亡于楚，楚的疆域又曾遍布东南地域，带吴王名的兵器也就随之流落到了各地。古代名物重器的流散，大都如此，无出其右。

具有独特超凡艺术价值的"国宝级"青铜器

器　名	时　代	定　级　评　价
乳钉纹爵	夏代	河南偃师二里头出土。造型优美，器壁均匀，古朴典雅，有高雅的审美愉悦感，是我国青铜器早期发展史上的重要资料。
双耳立鹿大甗	商代	江西新干出土。形体巨大宏伟，是早期少见的圆形四足甗，双耳立鹿，有很浓的装饰风格。
偶方彝	商代	河南安阳殷墟妇好墓出土，是青铜器中的新器形，实物和文献中从未见过。
龙纹兕觥	商代	山西石楼出土。长扁形，与常见的椭圆形或方形的觥迥然有别，是目前仅见的器形。器盖上的龙纹古朴生动，代表了北方民族特有的魅力。
伏鸟双尾虎	商代	江西新干出土。推测可能与墓主家族崇拜有关联，这种有双尾的虎，前所未见。
虎噬鹿器座	战国	河北平山中山王墓出土。全身错金银，绚丽多彩，是青铜圆雕艺术中的一颗明珠。虎的威猛被表现得淋漓尽致。
豕　尊	商代	湖南湘潭出土。形象颇具野性，尊体大而重，饰侧悬回首夔纹，为鸟兽尊增加了新品种。
错金银云纹犀尊	西汉	陕西兴平豆马村出土。形象生动逼真，富有生命力，全身以细腻的错金银云纹为装饰，是目前所见各种鸟兽尊中的上乘之作。

（续　表）

器　名	时　代	定　级　评　价
莲鹤方壶	春秋	河南博物院和故宫博物院各收藏一件。以其凝重活泼的艺术效果，令世人赞叹。
错金银四龙四凤方案	战国	河北平山中山王墓出土。全身满饰错金银花纹，在圆形底座上有立体圆雕四龙四凤相缠绕，设计巧妙，具有极高的艺术价值。
秦陵铜车马	秦代	制作工艺复杂，驭官驾驭骊马雄立，庄严肃穆，典雅大方，对研究秦代舆服制度有重要价值。
长信宫灯	西汉	优美动人，制作工艺高超。

秦陵铜车马作为具有独特超凡艺术价值的"国宝级"青铜器，其出土和保护，也有一个较长的过程。1978年夏，考古工作者在秦始皇陵冢西侧钻探，当探铲进入到地下约7米深时，一个金光闪闪的泡状物体被探铲带了上来，这是一个金质马饰品，如果它是马络头上的金泡，那地下就可能埋有马车。再做勘探，结果证实了这是一处大型车马陪葬坑。1980年冬，沉睡了两千多年的两乘大型彩绘铜车马在7.8米深处出土。

这两乘铜车马及车上的御官俑在出土时都已被压成了碎片，散乱不堪。考古人员经过两年的精心修复，才使它们重现昔日的风采。每乘驾铜马四匹，车上各有一铜御官俑。铜车马的大小约为真车真马的二分之一，完全模拟实物制成，每辆车都由三千个零部件组成，车门窗可以启闭，车轮转动起来可以行进。车马的系、驾、挽具齐全，装饰华丽，车马和俑人均着彩绘。其中一号车为立车，即站立乘行的前导车，通长2.25米、通高1.52米。单辕双轭，套驾四马，与文献中讲的两骖、两服相对应。服是指驾辕的两匹马，骖是指外面拉缰的两匹马。这四匹铜马耳若削竹，目似悬铃，头方肚圆，胸肌隆突，四腿细健，真可称之为典型的骏马。车舆呈横长方形，车上竖有一圆形伞盖，也应了"舆方法地，盖圆象天"之说。伞下站立一位御官俑，双手执辔，全神贯注，平视前方。他若举策扬鞭，四马并驰,十六蹄腾飞,可真就应了那句"驷马难追"的名言了。

　　文献记载,秦始皇多次巡游天下,乘金银车,六马挽行,随行车队按五行配色,大驾属车八十一乘,文武百官前呼后拥,车马仪仗次第相随,"从车罗骑,四马骛驰",浩浩荡荡,威风凛凛。这样看来,秦始皇所乘之车似乎真比这青铜车马还要精美数倍。仪卫之盛大,车旗之威风,令观者无不惊骇。当时还是一个小亭长的刘邦喟然长叹:"嗟乎,大丈夫当如此矣!"壮士项羽更是言出由衷:"彼可取而代也!"

　　可见,"国宝级"青铜器的背后,都有其蕴含着的历史和文化,技艺和审美,人物和故事,时代和风云。

　　话说到这里,一级文物和"国宝级"文物的混淆使用,已经成为一个矛盾,叫人进退失据,陷于两难:一方面是法律条例规定,另一方面却是实际使用现状。近年来,随着文物收藏和艺术品投资的升温,文物鉴定渐成热门行业,加上媒体的热烈追捧,"国宝级"文物之说,已有发展成常用语的态势。这是文物收藏社会化和文化遗产保护大众化的必然结果,应予以褒扬,还是该严格规范?是约定俗成、因势利导地启动"国宝级"文物的提法,还是在正式法规制定出台之前,不去迎合急功近利的社会心理而搞新闻炒作?预防和杜绝所谓"国宝级"文物之类"泡沫文化"现象的发生和膨胀,已经是摆在我们面前的一个无法回避的问题。本书增订之际,国家文物局鉴于最近一些年中国文物出国展览频率越来越高,且已成为文化对外交流的重要组成部分,提出了将对外文物展览融入国家外交大局的方针,使文物成为国家名片,以扩大中国文物考古成果的传播力和影响力。看来,无论是对内还是对外,都到了给"国宝级"文物一个说法的时候了。

司母戊鼎的新重量

司母戊鼎是妇孺皆知的中国古代重器，它在中国的知名度之高，恐怕没有任何其他器物能比。如果做个街头随机采访，问他或她知道的中国古器，大概十有八九的人会说到这个大家伙。如果再让他们说出第二件器物，可能多作摇头状。即便答出，也是五花八门，不可能再众星捧月、众口一词了——司母戊鼎就是以如此众望所归的群体文化记忆，成了人们常说的"中华第一鼎"和中国国家博物馆的镇馆之宝。

司母戊鼎

2010年出版的《辞海》所收单件古器寥寥。换言之，能进《辞海》的古器必是名器无疑，司母戊鼎即是其中之一。《辞海》不但要做"司母戊鼎"词条，描述它时，还不能不提它的重量：

> 商代晚期的青铜器，长方形，四足，高133厘米，重875千克，为现存最大的商代青铜器。1939年出土于河南安阳武官村。鼎腹内有铭文"司母戊"三字（或释"后母戊"），是商王文丁为祭祀其母戊而作。

葛剑雄先生口述、周筱赟先生录音整理的《历史学是什么》，是一本难得一见的专业畅销书，在介绍司母戊鼎时，也特别突出地强调了它的重量——875千克。2014年，集中国社会科学院考古研究所科研力量编写的《中国考古学大辞典》，也把重量写作875千克。2021年我参观殷墟王陵遗址司母戊鼎出土的M260号大墓展厅，看到前言展板上也还是写着875千克。

可见，谈司母戊鼎，不讲重量怎么行？可很多朋友还不太知道的是，根据最新的称量结果，司母戊鼎实重为832.84千克，875千克已是"老黄历"了。问题是，"老黄历"迄今还出现在一些教科书、工具书、史家论著中，没得到及时更正。

明明是875千克，怎么又变成832.84千克了呢？情况是这样的：早在1991年7月，为配合中国历史博物馆中国通史陈列的改陈工作，该馆科技部文物保护实验室和中国计量科学院等单位采用全新手段，对大鼎的宏观结构、微观组织、化学成分及尺寸、重量等进行了全新检测。其中，对大鼎重新称量的结果是832.84千克，而不是875千克。这个测量结果，至少在20世纪90年代末已在学术刊物上公诸于世了。

为什么司母戊鼎由重变轻了呢？这还要从古代青铜器的铸造工艺谈起。在三千多年前的商代，金属铸造主要使用一种考古上叫作"陶范"的泥质模具。陶范又有内范和外范之分，这样，内外范相套合，当中留出空隙，将熔化了的铜溶液浇灌进去，待冷却成器后，敲碎内外泥范，一件金光闪耀的铜器便诞生了。据有关专家估算，铸造如此规模的大鼎所用金属原料如铜、锡和铅等，不会低于1 200千克。中国计量科学院等单位首次对司母戊鼎进行了X光检测，所拍的X光片清晰且全面地展示了大鼎的内部结构，为研究铸造工艺提供了重要依据。检测发现，"问题"主要出在司母戊鼎的四个足和器耳上。过去一直认为，该鼎的圆柱状足是实心的铜足，而用X光检测时看到的却是空腔，每个足内的空腔里都填满了用泥土做的内范，其中仅从一个空足中就取出了766克泥芯土。而每个足的空腔内径和高度都不一样，容积不同，所藏泥芯土的重量也都各自相异。耳部经检测后也发现了相似情况。由此看来，重新称量过的大鼎重量之所以减轻了，与发现做范芯的泥土残存于器足和器耳之中的情况有不可分割的关系。

问题至此，并未了结。司母戊鼎1939年在河南安阳武官村村民吴培文家地里被发现时，正值抗日战争期间日本侵略者在中国各地大肆劫掠文物之际。村民们为了保护大鼎，原打算把这件大如马槽、被村民称之为"马槽鼎"的大鼎锯成几段，以便搬运和保藏。后因难度太大，只锯掉了一只器耳便停了下来，最后把它埋在吴培文家的草房内。1945年抗日战争胜利后，司母戊鼎才被重掘出土，陈列

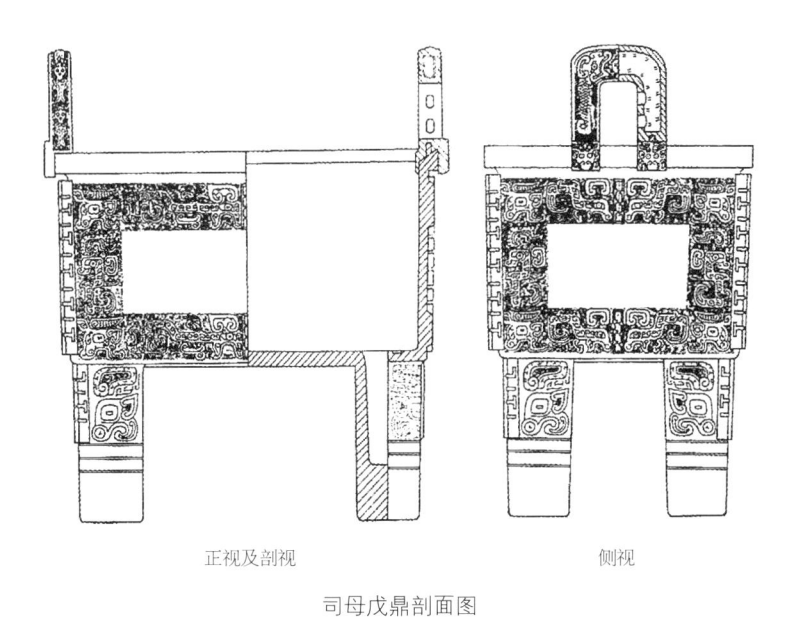

| 正视及剖视 | 侧视 |

司母戊鼎剖面图

于原安阳县古物保管会院内，并于1946年专车运抵南京，作为蒋介石六十大寿的献礼，拨交中央博物院（现南京博物院）筹备处保存。1948年5月29日，司母戊鼎在南京首次展出，蒋介石亲临现场参观，并在鼎前留影。1949年国民党曾打算将此鼎运往台湾，但终因鼎身太重而放弃。中华人民共和国成立十周年大庆时，中国历史博物馆落成，向全国征集文物，司母戊鼎被送到中国历史博物馆，成为该馆的镇馆之宝。但由于当年锯掉的那只鼎耳再也寻找不到，后来只好依照另外一只鼎耳的样子翻模补铸，焊接在鼎的口沿上。

这就是说，鼎的一部分已经不是用当年的商代原料所造。原料不一，重量也当不同，所以不能不说，即使是现今测得的832.84千克的新重量，也非当年的实际重量。更何况青铜器在两三千年时间里的自然损耗，例如生锈、腐蚀等原因，也会增加或减少鼎的重量。换言之，司母戊鼎当年铸造时的实际重量究竟是多少，832.84千克的重量今后会不会再发生变化，看来都是难解也难测的谜了。

相关链接

司母戊鼎大墓考古

1984年，中国社会科学院考古研究所在河南安阳商代王陵区，发掘了1939年出土司母戊鼎的M260号大墓。墓葬由一个墓室和一条墓道两部分组成。墓室深8.1米，口大底小，墓口长9.6、宽8.1米，墓底长6.4、宽5米，约合30平方米。

这座墓葬不是四条墓道的商王级别的墓，也不是两条墓道的贵族墓，而是商王室成员级别的一条墓道的大墓。因为出土了司母戊鼎，墓主人被推断为商王武丁的配偶母戊。

这座墓葬被先后盗掘了六次，最早的一次是商末周初盗掘的，盗走了除司母戊鼎以外的全部大型随葬品。

作为教科书或工具书，当然大可不必将大鼎的检测原理和流传过程撰写得如此详细，但在介绍祖国优秀文化遗产代表作的司母戊鼎的关键数据上，至今仍有不少读本还在沿用875千克的老数据，没有采用早已更新过的832.84千克这样更科学的研究成果，这反映出在教科书或工具书编写方面，引进最新学术结论的明显滞后性。

司母戊鼎所在的M260号大墓

往大了说，历史教科书体现的是一个国家对青少年历史观、世界观培养的大方向，是国家文化战略层面的大是大非问题。几乎每一个现代国家的中学历史教科书，都把培育学生的爱国主义教育和民族精神放在最重要的地位。往小了看，教科书和工具书都是传道解惑的工具，是学生和公众学以通达、习以通识的范本。尤其是对正在接受初等教育的学生来说，他们主动分辨专业成果的知识背景有限，主要还是通过教科书吸取知识，传承祖国优秀文化。如果教科书有误，其后果可想而知；而且教科书知识更新滞后，也难以适应21世纪人才培养的目标要求。所以，对于教材编撰者乃至实施一线教育的教师而言，严谨学风的育成水平、知识养料的纳新程度、学术动态的关注范围，等等，都将成为能否担纲新世纪教育师范者天职的检验标尺。另一方面，对于从事祖国历史文化遗产研究的专业学术领域而言，适时地面向社会公布所取得的科研成果，也应当成为义不容辞的责任。令人欣慰的是，在2016年首次出版、2021年第6次印刷的人教版《中国历史》七年级教科书中，我终于见到该教材使用了订正后的数据："司母戊鼎，是迄今世界上出土的最重的青铜器，重达832.84千克。"

教科书的数据用对了，但司母戊鼎现在既不是中国古代最大的青铜器，也不再是商代最大的青铜器了。比如，15世纪明成祖永乐年间铸造的永乐大钟，号称"钟王"，现收藏于北京大钟寺古钟博物馆。永乐大钟通高6.94米，直径3.3米，重约46.5吨，在世界钟林中排位第八。钟体铸有遍布周身的佛教经文23万字、100多种佛教经咒，字体精美，至今清晰可辨。该钟作为撞击式的悬钟，钟顶、腰部及钟唇的厚度均依声学原理铸造，圆润深沉的钟声可传30公里远，余音可延3分钟，音质极佳。该器是佛教法器，再加上又是明成祖朱棣下令铸造的，也象征着至尊皇权。此钟的金属成分除铜以外，还含有金、铅、锌等，其中含金量就达5千克。此外，1986年四川广汉三星堆出土的商代青铜立人像，高达2.61米，高度几乎是司母戊鼎的两倍；同时出土的还有一棵青铜神树，更是高达3.96米，约为司母戊鼎高度的三倍。只是我手头没有找到它们重量的数据，不能与司母戊鼎加以比较。但不管怎样，再说司母戊鼎是商代最大的青铜器，恐怕前面要加上一串定语才行了。像著名历史学家周谷城给司母戊鼎的题词就比较到位，他题的是：青铜时代第一鼎。

可话又说回来，永乐大钟也好，三星堆青铜立人像、青铜神树也罢，这些名声在外的青铜器想要超过司母戊鼎在中国人心中的地位，难度却是非常大的。因为司母戊鼎的知名度，在于它的大，在于它的重，更在于它负载的历史内涵，更在于它散发的古代文化意蕴，更在于它的科技含量，更在于它的审美特性……从这些意义来说，司母戊鼎和它所代表的中华文明，不是比大小、论高低、拼吨位、计斤两所能分出冠亚军的。形式固然重要，内质更显高贵，人如此，器亦如此。

周谷城题词

相关链接

司母戊鼎"回乡省亲"的条件

2005年,为配合殷墟申报世界文化遗产项目,安阳市与国家博物馆签订协议,举办司母戊鼎"回家迎亲"3个月的活动。为确保大鼎安全,对其实施的文物保护措施如下:

陈列温度18~20℃,相对湿度不高于40%,灯光外置;展期结束,须在一周内归还,每延期一日,应支付1万元违约金;发生文物灭失、被盗或毁坏,赔偿美金1.5亿元,并承担相应法律责任;文物被损坏,承担全部修复费用;运输者要具有专门珍品文物运输资质并有文物内外运经验;装载箱子均防震防潮;包装材料经过无毒害、虫害、化学气体处理;由交警、特警、武警等组成多人武装押运队伍;由4辆警车护卫;车速限制在每小时60~80公里等。

鼎是中国符号

作为中国国家博物馆镇馆之宝的司母戊鼎，是一件纯中国式的文物，说它是中国历史文化符号的代表也不为过。

鼎，原本只是一种熬煮谷物肉食的日常生活用陶器，最早出现于史前社会的黄河中下游以及长江中下游地区。这两大地区我们今天一般会称之为中国的中东部地区，如果放到更大的中国地理空间来看，基本上也可以看作是中国的东部地区。说到东部地区，就很容易让我们想到地理学界的"胡焕庸线"。

"胡焕庸线"是地理学家胡焕庸提出的一条我国人口分布疏密的对比线，它北起黑龙江瑷珲，向西南延伸直至云南腾冲，即将大兴安岭、太行山至云贵高原一线作为中国东部和西部的分界。这条线把我国分为西北和东南两部分，线的东南侧，土地只占整个国土面积的36%，人口却是全国的96%；线的西北侧，情况则完全相反。苏秉琦先生受裴文中先生1947年发表的《中国古代陶鬲及陶鼎之研究》一文中陶鬲和陶鼎的特点和演变趋势的启发，创造性地将中国史前时期西部和东部的人地关系，分别以"面向内陆"和"面向海洋"两个文化区块名之。此二者的代表性器物中，前者以鬲概之，后者以鼎括之，这便是中国文明起源和形成过程中，西部和东部文化大局的器物观。

东部地区的鼎后来被塑造成一种非实用性的礼器，逐渐弃陶改铜。进入夏商周三代以后，铜鼎更是达到了登峰造极的程度，成为政治和权力的载体，成为国家王朝的象征，成为定鼎天下的符号。

陶鬲　　　　　　　　　　　　陶鼎

相关链接

鼎是鼎　鬲是鬲

　　鼎的造型与鬲相似，都是三足。但两者内部结构不同，鼎是三个实心足，鬲是三个空心足。同样作为中国传统文化的代表性器物，鬲的传播范围不太大，传播时限也不长。这主要是因为鬲始终都是实用性的炊器，形态随着炊爨方式的变化而改变，特别是东周时代灶台发展起来后，鬲的三足逐渐退化，最后演变成了便于在灶台上使用的圜底釜，釜又演变成了现代的锅。而鼎功能却转换成了礼器，传承至今，造型不变。鬲之变，因于技术更新；鼎不变，缘于文化传承。

　　最能表现这一程度的就是屡见于文献记载的"列鼎制度"。作为象征权力和等级制度的标志，用鼎数量的多少和以鼎为中心的器物组合方式，至少在商代就已经出现，如鼎与簋的成套组合等。到了西周时代，礼制发达，宗法制度严格，表现等级高低的列鼎制度更加完善，即所谓天子用九鼎，诸侯用七鼎，卿大夫用五鼎，士用三鼎或一鼎，均为奇数。一般来说，列鼎制度中鼎的形态是一样的，但体量大小依次递减，簋亦然，但都是偶数。如九鼎配八簋，七鼎配六簋，以此类推。鼎就是这样被簋烘托着，把礼乐制度推向了极致，用以"明尊卑，别上下"。

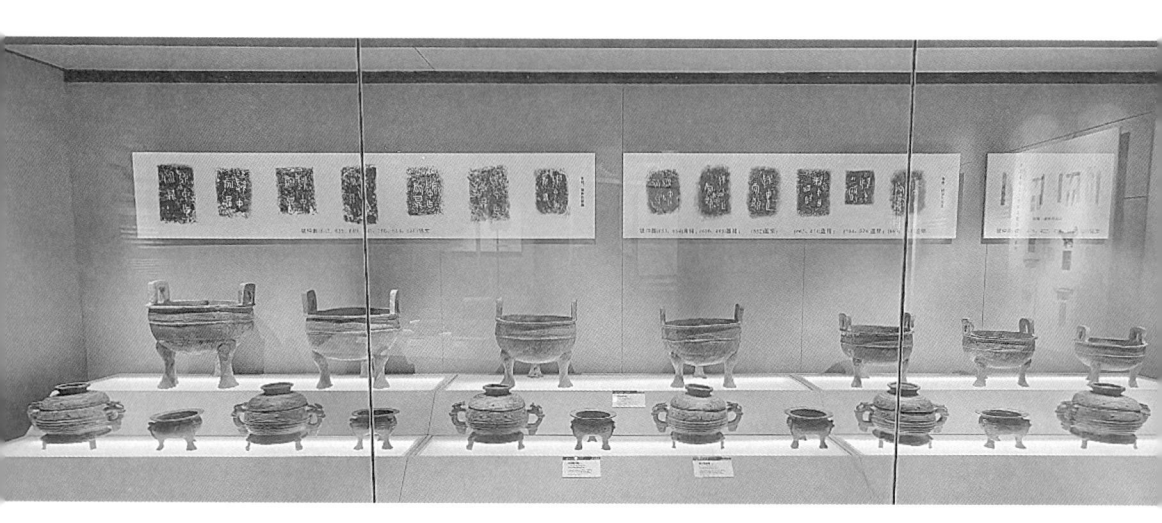

河南虢国墓地出土虢季铜列鼎和列簋

在先秦诸子的笔下，鼎往往被当作上古圣王乃至国家社稷的化身，成为诸子先贤劝诫国君效法圣王、奉行王道的有形依据。"黄帝作宝鼎""禹铸九鼎"，直接把我国先秦历史中的政权兴替、国运转换与鼎密切联系在了一起。"权鼎""定鼎"更是代表了先秦时期立邦拥国、万民臣服的终极理想，它所承载的特定的政治使命，到后来还作为一种集体记忆被写入正史。

所谓"禹铸九鼎"的传说，说的是从大禹开始，夏商周三代皆奉九鼎为传国之宝，得国便得鼎，失国则失鼎，鼎成了国家存亡的标志。战国时，周王式微，礼崩乐坏，僭越昔日礼制的现象频生，诸侯卿大夫也开始使用最高等级的九鼎八簋，如曾侯、卫侯等都是如此。日渐强盛的秦、楚等大国，甚至皆欲取而代之，兴师问鼎。其中，最著名的莫过于《左传》宣公三年所记载的"楚王问鼎"一事：

> 楚子伐陆浑之戎，遂至于雒，观兵于周疆。定王使王孙满劳楚子。楚子问鼎之大小轻重焉。对曰："在德不在鼎。……周德虽衰，天命未改。鼎之轻重，未可问也。"

宣公三年是周定王元年（公元前606年），楚庄王用兵征伐陆浑的戎人，军队开到周都洛邑附近，陈兵洛水，炫耀武力，向周王朝示威，大有取而代之之意。周定王不得不派大臣王孙满前去犒劳楚军，没想到楚子竟向他问起了作为周王朝王权象征的九鼎的大小和轻重。对于这种极不礼貌的行为，王孙满当即予以反驳，他毫不客气地说："鼎之轻重，未可问也。"楚王问鼎，有取而代之之意，足见鼎的权威和神圣性。后来，秦攻西周，取九鼎入秦，传说其中一只鼎沉于泗水，只剩下八只。后世的人们牢牢地记住了这一段历史，遂称图谋王位为问鼎。

泗水捞鼎画像石

到秦始皇统一天下时，得国得鼎的观念开始淡漠，传国宝器的作用也不再非凡无比。汉代前夕，楚霸王项羽到咸阳，只收秦国"贷宝"而再未提及九鼎。汉代随着宗法奴隶制社会制度的解体，用鼎制度日趋式微。但受黄老道家学说的影响，统治者宣扬所谓"天人合一""天人感应"，以及谶纬迷信盛行，地下出土的古物便被当作上天嘉勉当朝皇帝的瑞应，成为统治者粉饰太平的工具。

一般常被人提到的是《汉书》记载的汉代发现宝鼎，并因此而改年号的故事。

据《汉书·郊祀志》载，汉元狩六年（公元前117年），山西汾阴（今山西万荣县）发现了一只宝鼎，被视为祥瑞之兆，铜鼎被陈放到宗庙，"以合明应"。汉武帝听从大臣们的建议，从这一年起，改年号为"元鼎"元年。这一方面说明，时至汉代，鼎这种夏商周三代的传国重器，作为礼器而象征帝王统治权力的作用已逐渐淡化；另一方面据此可知，在封建王朝前期人们曾把象征王权的鼎的出土，看作是一种祥瑞的征兆，寄托了祈求国泰民安的愿望。

此类记载充斥着史籍，甚至在正史当中，还专门辟出《符瑞志》《祥瑞志》等篇章，以载其详。不过，当时也有有识之士质疑这类"瑞应说"，如张敞。据《汉书·郊祀志》载，汉宣帝时，美阳县（今陕西扶风县）出土铜鼎，有人建议效法元鼎元年故事，将鼎存放于太庙。时任京兆尹的张敞研读了鼎上的铭文，报告说这个鼎只不过是周朝的一个名叫尸臣的人所作的一件纪念品，没有什么祥瑞可言，宣帝只好作罢，张敞也由此可以算作历史上对出土古物铭文进行正确解读的第一人了。及至《晋书》之记载，"自皇晋失统，神器南移，群雄岳峙，人怀问鼎"，说明得国须得鼎的古制早已成为遥远的故事了。钟鸣鼎食的礼乐制度至此已浓缩成一缕历史的记忆，一同消失的还有那些喧闹的场面。也许繁华的景象还可以模仿、复制，但维持礼仪的激情却早已烟消云散了。

由此可见，一个"鼎"字，简直就是一部中国政治、经济、文化发展史。从古代"得鼎得国"到现代社会保留有大量由鼎组成的用语，鼎的象征性政治作用或纪念意义仍不乏其见，鼎实在是可以做成专学并出专书的。而实际上，鼎文化又哪里仅仅是学术课题，含鼎的词汇还经常见诸现代人的文章或实际生活里，具有相当实用的价值。偶尔遇到用错的地方，还会有人出来纠正。

我还记得，早在2006年的上海《新民晚报》上，就有一篇题为《鼎足而立》的文章。不过纠偏者好像文物考古板凳坐得深度不够，没太说明白，用典也出了毛病，这也成为当代鼎文化的一部分了。那位作者是这样写的：

"鼎立""鼎足而立"，是人们在写作中经常要用到的，但对它的确切含义，有些人却并不是很明白，以致在使用中会出现一些差错。

要了解这两个词，先要知道"鼎"的意思。鼎是我国古代的一种盛器，它基本上是用青铜制成，盛行于商周时期，主要用作礼器和烹饪、盛装食品，至汉代仍见流行，但已出现大量的陶鼎，并被用于随葬。在以后的朝代，随着生活用品原材料的广泛开发，鼎的用途开始减少，今天已只能在博物馆里见到。鼎的基本形状是三足两耳，也有方形四足的，但我们今天说的鼎，主要是指三足两耳的。

"鼎立""鼎足而立"中的"鼎"，都是指三足的鼎，用来表示三个方面并立在一起的局面。明白了这个道理，我们就知道，像下面这些句子中的"鼎立""鼎足而立"，都是用得不对的：

（1）借城区交通改造的东风，不久的将来景德镇将出现四个大型陶瓷城鼎立的局面。（2）沪上酒店业国有、外资鼎足而立的局面，将会出现改变。

第一句中已经言明是"四个"，第二句中只有"国有"与"外资"两个方面，这都不合"鼎立"与"鼎足而立"在使用中的要求。第一句可以把"鼎立"改成"比肩而立"之类，第二句可以把"鼎足而立"改成"两分天下"之类。

我后来发现，作者有关鼎的资料可能源自《辞海》"鼎"字词条："古代炊器。多用青铜制成。圆形，三足两耳；也有长方四足的。盛行于商周时期，汉代仍流行。东周和汉代常有用陶鼎作为随葬的明器。"

作者的问题在于，他对《辞海》中虽有小误但无大错的词条内容，加入了自己的推理演绎，结果有点时空错位、器物源流错乱了。我看后给该报编辑写去一篇《从"革故鼎新"想到的》短文，对其中的误解予以校正。底稿还在，也不太长，正好可以用在本书这段说到鼎的地方：

4月下旬，胡锦涛主席在耶鲁大学发表演讲时，用到了"革故鼎新"这个成语，由此想到了4月8日贵报刊发的《鼎足而立》一文。该文通过对古鼎的解读，指出了社会上使用该词的常见错误实例，但对这种古器的具体解读多有误舛，故补正如下：

首先，鼎既不是该文说的"基本上是用青铜制成，盛行于商周时期"。也不是"至汉代仍见流行，但已出现大量的陶鼎，并被用于随葬"。考古事实是，最早的鼎都是陶制的，出现在距今六千年前后的新石器时代中期。到了距今三千年前后的商周时代，鼎由最初的炊爨之器，进一步转化为"钟鸣鼎食"的礼仪用器。并随着金属的发明，铜制鼎大量增多，成为政治权力的载体，王朝统治的象征。时至距今约两千年前的汉代陶鼎，也大多是铜鼎的仿制品，随葬时作为冥器。

其次，该文"在以后的朝代，随着生活用品原材料的广泛开发，鼎的用途开始减少，今天已只能在博物馆里见到"的说法，也不全面。据笔者研究所知，秦汉以后，各代也每有铸鼎之俗，延而不衰。时至现代，鼎虽然多成了寺庙香炉，但仍属宗教用器，而且鼎的象征性政治作用或纪念意义也不乏其见。举例来说，

20世纪90年代，我国还将鼎作为国礼赠送联合国，以纪念这一世界性组织成立五十周年。1997年香港回归祖国，就有不少以回归为题材的鼎制品应运而生，如上海设计铸造的"炎黄九九宝鼎"，现在还耸立在北京中国国家博物馆广场上。

顺便要提到的是，鼎的诞生还与江南不无关系，例如在上海青浦崧泽遗址的马家浜文化和崧泽文化堆积中，都有鼎的发现，因此考古学上说的鼎的故乡在太湖，其中至少也包括了上海先民的功劳。

总之，自鼎诞生六千年来，它大体经历了实用性——礼用性——象征性与纪念性三个阶段，各历时两千年左右。鼎有一个被神化的过程，其间所产生的"禹铸九鼎""得国得鼎""天子九鼎""权倾于鼎""定鼎中原"等广为流传的用语，都反映出鼎的生命力，已经渗透到中国的政治、经济和文化活

动中。

其实，鼎还有更新气象之意，《周易》就说："鼎，取新也。"所以，胡锦涛主席在耶鲁大学演讲中，就用了"革故鼎新"这个成语，来形容中华文明历来注重自强不息的进取精神。换句话说，鼎作为中国特有的器物，不但早已是古代中国符号，更是现代中国的元素。

篇末议题

1. 中国评定文物价值的标准是历史、艺术和科学三项。西方的文物价值一般有四项，即经济、审美、象征和信息。除经济一项外，大体中西方已有共识。中国是不是也要引入经济价值，作为评定文物等级的新一项标准呢？

2. 并不是所有的出土文物都具有等级评定价值，但在了解古代人类的生存和社会历史的发展上，却能显示出非同寻常的意义。你怎么看这样的价值？换言之，一旦有可能，你会收藏这样的文物么？

3. 文物修复的标准不是修旧如新，而是修旧如旧。但这里有个非技术性的问题：修旧如旧是多旧？比如故宫，是修成明朝时的样式？还是修成清朝时的样式呢？还是明朝的修成明朝的，清朝的修成清朝的呢？你去故宫参观时能辨识出来么？

捌

考古改写了多少历史

历史已逝，考古学使他复活。

——中国考古学会前理事长苏秉琦

胡子考古惹了谁

上海《文汇报》在2004年3月曾刊登过一篇《鲁迅的胡子和漫画》的文章，讲漫画这样的艺术形式，也要尊重真实，不能夸张到失真程度的道理。文章立意不错，但问题在于拿考古说事，还顺带捎上了老漫画家华君武先生，简单摘录如下：

记得华君武绘有一幅漫画，讽刺考古学家考证李自成的胡子是往上翘还是朝下垂的。李自成的起义自当是历史学家关注之所在，不关注农民革命的种种，而关注其领袖人物的胡子，理当讽刺。其实早在18世纪，孟德斯鸠就已经在《波斯人信札》中讽刺过这种无聊，无奈历史学家中仍不乏这类现象，譬如三十年前就有权威人士"研究"杜甫嗜酒不亚于李白云云。

但是最近见到一幅《鲁迅先生漫像》，却不由我想起华君武的这幅画了，觉得胡子也并非不该"考证"的。漫像画的鲁迅，有着浓浓的胡子，八字式，很威武的样子。……于是，我忽又醒悟过来：原来漫画并不能随心所欲，"漫"无准则的。也还是那句老话，艺术以至漫画的生命在真实。

华君武漫画

如此看来，胡子于考古学家固然毋须注意，而于画家，却必须重视。

明眼人一看就知道，这是一篇自相矛盾、思维僵化的杂文。

华君武和孟德斯鸠在特定的社会历史形态下的"讽刺"，是否情有可原，另当别论。问题是在考古学已经发展到理当研究胡子的今日，作者仍征用名人旧例说事，实在是把时过境迁的误识当作圭臬了，闹了个考古门外汉的学术笑话不说，还反映出作者逻辑不缜——同样是历史名人，为何鲁迅的胡子如此重要，李自成的胡子就无关紧要？为何鲁迅的胡子不能失真，李自成的胡子就"毋须注意"？

从远往近说，20世纪60年代初，著名学者王力和沈从文先生就曾在中国古代文化史的层次上，讨论过古人的胡子问题。他们最后取得的共识是，胡子虽平常小事，无当大道，但引征不当，却易致错误。这个半世纪前的戒示，到了前些年还因电视连续剧《汉武大帝》中受过宫刑的司马迁一直留着胡子的问题，引发了"口水战"。最后制片人只好出面解释，说人们对太监没胡子的印象来自明清史书，那时的太监从小去势，没有完整地发育过；而司马迁是成年后受的宫刑，胡子是否会脱落并无记载。这话说得似乎不无道理，但是否符合人的生理代谢功能，还要医学来论证。反正观众乃至专家还是不依不饶，说台词是可以灵活机变的，在胡子问题上应该虚心承认错误。

回过头来，再说考古该不该研究胡子。考古不研究胡子，不免会失去考察古人审美和生理特征的细节；考古不研究胡子，还不免失去提取古代社会风俗、社交礼仪甚至等级制度的信息。中国历史上五胡十六国时期，诸多胡族纷争激烈，甚至还发生过见到鼻梁高、胡子多的人便格杀勿论的事情。埃及第十八王朝法老图坦卡蒙去世时不到二十岁，但要给他戴上细长的假胡子，以象征他的国王地位和高贵身份。俄国彼得大帝立志改革，下令俄国男人都必须剃掉胡子，违背者罚以重金。对此普希金曾评价说：彼得一世时代的俄国，宛如一艘新下水的军舰进入了欧洲强国的行列。可见，胡子还涉及民族生存和国家出路问题。

而今，当代考古学也已发展到以复原古代人类生活方式和历史文化进程的研究阶段，在小小一根须发上，都可以通过分子考古学手段提取到古人的DNA信息，另辟蹊径地解决古今人类的起源、家系、遗传、病理乃至族群迁徙等学术热点课题。由此，人类的进化历史才丰满，社会的发展进程才详实，生活的演化方式才清晰。凡此等等，胡须之问，何以不可近思呢？为何无须解惑呢？答案已不言自明。

留有各种胡须的秦陵兵马俑

撮举一例，意思是说，讨论历史上的大事件和小细节是学科的领域和发展决定的，既不应讽刺，也不是无聊。"如此看来，胡子于考古学家固然毋须注意，而于画家，却必须重视"之类话语，可以休矣。该作者说历史学家应该关注农民革命这样的大事情，这倒是提醒我们不由思考，历史也好，考古也好，归根结底应该研究什么呢？譬如本篇题目"考古改写了多少历史"中的历史，指的是历史大事件还是生活小细节呢？而"改写"二字，又该作何解呢？

客观历史是没有办法也不可能改写的，它是真实发生过的一切，不以人的意志为转移，也不随时间的流逝而改变。古人的活动没有遗留下全部的遗存，我们既不可能穿越时间隧道，重返历史时刻，也不可能了解到历史上发生过的所有事件和人物。当见证历史的人全都不在时，历史也就慢慢变得含糊不清，甚至于被轻视，被遗忘。因此就有了人类记录下来的部分历史，这种历史是带有记录者自身价值取向并对史料进行过加工或取舍的，主观色彩很浓。我们今天看到的历史，大部分是这类历史。晚近一些的，发生较迟，情况略好，例如辛亥革命，当时的建筑犹在，遗物也多有收藏，重要档案收录在册、保管有序，当事者的嫡传后人没出几代，口述记忆存真，这就容易使记载接近真实。可越到早期，记载的真实性就越值得怀疑。溯源到几千年前的三皇五帝，连太史公都心有余而力不足，感到了文献不足征的困难，无法作出绝对的论断。司马迁等古代严谨的历史学者，认为秦汉之前"上古事茫昧无稽"，多对此存而不论，仅仅作很模糊的简单介绍，想象和推演的成分极少。

这种历史是先人写出来流传给后人的，后人很显然也有理由"改写"先人认知的不足，犹如我们的后人也会更新我们现有认识中受局限的部分。根据什么来改写？不外乎两个途径，一个是爬梳现有历史文献，通过新的研究成果来改写，历史学家穷经皓首、青灯黄卷，做的就是这个活计；另一个是发掘出新遗存，通过新的发现成果来改写，考古学家面朝黄土、动手动脚，干的就是这个差事。

例如曹操，我在2009年本书初版时，曾经写了这么一段话：

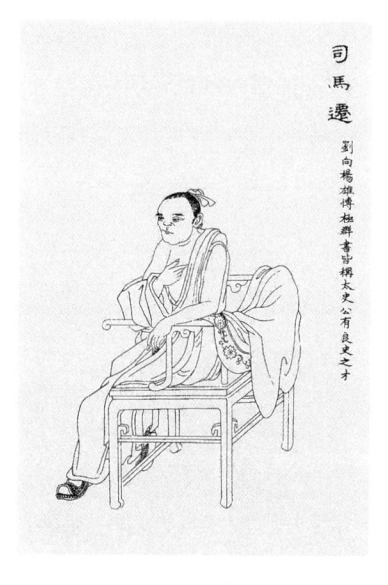

司马迁像

我们完全可以根据新理解，把这个所谓的"白脸奸臣"改写成现代认识水平上的"红脸枭雄"。再过若干年，我们的后代又可以根据新知，再把他改写成土脸、花脸、侧脸、正脸甚至神采奕奕、红光满面，给他翻案，为他正名，洗尽一切污蔑不实之词，还他一个历史清白。如果还有幸发现他的遗存，又找出了新的史料，也就有可能揭穿他的"七十二疑冢"之谜。或者情况完全相反，不利于他的证据越找越多，件件属实，字字确凿，那就把他打翻在地，再踏上一万只脚，叫他永世不得翻身……历史从某种角度而言就是根据人类阶段性的认识能力来"任人打扮"的，所以旅美史家许倬云说："历史学家有作判断的使命,而且这个判断是依据个人的主观作出来的。"

也许是某种暗合吧,就在《考古不是挖宝》一书出版后翌年,即2010年,河南考古还真的发现了疑似曹操墓。这一考古发现轰动一时,街谈巷议,出现了前所未有的、几乎是全民关注的社会文化现象。这次增订本书,本想接续在此,延展开来。岂料收集资料,方知要说的太多,只好另辟文字,写出"如果曹操墓没有被盗"一节,权且给诸君作拓展阅读来看了。

中国考古学会前理事长张忠培先生说"以物论史,透物见人,替死人说话,把死人说活",道出了考古学家发现和研究考古遗存的任务与目标。用考古成果来"改写"历史记载,就是所要实现的目标和任务之一。我们这里之所以提问考古究竟改写了多少历史,也正是因为无数的考古新发现,确实改变了我们原先对历史的认知,甚至有些还颠覆了已成定论的历史规律。

历史不知道,历史学也无法预料,考古的发掘将带给历史学多少担心、焦虑、紧张、烦恼和希望。历史学家葛兆光的感慨就体现了这一点:"近来的考古发现常常使我们感到冲击和震撼。这是因为,我们心中过去凭借文献传说形成的固定的古代生活与思想图景,在考古发现中突然不对了,习惯知识的失效,导致心理上一种慌乱,这就是冲击和震撼,一半是惊讶,一半是惊喜。"这就是说,考古发现不但改写了一部分历史,同时还改变了我们对自己的认识。

考古,让我们再度定位自己,重新审视你我。有了考古学家的工作,历史对于人们来说,就不是现在的片段,而是段段相接,绵延至遥远的亘古。考古中发现的一些细节,更能拉近古人与今人的距离。在湖南里耶秦简中一枚乘法"九九口诀表"简牍的背后,有一些古怪的符号,经过谨慎的研究并确认,这可能是一个秦朝小孩上课走神时的涂鸦之作。看到这里,有过上课走神经历的你我,是不是会会心一笑?抚摸竹简上那漫不经心的刻痕,我们似乎看到了两千多年前一个令人恹恹欲睡的下午,喋喋不休的老师实在让人提不起兴趣,一个小孩趁老师不注意,翻过简牍在背面胡乱刻画了两笔。透过小小的竹简,古人就那么立体、鲜

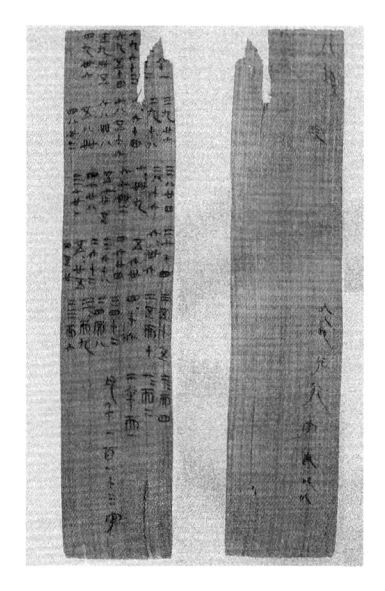

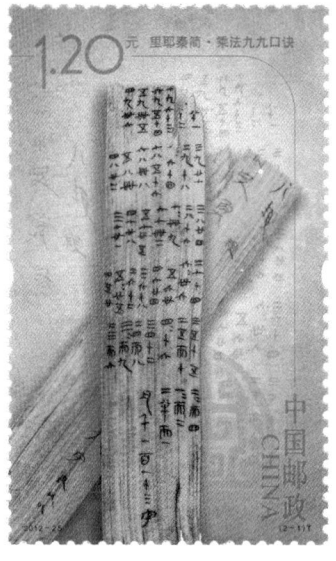

"九九口诀表"秦简　　　　　　国家发行特种邮票

活地站在了我们面前，挥之不去，闪回不断。

写到这里，再上个有趣的花絮。2023年年底，央视网在四川绵阳举办"2023，一起阅过"年度阅读盛典，拙作《考古真好》一书有幸上榜。央视主持人康辉在推介环节，就选中了里耶秦简考古发现一节，来介绍、解读我的新书。足见历史的细节，不仅会让历史活起来，还能让当代的文化传播，与遥远的过去对上眼神。

相关链接

里耶秦简的价值

里耶位于湖南省湘西土家族苗族自治州龙山县，2002年6月在一口古井中发现了秦代简牍36 000余枚，按保守估计，字数在20万至30万字之间，内容涉及秦时的政治、交通、军事、文书制度等。

里耶秦代简牍出土数量之多，在我国考古历史上还是第一次。在此之前发现的秦简，有湖北云梦秦简1155枚、甘肃天水秦简460枚、湖北龙岗简牍284枚、湖北荆州王家台秦简800余枚等。历次出土的秦简总数也不超过4000枚，尚不及此次里耶发现的秦简数量的九分之一。

以故宫博物院前院长、后来荣膺中国考古学会理事长的张忠培先生为首的国家文物局考古专家组认为，里耶秦简的考古价值可以和殷墟甲骨、敦煌文书相媲美，是刚刚进入的21世纪之际，我国最重大的考古发现，2012年中国邮政还为此专门发行了一套邮票。

迄今为止，考古发现所"改写"的历史，已经可以分门别类细细品说了。实际上，考古发现至少还在以下三个方面，证实了历史，订正了历史，补写了历史。

中国20世纪100项考古大发现中，以最多票当选的"河南安阳殷墟商代晚期都城遗址的勘探与发掘"，不但因早年王国维等对甲骨文的考证，证实了司马迁等史学家记载的商王世系的可靠程度，还通过考古发现的王陵区大墓、青铜器和玉器、大型宫殿等，证实了司马迁记载的商代是确确凿凿的信史。

殷墟考古证实了文献记载的商代历史，填补了众多文献阙如的商史空白，特别是那些眼见为实的出土遗迹和遗物，使商代社会生活的诸多细节得以再现。像都城规划与布局、宫殿和墓葬的数量与规模、社会关系中的等级制度与表现形式、宗教礼仪体现的社会价值观、手工业产品的生产流程和技术水平、动植物群显示的环境景观与变迁等。在可预见的将来，随着殷墟考古这项从1928年就开始并创下中国持续时间最长纪录的考古工作的发展，重建商代国史肯定不再是遥不可及的梦想。

1976年，在陕西省临潼县一处周代窖藏中，出土了一件西周早期铜器——利簋。这件后来被文物考古界定为西周铜器断代的标准器，是周武王时一个名叫"利"的官员所作。这件簋不大，口径不过22厘米，高度也不过28厘米，可在簋内刻镂的4行32字铭文，却有着重大的价值。铭文大意是：周武王征伐商纣，在甲子日早晨，岁星正当其位，宜于征伐，因而很快就占有了商国。八天之后的辛未日，武王在一个师旅驻地，把铜赏赐给官职为"有司"的利。利为了纪念他的先人，用铜作了这件宝器。铭文中的甲子纪时，证实了周代文献《世俘》《牧誓》等对"武王伐纣"灭商这一古代中国改朝换代事件的记载。

商周以降，考古上能实证重大历史事件的发现实在是少之又少。即便像备受西方推崇、令国人自豪的秦兵马俑考古发现，也已经过去50年了。可比起文献记载来，秦陵考古对我们研究的秦代历史，到底有多大的推动作用呢？

利簋及其铭文拓片

不可否认，自秦兵马俑发现后，秦始皇陵园考古的新发现接连不断：陵园东侧发现了百余座马厩陪葬坑，17座陪葬墓；陵园西侧发现了30多座珍禽异兽陪葬坑，1座曲尺形马厩陪葬坑和60多座小型墓坑；10乘大型彩绘铜车马、木车马则位于地宫之西、原封土之下；近年来又在秦始皇陵北发现了1座较大的动物陪葬坑，在东部内外城垣之间发现了铠甲坑、百戏俑坑……《史记·秦始皇本纪》中有地宫"穿三泉，下铜而致椁，宫观、百官、奇器珍怪徙臧满之。

令匠作机弩矢，有所穿近者辄射之。以水银为百川、江河大海，机相灌输，上具天文，下具地理。以人鱼膏为烛，度不灭者久之"的记载，使各学科专家以此为线索，努力寻找揭开秦陵地宫之谜的种种蛛丝马迹。他们运用考古遥感与地球物理技术，经过反复测试和钻探，证实了司马迁记载的地宫确实在封土堆下，距离地平面35米深，东西长170米，南北宽145米，主体和墓室均呈矩形，墓室位于地宫中央，高15米，大小相当于一个标准足球场。他们还证实秦陵封土土壤样品中出现"汞异常"，而其他地方的土壤样品几乎没有汞含量。秦始皇以水银为江河大海的目的，不单是为了营造恢宏的自然景观，在地宫中弥漫的汞气体还可使入葬的尸体和随葬品保持长久不腐；同时汞是剧毒物质，还可毒死盗墓者。

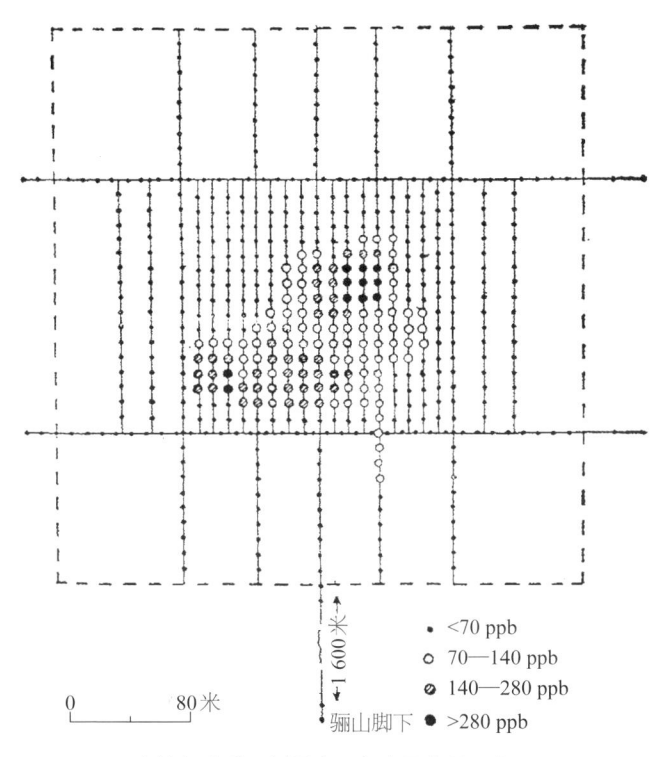

秦始皇陵采土测汞点及各点汞含量示意图

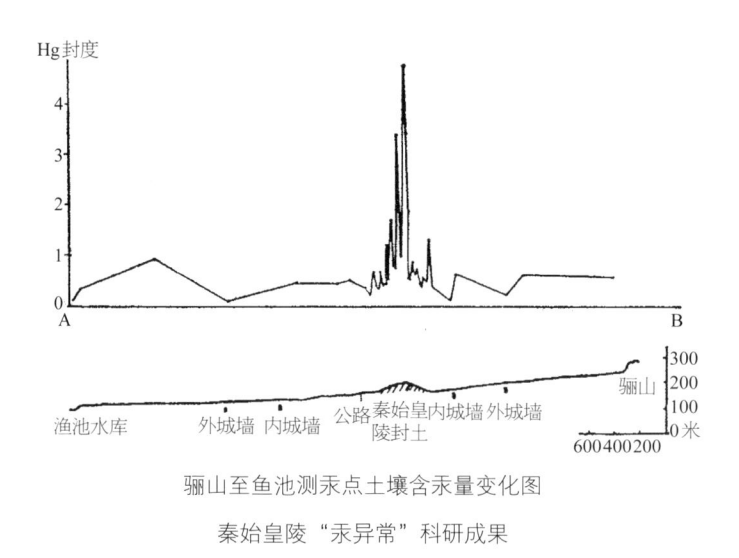

骊山至鱼池测汞点土壤含汞量变化图
秦始皇陵"汞异常"科研成果

历史学家葛剑雄在《什么是历史学》一书中，辩证地说明过秦兵马俑考古发现与历史研究的关系：

> 对秦始皇陵墓，尽管我们可以从《史记·秦始皇本纪》中看到相关的记载，但无论司马迁写得多么生动、多么准确，在没有看到秦始皇陵之前总不会有一个真实的印象和概念。但看到了秦始皇陵，尽管它已经经历了多年的风雨，还不难想象当年的浩大工程和奢华程度。秦兵马俑的发现和发掘，更为我们解开了不少难解之谜，使我们对秦朝的政治、军事、经济、文化和社会生活有了更具体的了解。

学术上如此，在社会文化生活中，没有哪个考古发现能取得像秦俑那样的文化效益。在国内，一提到秦俑就会想到陕西，秦始皇帝陵博物院开发的秦俑象棋，已成为陕西省政府馈赠贵宾的礼品；在国外，一看到秦俑就会想到中国，早年一位挪威艺术家的做法更是带有解构性，她创作出了怀孕的兵马俑。同样也没有哪种文物获得像秦俑那样的经济效益，秦始皇帝陵博物院商标早已被西安工商行政管理部门认定为西安市著名商标,但滥用的现象却不胜枚举:兵马俑牌皮衣、香烟、白酒、糖果、水泥、地板砖、保险柜、防盗门等。更过分的是商业广告还泛用兵马俑的形象,如兵马俑挟一桶油漆,兵马俑化彩妆,兵马俑张开大嘴歌唱等。这使得新出台的《秦陵保护条例》中不得不规定:秦陵、秦俑的名称、形象受法律保护,禁止任何人歪曲、丑化和滥用。

尽管学者如此肯定,尽管社会效益和经济效益明显,尽管考古学家对秦陵的勘探的确使我们接近了秦始皇陵的真相,尽管秦兵马俑的偶然发现也的确丰富了我们对秦代的认识,但这些都没有改写多少历史,而是印证了大部分司马迁的记载,或者说有了更多锦上添花的发现,仅此而已。但是,如果我们不只是从学术角度评价考古发现,而是从古为今用、推陈出新的当代视阈来看,中国已有的考古发现还真的没有哪一项能达到集所有历史、文化、社会、商业IP为一体的境地,只有秦兵马俑做到了,拥有最大化的文化自信感召力、民族自豪凝聚力、中国文化传播力、中华文明影响力。

说了誉满天下的秦兵马俑,再看看赫赫有名的秦阿房宫吧。

提起阿房宫,不能不提唐代大诗人杜牧。他在《阿房宫赋》中描绘了被项羽火烧前的阿房宫景观:"覆压三百余里,隔离天日。骊山北构而西折,直走咸阳。二川溶溶,流入宫墙。五步一楼,十步一阁;廊腰缦回,檐牙高啄;各抱地势,钩心斗角。"社会上有个现象,那就是文学作品在民间的影响力,往往高于历史文献。比如《三国志》和《三国演义》,人们更青睐后者,而无论历史是多么客观真实,哪怕文学作品如何虚构杜撰。《阿房宫赋》就是这样的作品,意创笔随,珠走玉盘,那么,历史上的阿房宫是否真如杜牧作品所描绘的那样呢?

相关链接

考古发现的阿房宫

阿房宫是秦始皇在统一全国后,集中力量在咸阳地区的渭河南岸修建的

> 朝宫，是规划中的都城中心，位于西安市以西13公里的渭河以南、与秦都咸阳城隔河相对的三桥镇一带。
>
> 《史记》上说秦始皇原来打算阿房宫建成后，再重新选择美好的名称定名，但随着秦二世而亡，阿房宫也随之湮灭。阿房宫前殿遗址现为一座庞大壮观的秦代建筑夯土台基，面积达54万平方米，1961年被列为全国第一批重点文物保护单位，但长期以来对其了解甚少。

从2002年起的两年里，阿房宫考古工作队经过密集勘探，基本搞清了阿房宫前殿遗址的范围和分布的遗迹，可是，却没有找到秦代宫殿屋顶上必不可少的建筑材料——瓦当，也没有找到秦代宫殿建筑的遗迹——墙、殿址、壁柱、明柱、柱础石及廊道和散水、窖穴、排水设施。考古提供给我们的全新认识是，阿房宫只建成了北墙、东墙和西墙，而主体前殿建筑尚未修成，也没有发现任何火烧痕迹。

其实，历史文献上早就明确记录了阿房宫没能建成的事情，司马迁《史记》说过，班固《汉书》上也讲过。阿房宫考古工作队的女考古队长李毓芳说，从修建时间上看，秦阿房宫不可能建成。《史记》载秦始皇三十五年，也就是公元前

阿房宫图卷

阿房宫前殿遗址钻探场景

212年，先作前殿阿房。三十七年七月秦始皇死于东巡途中。阿房宫的修建工作停止，全部人力调去修建陵墓。秦二世元年四月即公元前209年"复作阿房宫"。七月，陈胜、吴广起义。秦二世二年冬，因赋税、劳役繁重，民不聊生，纷纷揭竿而起，全国大乱，形势无法控制。左、右丞相和将军建议立即停止阿房宫的修建工程，然而秦二世并没有接受他们的建议，还把他们送交司法部门处理，结果右丞相冯去疾、将军冯劫自尽，左丞相李斯成了阶下囚。可见当时阿房宫并没有完工，工程还在继续进行。而公元前207年秦二世自尽，阿房宫的修建工作也就寿终正寝了。

这样，阿房宫的修建前后最多为四年时间。按《史记》中描述的阿房宫前殿的主殿"东西五百步，南北五十丈，上可以坐万人，下可以建五丈旗。周驰为阁道，自殿下直抵南山。表南山之巅以为阙"之宏伟规模，在短短的四年时间内是很难建成的。从当时的生产工具和运输工具来看，能把长1 270米、宽426米、面积54万平方米、高12米以上的阿房宫前殿夯土台基建成，就实属不易了。

杜牧用华丽的辞藻和文学的意境，把阿房宫描绘得实在太逼真了，逼真到人们宁可信其有的程度，就像不少人看了《三国演义》，便以为这是三国的实况一

捌 考古改写了多少历史

样。哪知道杜牧《阿房宫赋》中项羽火烧阿房宫的内容，纯属诗人想象之作，于史无据。历史实载、考古发现和诗人高度浪漫的描绘之间巨大的差距，让我们看到了两个版本的阿房宫，一个是心中的，一个是实在的；一个是虚拟的，一个是真实的；一个是蓝图上巍峨奇丽的宫阙，一个是有始无终的断壁残垣；一个是把项羽的怒发冲冠最大化的火烧阿房，一个是给项羽平冤昭雪的考古底线。

问题的答案至此已经明了，这就是阿房宫的考古结果，并没有出《史记》"阿房宫未成"实录之左右，只是又一次证实了司马迁版的无误和杜牧版的幻灭。也许，在后世最叫杜牧郁闷的可能有两件事，一件是他倾心杜撰的《阿房宫赋》被考古发现所颠覆；另一件是他描绘阿房宫的瑰丽词汇"钩心斗角"，被辗转流传为一个贬义成语，更不提气的是这么美好的新词，甚至后来又被演绎成了另一个贬义成语——"明争暗斗"！

世界上有两种文字是很不着边际，又很能反映人类智慧和想象的，一种是科幻作家对未来的想象，一种是文学家对远古的描绘。《阿房宫赋》便是杜牧对距他已千年之遥的历史事件的玄想。即便到了杜牧之后一千余年的今天，不少有关考古感悟的文字，依旧如同古人那样用尽描绘、形容、排比、寓意等手法，飘忽浪漫，云里雾间。这些按现代人的想法罗列出的一串串感性的词语，人读多了不禁感到，郁郁乎文哉，美美与共也。

世界上还有两种文字是很有边界感，很能反映人类求真性和科学性的，一种是历史学家对古代的记载，一种是考古学家对远古的记录。大多数情况下，历史学家对历史的记载是秉笔直书、忠于史实的，即便他们也会寓褒贬于字里行间，即便像司马迁《史记》没少用形容词类的用语，乃至有人说《史记》是文学体史书，但总体还称得上史书翘楚。相比较而言，考古就科学性得多了。考古调查常用"腿勤、手勤、眼勤、口勤、耳勤"作则，是用双腿走出来的发现，是用十指触摸到的发现，是用眼睛看出来的发现，是用嘴巴问出来的发现，是用耳朵听来的发现。考古发掘在国家文物局颁布的《田野考古工作规程》中，是坚持"考古发掘三原则"：依据土质、土色划分地层、遗迹等现象；由上及下、由晚及早地进行发掘；按单位归放遗物。这个发掘原则在中国田野考古发展过程中发挥了一定的指导作用。而调查发掘的这些古代遗存里有尸臭、有骨朽，有蚯蚓爬过、有蛤蟆跳过、有草蛇爬过也不奇怪，我们逝去的先人早就与它们为伍多年了，考古人也没少和它们打交道。考古时，地里能有的活物都能遇到，甚至我带队的复旦大学三峡考古队还抓到过被定为早年"非典"病毒源头的果子狸。这都是杜牧作为一个文学家难以想象的，而这在考古来说，则是事无巨细地获取复原古代社会历史信息的工作日常。

考古并未因证实了司马迁的记载而停止探索，也没必要为颠覆了杜牧的历史幻想而觥筹交错。道理很简单，因为史学和文学原本就不是一码事。历史之事实与文学之意象，各有其功效和职责，用近年流行的话说是两个赛道。记得有人说过，文学家的直觉在突破旧思维方面，比起受理论之网重重约束的史学家来说，能发挥意想不到的优势。另外，历史学的理论思维，要完全从意识形态教义的框架里摆脱出来也难。历史学家往往离不开"文以载道"的传统，无论是"载革命之道"还是"载改良之道"，历史学家往往会把历史人物不自觉地符号化，这就妨碍了人们突破旧有思维模式的努力。

其实考古发掘也不是文学和史学这两个领域的附庸和跟班，原本也用不着一门心思去验证什么，服务于谁，唯谁马首是瞻。只是事情赶在一起了，都牵连到考古研究的对象——遗存，就只好拢到一块说道说道。往大了说，也就是所谓的多学科之间的交叉碰撞。如果还能像北大李零先生讲他做考古梦那么潇洒——"一切为了好玩"，就是达人之境了。不过对于考古学家而言，说考古好玩既不太严谨，也不太严肃，因为当某一天考古直接面对生命个体的那一刻，谁都无法再超然世外——考古发掘的历史上的"长平之战"遗迹，就是这样的实例。

长平，位于今天山西省高平市境内。公元前262年，秦赵两国为争夺韩国之上党，在长平展开了战国史上规模最大的一场战争，结果秦军获胜，赵军战败。《史记》上说秦军以"秦卒死者过半"的惨重伤亡为代价，俘获了赵军四十万人。秦将白起恐赵卒覆乱，"乃挟诈而尽坑杀之，遗其小者二百四十人归赵"。《战国策》

等古书对人类历史上的这出残酷活埋情景的描写极尽渲染之能事:"流血成川,沸声若雷","露骸千步,积血三尺"。这种兼具历史散文特征的文献记载,不能不信也不可全信。

  这个被形容为"故自为童子,即知有长平"的古战场,在1995年正式发掘前,由于文物保护意识薄弱,大部分已经在当地百姓平整土地和挖掘房基的过程中遭到破坏。当考古学家们揭开尸骨坑上的地层后发现:当年埋葬战俘的尸骨坑的上部已被扰动,坑的现有深度只剩0.8米左右,当年坑底距离原来的地表深度,已不可知,给人的感觉是口大底小的形状。考古学家们还发现,所有的人骨都缺乏一定的排列秩序和分布规律,也没有层次可循,人头朝向更是东南西北都有,面向上下两侧均见,骨架有的俯身,有的侧身,有的仰身,特点是"杂乱无章,纵横相叠"。一句话,就是个名副其实的乱葬坑。考古学家们经过对约20平方米的小范围局部遗迹的仔细发掘后,获得了一组非常详细的数据:个体数量大约130个;没发现女性标本,皆男性;30岁死者超出三分之一,20岁以下死者甚少,45岁以上死者占一定比例,基本都是青壮年;平均身高170厘米左右;从人骨创伤和骨架排列看,有箭伤、砸痕、刃痕、骨折等,还有至少五分之一的个体头骨和躯体死前已经被分离异处,仅发现一例可能是双手被缚活埋而死的。

长平之战遗址一号尸骨坑

考古结果清楚地显示出，死者绝大部分是被杀后乱葬，几乎没有发现大规模活埋的证据——尽管目前仅清理了百余个个体，尽管这个局部的清理尚不能完全反映数十万死者的情况。但《史记》的记载显然已经不能再以一家之言，覆盖这个真实的考古发现了——除非所谓坑杀的定义古今并非一致，除非《史记》所说"坑杀"不是活埋的意思。换句客观一点的话说，"长平之战"尸骨坑的考古发现，应该是既证实了《史记》记载的这场战争结果的真实性，又纠正了这个记载中"坑杀"的历史结论。这还叫人联想到，历史教科书和《辞海》中"长平之战"的词条，会因为这个考古新成果而修订改写，估计也就是个时间问题了。

其实，考古新发现所能修正的辞书词条远远不止"长平之战"。像我们关于"文房四宝"中笔和纸的发明及流变等社会文化常识，恐怕也都会因为考古新出土的实物证据而得以匡正。

提到笔，就会使人想到蒙恬。这位修筑长城，率三十万大军击退匈奴，又被秦二世逼迫自杀的秦国名将，留给后人的不仅是他的赫赫战功，还有由他发明或改良了毛笔的文化记忆。《辞海》上的说法是，蒙恬"曾经改良过毛笔"。到底是不是这位将军发明了毛笔？如果不是，那他又是如何改良毛笔的呢？从古到今都没有人研究透彻，也没有文献记载清楚。

宋代的葛立方大概是最早说到"蒙恬造笔"的人之一，他在《韵语阳秋》中记载说，"蒙恬造笔，以狐狸毛为心，兔毛为副。心柱遒劲，锋铓调和，故难乏而易使"。由此可以看出，无论是蒙恬发明也好，改良也罢，都是根据多种兽毛的性能加以综合利用，在笔毫上采用了兼毫做法，使笔毫软硬兼备，刚柔相济，有芯有锋，长短并蓄，更加富有弹性，增强了书写效果。但蒙恬发明或改良的毛笔到底是什么样的呢？如果是发明，那就是在蒙恬以前没有毛笔；如果是改良，那么改良以前的毛笔是什么样的呢？又是由于什么缺陷才需要改良呢？

20世纪50年代，在湖南长沙左家公山和河南信阳长台关一号战国墓葬里，都出土了毛笔遗物。在考古新发现面前，所谓"蒙恬造笔"说不攻自破——蒙恬之前已有毛笔，表明蒙恬没有发明而至多只是改良了毛笔。左家公山的毛笔笔杆长

18.5厘米，笔毫长2.5厘米，直径0.4厘米；制法是将竹笔杆纳毫一端劈成数瓣，再夹入兔箭毫，然后用细线缠紧，再涂上可以使之牢固的漆。这支笔还配有竹制的笔套，管状，长23.5厘米，笔可以整支装入其中。而长台关墓里出土的笔又是另外一种样式，通长23.4厘米，笔毫长2.5厘米，杆径0.9厘米；制法是将笔毫围在竹笔杆一端的四周，再用细线捆缚扎紧，然后在其上髹漆，使之牢固耐用。

  这两种制笔方法，似乎是制笔的泛型阶段。也就是说，这一时期有各种各样的制笔纳毫方法，还没有形成定规。笔毫也多用单纯的兽毛制作，书写性能比较单一，显示出一定的原始性。蒙恬很可能就是在这种笔的基础上改良出新型毛笔的，用当下的流行词，该叫"升级版"或"2.0版"。最有代表性的是湖北云梦睡虎地出土的三支毛笔。其中一支笔杆长21厘米，竹质，直径0.4厘米，笔毫长2.5厘米，笔尾一端削尖，纳毫一端略粗并镂成空腔，笔毫可以插入空腔内。甘肃天水放马滩出土的秦笔还在纳毫的空腔外侧，也像战国那样用纤维丝物缠绕数道，用来加固笔毫与空腔连接处。这种毛笔的改良之处在于，首先是在笔杆的纳毫处挖出空腔，这样可以使笔毫和笔杆的连接更加牢固，同时还能够多蓄墨汁，增加了书写时运墨的连贯性；其次，就是上面所说兼毫的性能优点。这两种创新，在制笔的纳毫方式和笔毫的用料上，都进行了改造，较战国时期向前发展了一步，可

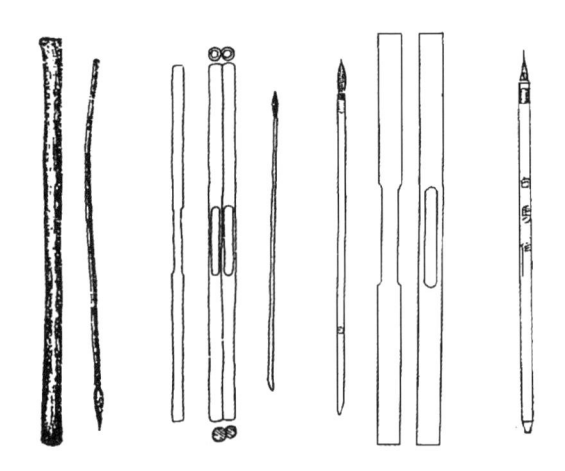

各式各样的古笔

称之为制笔的改型阶段。毛笔的改进自然会影响到字体，秦代通行的小篆书体所表现出来的流畅、挺拔、圆润等艺术特点，应该说与笔的改型不无关系。经过秦代的改造，汉代的毛笔已基本定型在这种空腔纳毫、笔锋兼毫的制法上，并一直发展到现在。

相关链接

早期毛笔三个发展阶段

	泛型阶段	改型阶段	定型阶段
东周时期	单毫、无空腔		
秦代		兼毫、空腔纳毫	
汉代			兼毫、空腔纳毫、工匠具名、装饰化

文献记载中没说明白的所谓"蒙恬造笔"，在考古发现下已变得清晰起来，换句话说，考古发现的毛笔实物彻底修正了古文献的记载。所以我不止一次看到过这样的说法，复原和研究历史时的底层逻辑是，有文物时文物为先，没有文物时文献为先，没有文献时口承传说为先，没有口承传说时民族学调查的资料也可以用作阐释的类比证据。可见，考古的实物资料在复原历史时的魁首地位。实际上，这些年，随着科技考古的发展，即便是出土的实物资料，也有了阐释解读时的优先级考量。比如一座墓葬里的两具遗骨，通过传统的体质人类学测量，可以鉴定出是一男一女或年龄大小，但这种物理表面显性观察的手段，却无法解决他和她是什么关系的问题，他们是夫妻还是兄妹？是姐弟还是父女？而通过化学内部隐性观察即使用分子生物学的技术，倒是很有可能得出他们是血缘关系或姻缘关系的结果来。在这种情况下，一件文物的信息就又被放量了，它能活化历史的价值

又大大增强了，如果我们的多学科交叉技术再进一步发展，实物资料所能继续提取出来或释放出来的历史信息，将是历史文献越来越无法比拟的了。

说到纸，说到历史学家用来记录历史的纸，也有一个像毛笔的发明那样历史记载被考古发现修正的过程。

东汉元兴元年，也就是公元105年，蔡伦"用树肤、麻头及敝布、鱼网以为纸"，向汉和帝献纸。自此，"蔡伦造纸"便连同纸的发明一样，被后世传颂了两千年。

但早在北宋时期，就有人提出纸不是蔡伦发明的。如陈槱《负暄野录》里说："盖纸，旧亦有之。特蔡伦善造尔，非创也。"这是说蔡伦在前人基础上，对造纸的原料和方法进行了改进。尽管不是发明，但蔡伦在纸发展史中的重要地位，是不容置疑的。纸正是因为蔡伦的改造，降低了成本，获得了皇家的认可，并就此推广提倡全社会使用，才逐渐开始普及。这就是史书上讲的"帝善其能，自是莫不从用焉，故天下咸称'蔡侯纸'"。

蔡伦之前已有纸张，这在东汉应劭的《风俗通义》中就有记录，说汉光武帝"车驾徙都洛阳，载素、简、纸经凡二千辆"。明眼人不难看出，汉光武帝所处的年代早于蔡伦近百年之多。

在考古中，最早是1933年在新疆罗布淖尔汉代烽燧遗址，发现了一片西汉宣帝时的白色麻纸残片。后来又有一些西汉纸在甘肃天水放马滩、敦煌悬泉置和马圈湾、武威旱滩坡、陕西西安灞桥和扶风中颜、内蒙古额济纳旗居延等地出土。已发现的大部分西汉纸，都夹带有许多未松散开的纤维团，像丝絮纸。这种纸制作粗糙，组织松散，纸浆分布不匀，表面也不光滑，因此不太适用于书墨，多作日常杂用，如包裹易损物品，或用来垫衬器物等，悬泉纸中有些还是包药用的。另外，个别纸的年代和纸性颇值得怀疑。例如灞桥纸，是从被推土机破坏后的汉墓中发现的，出土位置和确切年代都有疑点。据说发现者当时并非专业考古工作者，他是将坛子里的麻絮状物放在玻璃下压平的。当然，指出个别西汉纸存在的问题，并不意味着否定"西汉时期已经出现纸"的定论。

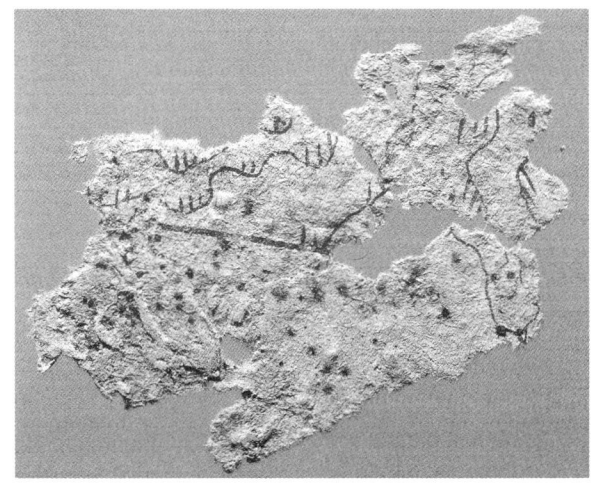

甘肃天水放马滩纸

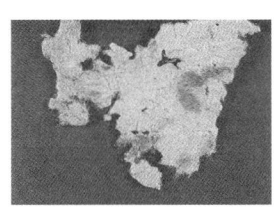

甘肃金塔肩水金关纸

甘肃敦煌马圈湾纸

西汉纸

相关链接

放马滩纸地图

  1986年甘肃天水放马滩五号墓出土的西汉纸，最大残长8厘米。大麻原料，纸面平整、光滑，结构紧密，表面有细纤维渣，技术比较原始。纸上用墨线绘山、川、路等，是世界上最早的古地图。

  这里想要强调的是：首先，即使西汉时期已经发明了纸，那它也没有被广泛地用于文字的书写。因为汉代大量竹简和缣帛的出土，都说明汉代仍以简牍或布帛作为最基本的书写载体。《后汉书》就记载了这样一件事：汉安帝建光元年，周磐仍要求儿子在他死后，用竹简抄写一篇《尧典》随葬。这些都表明，虽然蔡伦已经改进了造纸的材料和方法，但简牍或布帛仍然在社会上流行。纸真正普遍用于书写，估计是到了东晋末年。如东晋末年桓玄就下令道："古无纸，故用简，非主于恭。今诸用简者，宜以黄纸代之。"所以，从纸的发明到被社会广泛接受并使用，其间经历了几百年的漫长过程。令人感慨的是，虽然我们今天的产品从创意、设计、研发到量产，再到投放市场产生效益，已经经不起这么长时间的周期过程，但我们提倡的"择一事，终一生"的匠人精神，却可以从中得到承前启后、不断创新的启示。

相关链接

近百年来考古发现早期纸张要览

纸 名	时 代	地 点
放马滩纸	西汉初期	甘肃天水放马滩
灞桥纸	西汉中期	陕西西安灞桥
悬泉纸	西汉中期	甘肃敦煌悬泉置
马圈湾纸	西汉中期	甘肃敦煌马圈湾
居延纸	西汉中期	内蒙古额济纳旗居延
中颜纸	西汉中期	陕西扶风中颜
旱滩坡纸	东汉晚期	甘肃武威旱滩坡

举了这么多例子，事实已不言自明，即便考古发现众多，但考古发现所显示的修史作用似乎并不是很有效，或者还没有展示出超过历史记载和研究的能力。因此，我们大致可以得出一个结论，即考古学成果改写历史的能力不足，比重不大，主要在增色和补白上，属于锦上添花。这也从另一个方面说明，在有了文字以后的历史时期的记载上，历代史家笔走春秋，作出了厥功至伟的功绩，这也使得我国成为名副其实的历史典籍大国。换言之，在两千多年累计下来的卷帙浩繁的中国历史文献面前，只有一百年考古历程积攒出来的发掘成果，至多还只是一个刚会走路的少儿小女。

能力不足，比重不大，不等于说考古学在研究历史方面作用不大。我国以前有过这样的说法，叫作"考古不下三代"。意思是说夏、商、周三代以后文献记载已经十分丰富，各种正史和野史的历史文献众多，保存的情况也相对较好，不需要再进行考古研究了。其实情况并非如此，文献记载和考古成果是不同的信息态：一个是平面的，一个是立体的；一种是相对主观的，一种是相对客观的；前者一般记录的是历史上发生的重大事件，而后者发掘到的更多是各阶层民众日常生活的遗留物。因此，即便对于文献记录非常详细的遗址和历史阶段，考古学研究也能为历史提供极为重要的信息。比如，各时期墓葬出土的器物和陶俑，可以告诉我们当时人们的日常用品和服饰是什么样的，以及当时人们的生活习俗和丧葬观念，而这些内容在历史文献中一般是很少予以记载的。比如唐代诗人白居易故居的考古发现，就是一个具体详实的例证。

相关链接

故宫文物与文献之比的数据

北京故宫博物院近年清点下来的文物一共约有186万件，加上1949年运往台湾的约5.2万件，故宫共计有逾190万件文物，这还不包括溥仪被驱逐出宫时带走的那些文物。北京故宫旧藏纸质文献的明清档案有1 000多万份，这还不包括运去台湾的约60万份明清档案。

文物与文献之比例为：190万：1 060万。

20世纪90年代初期，中国社会科学院考古研究所洛阳唐城队对白居易故居进行了考古发掘，发现的遗迹有宅院、庭园、水渠、作坊、道路等，出土了珍贵文物一千余件，揭示了与这位唐朝诗人生活息息相关的种种文化现象。

白居易53岁时，罢杭州刺史，回到东都洛阳，买了这处他人的宅院和园林，并加以设计和修缮。洛阳白居易故居的地理位置、地形、地貌、规模以及宅院内的景点设置、建筑特点等，在白居易《池上篇》序中有比较详细的记载："都城风

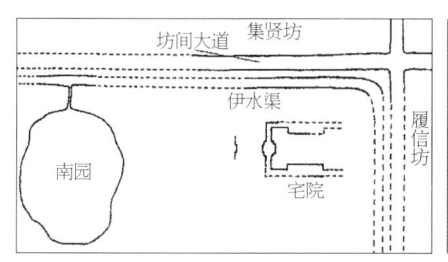

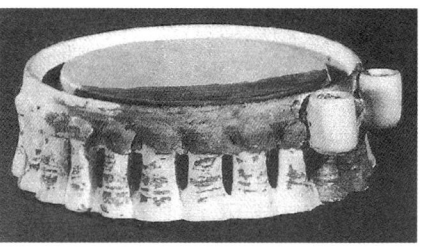

洛阳市郊白居易故居遗址平面图和出土砚台

土水木之胜在东南偏,东南之胜在履道里,里之胜在西北隅,西闬北垣第一第即白氏叟乐天退老之地。地方十七亩,屋室三之一,水五之一,竹九之一,而岛树桥道间之。"根据考古出土的遗迹、遗物并结合文献进行综合考察,考古学家已经能够大体复原白氏故居的位置以及宅院和园林的布局。

白居易故居位于洛阳市区东南郊安乐乡狮子桥村东北130米的一片田野上。这里正是唐东都洛阳城的"履道坊",白居易故居就处于原履道坊西北隅。考古发掘表明,白居易故居是一座含有前后庭院的两进式院落,基址保存较差,仅有局部残基。从墙基和散水观察,宅院中有中庭,平面大致呈长方形,东、西厢房相连,厢房东、西对称。厢房往北又各连一段回廊,可能与上房相连。由于破坏严重,上房的布局、性质不清。宅院之西有西园,宅院之南有南园,皆引伊水入园中。

院宅生活古已有之,在被赋予丰富的文化内涵后,便成为达官贵人、文人墨客向往并留恋的地方,从白居易故居遗址所展示给世人的这处园林景象中,可见一斑。说到造园,一般认为是从魏晋时期才有了长足的发展,因为当时的经济形态属于自给自足的庄园经济,这些园主多是诗文大家,有着较高的艺术修养和文化审美需求,他们在修建房屋宅院时,把自己的艺术思想融入其中,留下了许多对后世影响深远的造园艺术及作品。到了唐代,"园林"一词频频出现于文人诗词中,像白居易便有"同为懒慢园林客,共对萧条雨雪天"的诗句。大量的山水诗人开始把园林艺术融入人的心灵境界,不再局限于园林本身,抒情写意的文人园林所具有的独特审美趣味可视为中国造园的精髓。这个时期城市宅院的主要功能是为园主邀朋会友、举行饮酒赋诗的集会提供一个赏心悦目的活动场所。白居易在《池上篇》中具体描述道：

> 十亩之宅，五亩之园，有水一池，有竹千竿。
> 勿谓土狭，勿谓地偏，足以容膝，足以息肩。
> 有堂有庭，有桥有船，有书有酒，有歌有弦。
> 有叟在中，白须飘然，识分知足，外无求焉。
> 如鸟择木，姑务巢安，如龟居坎，不知海宽。
> 灵鹤怪石，紫菱白莲，皆吾所好，尽在吾前。
> 时饮一杯，或吟一篇，妻孥熙熙，鸡犬闲闲。
> 优哉游哉，吾将终老乎其间。

如果说，这段流传下来的文字将一位文人有关居宅的审美向往和意趣表现得淋漓尽致，那么，尤为珍贵的是，在居址内还出土了两方直接与文人用具有关的砚台。其中，一方为瓷质辟雍砚，圆形砚盘，盘内沿有一圈凹槽，外沿有两个圆形插笔孔，足呈连体柱状。另一方为圆形石砚，周边凸起，蹄形足，出土时盘内尚存墨迹。无独有偶，在出土砚台的同时，还于南园西侧的地层中发现了中唐时代流行的石造经幢和白居易造此经幢的残存跋语："唐大和九年……开国男白居易造此佛顶尊胜大悲心陀罗尼……及见幢形、闻幢名者，不问胎卵湿化，水陆幽明……悉愿同发菩提，共成佛道。"对此，有学者指出，白居易一生留下了七十五卷的《白氏文集》，共收诗文3 840首，而有关这位伟大诗人的墨宝，竟无一字留存。今在白居易故居出土的残经幢上，首次发现了白居易亲笔所书的三百余字的书法史料，当然十分珍贵。

白居易故居的考古发现是文献记载和考古发掘相互参证的一个实例，尽管这个发掘并没有对白居易的生平事迹有什么颠覆或建构，但在一定程度上丰富了我们对白居易生活实况的历史认知。大到故居，小到砚台，再到书法墨宝，无不激活了我们对白居易再认知、再联想的历史细胞。这再一次告诉我们，历史有时是很难通过考古发现来改写的。挖了比帝王地位低的人物的遗存难以改写历史，那挖了帝王陵呢？好像也难以改写。比如本书前面说过的定陵，并没有因为发掘结果而改写明代的历史。这一点在秦始皇陵的发现上表现得尤为突出，因为秦陵考古几乎成了《史记》一书的长篇文物脚注。再比如更早的商代甲骨文，其实也没有增加多少我们对商代历史的体系性认识，反而又是印证了《史记》记载的商王世系的正确性，还是在为司马迁做嫁衣裳。汉代以降，考古发现的功效更是因为历史文献的充足，愈发难以展现出强劲的力道。看来，考古发现对历史事件的改写的确不尽如人意，远远不如想象中的那样强烈。换言之，考古改写历史的主要功能发挥在史前史方面，因为早期历史的记载模糊，考古可让传说变成信史，可让神话走进现实。但这与其说是改写，莫如说是填补空白更贴切些。

上面说过，考古发现所改写的历史，一是证实了历史，二是修正了历史，三是补写了历史。前两个问题我们已经讨论过，现在再来看考古所补写的历史，这个历史指的是历史时期以前几百万年的史前史。在这个领域，绝大多数情况下要改写历史是非考古不可的，甚至史前考古学常常被当作重建史前史的唯一路径或孔道。因此，考古界就出现了一个非常有趣的从业现象，即从事先秦考古特别是史前考古的人数，远远超出了以历史时期尤其是秦汉时期以后研究为业的考古人员。换言之，历史时期考古的萧条景象，远远无法与史前时期考古研究的盛况相比。乃至于考古大家南京大学蒋赞初和吉林大学林沄两位教授，早在1998年就联袂建议《应当加强历史考古学的人才培养与研究工作》。有趣的是，这篇文章是在"迎接二十一世纪的中国考古学"国际学术研讨会上发表的，有向21世纪中国考古界发出呼吁的意思。但据我观察，改观不大。因为继国家"九五"重点科技攻关项目"夏商周断代工程"在2000年结项之后，又一项由国家支持的多学科结合的重大科研项目"中华文明探源工程"于2001年正式提出，2016年底，我还应邀赴京参加了该项目结项汇报会的评审。可见，无论从国家重大项目的实施上，还是从学科课题的谋篇布局上，历史时期考古还有很大发展空间。

司马迁的误识

中国考古发现的历史时期遗存，每每能证明中国"史学之父"司马迁记载的正确性，特别是与司马迁生前有密切关系的商周秦汉时代考古，简直成了《史记》的注释器、证明仪和翻印机。如果说，宋代金石学的诞生，是以流散在世间的文物来实证经书正史的"证经补史"之学，那么近现代的考古学还是那张能否登上你客船的金石学旧船票么？考古学是不是就没有离开文献自己独立复原古史的学科价值了呢？回答是否定的。

稍微想想就能想明白，《史记》《汉书》《后汉书》《三国志》等四大史书所集中记录的，大都是我国史载第一王朝夏代以来的历史，也就是公元前21世纪以来的历史，距今不过4 000年。可人类的历史已经至少有约250万—300万年的发展历程。有人不禁要问，四大史书之前，不是还有先秦古籍么？回答这个问题，其实可以简单且非常负责任地讲，别说先秦古籍，即便甲骨文、金文、简牍、帛书加在一起，它们对上古史实的记载少之又少，且大多语焉不详。像前面提到的记载重大事件的利簋那样的铭文名器，一共也没有几件，甲骨文上的记载更是少得可怜。

所以从记载历史来说，被世人奉为至宝的甲骨文、金文、简牍和帛书等带有文字的遗存，并没有帮助我们实现多少预计的期望值，发挥出改写先秦历史的巨大作用。在几千年甚至几百万年的史前史上，考古发现几乎唯我独尊地弥补了所有历史文献记载的阙如。可以说没有考古，我们对远古历史将一无所知。正如被西方誉为"考古学之父"的英国考古学家V. G. 柴尔德所讲的名言那样："考古学如同望远镜扩大了天文学家的视野一样，扩大了历史的空间范围；也像显微镜为生物学家发现的巨大的有机体外表隐藏着最微小的细胞生命一样，改变了历史科学的研究范围和内容。"

话又说回来，《史记》等历史文献在记载远古时代历史方面还是下过一些功夫的，像传说时代的三皇五帝等，并不是完全空白没有记录。但时而出现的误差，给了考古学以发现并纠正其误识的舞台，像《史记》《汉书》等文献中有关黄帝、炎帝和蚩尤关系的记载，便是一例。

在我国的古史传说时代，蚩尤本来是与炎帝、黄帝同时的部落集团的首领，都是名震天下的主儿。可后人对他的评价却远远低于炎黄二帝，概而言之，是贬抑多于臧褒，谪辞不断。《尚书》说："蚩尤惟始作乱，延及于平民。"《大戴礼记》说："蚩尤，庶人之贪者也……憪欲而无厌者也。"司马迁也指责"蚩尤最为暴"，"与其大夫作乱百姓"。更有甚者，《汉书·古今人物表》干脆将蚩尤划入了"下下愚人"之列。总的看，在有关史前史的文献记载中，蚩尤多被定性为贪利忘义、弑民无道的"作乱"之辈，压根儿就不是什么好人。

如何评价蚩尤在中国史前史中应有的地位，是了解我国远古文化形成和发展的重要环节。蚩尤"作乱"是史实，但蚩尤为什么要"作乱"？是不是可以给他扣上"作乱"的帽子？我的结论是司马迁们可能搞错了，因为蚩尤实在是被逼无奈才不得不"作乱"的，有点类似后代那种"官逼民反，民不得不反"，而逼蚩尤"作乱"者，便是黄帝和炎帝两大集团。我在1990年提出的这个观点，曾被《新华文摘》转载过，可以从以下三点分析。

第一，蚩尤与炎、黄集团的领地相距遥远，并不接壤。

蚩尤集团聚居在今天的山东西部一带，黄帝和炎帝集团生活在陕西地区，一个在中国东部，两个在中国西部。炎帝和黄帝虽然起源于陕西一带，但他们随后却开始不断向外迁徙，顺黄河向东，先后抵达河南西南部，最后到达山东北部。这种新的空间格局，造成了三者之间一系列战争的发生。

第二，蚩尤与炎帝和黄帝之间的战争与结果。

炎帝和黄帝向东挺进，并能够到达远离故土的东方，主要原因是自身力量

河南新郑炎黄广场

强大，但蚩尤也不是好惹的。《史记》说"蚩尤最为暴，莫能伐"，表明蚩尤具有一般集团所不具备的抗外能力，这种能力与蚩尤熟谙兵法、善于战事、能造兵器不无关系。蚩尤所在的我国东海岸，自古以来就是铜锡矿的主要产地，所以《管子·地数》中就说，蚩尤曾在山东一带的葛卢山和雍狐山内发现铜矿并开始冶炼兵器，仅两年时间就兼并了21个诸侯。

蚩尤在汉代画像石上被描绘成持拿五种兵器的人物，传说中蚩尤所在的部族是铜头铁额吃砂石的，这大概也是因为蚩尤集团以采矿和冶炼金属为业，进而被转化为神话。文献还说，蚩尤是与黄帝一样的"造军法者"，但古人对他们二人又是褒贬有别的。黄帝被尊为正统始祖，说他有德，所以便有了《史记·封禅书》"黄帝采首山铜，铸鼎于荆山下"，《汉书·郊祀志》"黄帝作宝鼎三，象天地人"之类记载。但蚩尤发明铜器，却用来制造各种金属兵器，作乱百姓，从而背负了千载骂名。可素有"主兵之神"称誉的蚩尤，对后代的影响却不小，连汉高祖刘邦在起兵造反之时，还要"祠蚩尤，衅鼓旗"，足证蚩尤善兵戎，其军事能力远远超

捌 考古改写了多少历史

山东嘉祥武氏祠汉画像石蚩尤像

过炎帝并且至少不在黄帝之下。李零的学术畅销书《花间一壶酒》中，甚至还把黄帝和蚩尤定义为中国的战神，不无道理。

这场战争是目前我们所知道的中国历史上的第一次大规模战争，缘起于炎黄集团东进，遇到了以"造立兵仗刀戟大弩"威震天下的蚩尤集团的顽强抗击。战争先是在蚩尤与炎帝之间展开，《逸周书》说："蚩尤乃逐（炎）帝，争于涿鹿之阿，九隅无遗。赤帝（即炎帝）大慑，乃说于黄帝，执蚩尤，杀之于中冀。"这里的"涿鹿"不是蚩尤与炎帝最初的交战场所。因为"逐"，本义解作"追"。就是说，蚩尤追逐炎帝集团至涿鹿而胜之，至少应理解为是他们角逐的第二个回合，而首战之地当在他们势力范围接壤的豫、冀、鲁交界一带。可见，炎帝集团不敌蚩尤，遂求助于黄帝集团，方才导致了蚩尤与黄帝之间的直接冲突。

黄帝攻蚩尤"三年城不下"，最后只好"天遣玄女下授黄帝兵信神符，制伏蚩尤"。实际上，由于三方力量对比发生了变化，蚩尤才负于强大的炎黄联盟，连固有的山东一带的领地也丧失殆尽。蚩尤作为东方霸主的地位也由此完结，被纳入黄帝集团，成为黄帝一统之下的一个地方性首领。

第三，蚩尤"作乱"的缘由。

蚩尤在史书笔下被描绘成"作乱"之人，但他并不是无事生非，捣乱滋事，而是因炎黄二帝东进造成的。美国著名的民族学家摩尔根说过，远古时代的部落集团发展有两个条件，一是保证自己部落的领土不被侵犯，二是连续不断地通过迁徙来扩大领土范围。炎黄二帝东进很显然出于同样的目的，就像此前黄帝问于高伯曰："吾欲陶天下而以为一家，为之有道乎？"所以《史记》上说："炎帝欲侵陵诸侯，……天下有不顺者，黄帝从而征之，平者去之，披山通道，未尝宁居。"

蚩尤统领的集团，一直居住在今山东及其邻近地区，是当地土著无疑。考古学也发现，北辛文化、大汶口文化和龙山文化这些山东一带的史前文化，大体上一直在山东西部生存，形成了中国史前文化分区中的山东文化区，聚居稳定，很少向外大规模迁徙。看来，蚩尤一直以山东一带为其生息繁衍之地，并没有进行西迁，可是黄帝和炎帝的东进却具有军事殖民的统一性质，所以，蚩尤与炎黄二帝之间的战争便不可避免。当炎黄族系以其强大的军事实力逼近东方时，蚩尤族系的生存必然会受到外来势力的强烈威胁。严重的利害冲突，迫使蚩尤不得不起而抗争。于是，在蚩尤和炎黄二帝之间，终于爆发了一系列以保护自身利益不受损害与扩大已有势力范围的战争。

所以，黄帝和炎帝旨在扩大疆土和军事殖民的东进，是导致蚩尤"作乱"的直接原因和外在原因；而蚩尤为维护自身利益进行的反抗，则是其"作乱"的间接原因也是内在原因。史家所谓的蚩尤"作乱"之说，应当加以重新地认识和修正，而蚩尤在中国史前史中的地位，也应由此而得到一个客观和全面的评价。

据说黄帝打败蚩尤后，铸了一件一丈三尺高的鼎，上刻有蚩尤和各种奇禽怪兽的图像，以作为战胜蚩尤的永久纪念。这段古史传说，虽然不可尽信，但通过这样的梳理，却可以大致看到中华远古时代的第一次文化大融合的过程。换句话说，炎帝、黄帝和蚩尤三大集团各自代表的史前文化的碰撞和交融，透视出中华远古文化从多源发端走向统一的融合发展的历史进程。与此相比，秦始皇打败战国诸雄，统一中国，已是那场大战两千多年之后，为缔造中国历史上第一个统一多民族国家的另一场大战了。

对于那些头绪纷繁的传说或历史，纵然是史学大家也未必解释得清楚。因为中国的古史传说文献，在考古学还很不发达的时候，就已对中国历史和文化产生了巨大的影响力，更何况还有众多非常复杂的异说版本。为此许倬云先生为我们提供了两个很有思想却又颇为无奈的破题之法：一个是中国文化传统中有许多传说与神话，传颂着古代英雄的事迹，其中有些人物竟成为超凡的神人。在古代，这些神话及传说，常与历史混淆，必须经过清理，才能窥见隐伏的历史事迹。另一个是我们现在还不能将考古学上的文化圈完全与传说的渊源密合，这是因为资料不足，不能强作解人。李零先生说得好："如果吹毛求疵，给《史记》挑错，当然会有大丰收，但找错误的前提，首先是理解。"

蚩尤和炎黄二帝的大战这类浓缩着中国人集体记忆的传说，其实反映了中国远古历史的两个基本事实：一个是中国史前社会的不同族群，历经艰辛，逐渐走向一统；另一个是中国远古文化的多元性，即费孝通先生概括的"中华民族的多元一体格局"。中华远古时代文化大融合过程史实的获得，几乎全部来自中国新石器时代考古获得的一批又一批的珍贵资料。其实早在中国考古学诞生之初，一大批从小受到传统史学教育的中国学者，就敏感地注意到了这个新兴的学问可能给中国带来的历史震荡。如梁启超先生《饮冰室合集》就说："储器文字既可读，其事迹出古经以外者甚多，因此增无数史料。"一生奉行"多研究些问题，少谈些主义"的胡适先生也感慨地说道："河南发现了一地的龟甲兽骨，便可以把古代殷商民族的历史建立在实物的基础之上。一个瑞典学者安特森发现了几处新石器，便可以把中国史前文化拉长几千年。一个法国教士桑德华发现了一些旧石器，便又可以把中国史前文化拉长几千年。北京地质调查所的学者在北京附近的周口店发现了一个人齿，经了一个解剖学专家步达生的考定，认为是远古的原人，这又可以把中国史前文化拉长几万年。向来学者所认为纸上的学问，如今都要跳在故纸堆外去研究了。"

胡适先生在九十多年前就看到的历史路口，到今天已被考古发现铺就成一条通史大道。诞生不足两百年的考古学彻底改变了人类对自己历史的认识。考古学家凭着手中的手铲，将人类探寻历史的目光聚焦到大地深厚的胸怀之中，将历史的渊源追溯到丛林密布的非洲。人被从诸如上帝之类虚妄的神明手中解救出来，生命与历史被寄托在厚德载物的大地之上。从此，人们便可以更加理智地、勇敢地向着历史的未来前行了。

百年考古交出世纪答卷

时代的发展,还让我们欣喜地看到,当代的考古学家已经远远不是那个手里握着手铲、只知道在尘土里寻觅线索的灰头土脸的形象了。考古学面对着人类古代的遗产,调查、发掘、整理、分析、研究和保护这些曾经的平凡与辉煌。考古工作者不但要扮演科学家的角色,同时还要承担起考古文化传播的责任,为大众提供关于古代人类生活和信仰的图景,构建不同时代、不同民族、不同观念之间的文化交流与对话平台。考古学和考古学家们像一个由一片一片破碎的陶片粘连起来的陶罐那样,透古通今,粘连起人类共同的记忆和文化裂缝,使人们在受惠于这些遗产带来的美好生活方式的同时,还可以在陶罐上描绘自己美好的未来。

就这样,经过我国几代考古学家们半个多世纪的科学发掘和研究探索,从最初模仿西方的理论与方法进行工作,到20世纪80年代初步建立起自己的编年体系,理顺了中国史前文化的谱系,形成了以"区、系、类型"为代表的具有中国特色的考古理论,取得了具有里程碑意义的阶段性成果,已形成了中华文明多元一体的基本模式。这些成果不但浓缩在苏秉琦先生为公众撰写的《中国文明起源新探》一书中,还提炼为一篇给大众的文章,这就是刊登在1987年第9期《中国建设》上的《华人·龙的传人·中国人——考古寻根记》,旋即被同年11月的《新华文摘》转载,并广为传播。

这篇可称之为"高考考古第一题"的两千多字的短文,描绘了距今五六千年前,中原仰韶文化与东北红山文化这两个不同文化传统的族群集团南北相遇,碰撞并迸发出以"花(华)与龙"为象征的早期文明火花。到距今四五千年前,山西陶寺遗址文化面貌又具有了从燕山以北到长江以南广大地域的族群综合体的特征，与史书记载尧、舜、禹时期的"中国"观念相对应。至距今四千年到两千年间，夏商周三代各国"逐鹿中原"到秦统一，实现了中华一统。这是史前考古新成果与古史传说有机结合的一次成功的尝试，从而达到了大众化、科学化的范文标准。

1988年，这篇文章被选作了全国高考语文阅读题，有近200万莘莘学子阅读分析了此文，这恐怕是世界考古史上从未有过的一个奇迹。显然，这是社会对考古新成果给予的认可。高考过后，《光明日报》8月17日刊文分析了这篇文章之所以被选为高考语文阅读题的缘由：此文在分析考古材料的同时联系到了五帝的传说，具有"内容的科学性、语言的准确性和阐述的逻辑性"。这篇文章也成了苏秉琦先生的得意之作，1994年，他选用此名称作为85岁寿辰纪念文集的书名，用他自己的话说，"可谓六十年圆了一个梦"。

这篇高考语文阅读题，出题时虽然略微进行了编辑调整，但大意没变。我把答案附在了本章的"篇末议题"中，这里先录原题如下：

阅读下文，读后回答问题。（15分）

□□□？□□□？经过了半个多世纪的努力，我国的考古学者对于这两个问题总算找到了解答的钥匙。

中国古文化有两个重要的区系：一个是源于渭河流域的仰韶文化，一个是源于大凌河流域的红山文化。它们形成、出现的时间距今约有六七千年，都是从自己的祖先衍生或裂变出来的，都有自己的"根"，也都有自己的标志。仰韶文化的一种标志是玫瑰花（枝、叶、蕾和花或仅花冠），而红山文化的一种标志是龙或仅仅是龙鳞。

花（华）和龙最早分别出现在距今六七千年的华山脚下和燕山之北，其"根"的生长期则可追溯到七八千年以前。二者出现的时间相近，条件相似。这样的事实意味着东亚大陆上已经出现了文明的曙光。

华山脚下的玫瑰与燕山以北的龙在桑乾河上游（河北、山西北部）对接。二者真正结合到一起的证据是在大凌河上游的凌源、建平、喀左（辽宁西部）发现的。近年来那里发现了红山文化后期的祭坛、女神庙和积石群，其中有玉雕猪龙、玉雕玫瑰、玫瑰图案彩陶筒座和彩陶盆，这些距今不晚于五千年。玉雕猪龙放在男性墓主人身上，玫瑰图案彩陶筒座和彩陶盆配置在积石四周——以龙和花（华）为象征的两个不同文化传统结合成了共同体，迸发出文明的"火花"。

距今四五千年，以晋南襄汾为中心的"陶寺"遗址所代表的古文化，人们已经使用大石磬与鳄鱼皮鼓随葬，这反映出社会发展到了比红山文化更高的阶段。他们使用具有明显特征的器物群，包括源于仰韶文化的小口尖底的罋，也包括源于红山文化的朱绘龙纹陶盘，还包括长江下游太湖地区良渚文化的一种"∠"形石推刀。这反映出他们的文化面貌已具有从燕山以北到长江以南广大地域的综合体性质。

史书记载，夏代以前有尧舜禹，他们的活动中心在晋南一带。"中国"一词的出现也正在此时，所以史称舜即位要"之（到）中国"。后人解释说："帝王所都为中，故曰中国。"由此可见，"中国"一词最初指的是晋南一块地方，即"帝王所都"。而中原仰韶文化的花（华）和北方红山文化的龙，甚至江南的古文化都相聚于此，这倒很象车辐聚于车毂，而不象光、热等向四周放射。这样，我们所讲的"中国"一词就把"龙"和"华"总揽到了一处。距今四千至两千年间，经历了夏商周三个王朝，到秦实现统一。《史记》说："秦以兵灭六国，并中国。"这个"中国"不同于舜"之中国"的那个"中国"，从词义上讲，已经和我们现在所说的"中国"没有什么不同了。

① 文章第一段开头的两个空框应该选填哪一组疑问句？（2分）

（A）华（花）人、龙的传人的名称是怎么来的？它们和中国的古文化有什么关系？

（B）华（花）人、龙的传人因何得名？中国文化的根源和发展过程怎样？

（C）中国人为什么又叫华（花）人、龙的传人？中华民族是怎样起源的？

（D）华（花）人、龙的传人、中国人这三者是怎么成为同义语的？中国人的根、源在哪里？

【答】（　）

② 以下是有关段落的大意，分别选出正确的一种：(3分)

a. 第二、三段主要说明了：

（A）以龙和花（华）为标志的两种古文化分别出现。

（B）中国古文化的两个重要区系在什么地方。

（C）两种古文化都是从自己的祖先衍生或裂变出来的。

（D）两种古文化出现的时间相近，条件相似。

【答】（　）

b. 第四段主要说明了：

（A）以龙和花（华）为标志的两种古文化的结合。

（B）以龙和花（华）为标志的两种不同文化真正结合到一起的证据。

（C）以龙和花（华）为标志的两种不同文化结合的地点、时间。

（D）近年来后期红山文化的考古发现。

【答】（　）

c. 第五段主要说明了：

（A）以龙和花（华）为标志的两种文化面貌。

（B）以龙和花（华）为标志的两种文化的性质。

（C）以龙和花（华）为标志的两种文化的发展。

（D）以龙和花（华）为标志的两种文化的综合。

【答】（　）

③ 下列各项中哪些是与以龙为标志的文化有关的器物，哪些是与以花（华）为标志的文化有关的器物，分别选出来（在答题的画横线处写出）：

《考古寻根记》龙纹尊配图

网格纹刻出的图案

鹿　猪　鸟
龙纹尊纹饰展开图

陶器夹砂磨光，刻画一组动物图案，头部为鸟、猪和鹿，身躯盘旋蜷曲，若龙若蛇，首尾相接，皆向右方，似在奔腾驰逐。

龙纹尊纹饰

a. 小口尖底的罂，b 祭坛，c 玉雕猪龙，d "∠"形石推刀，e 玫瑰图案彩陶筒座和彩陶盆，f 积石群，g 朱绘龙纹陶盘，h 女神庙，i 玉雕玫瑰。（2分）

【答】与以龙为标志的文化有关的器物有：＿＿＿＿＿＿＿＿＿＿＿＿，与以花（华）为标志的文化有关的器物有：＿＿＿＿＿＿＿＿＿＿＿＿。

④ 下面是根据本文内容绘制的示意图，但有些地方画错了，把这些地方找出来，分条简要说明（每条之前标明序号）:（8分）

【答】共有＿＿＿＿错误。

捌　考古改写了多少历史

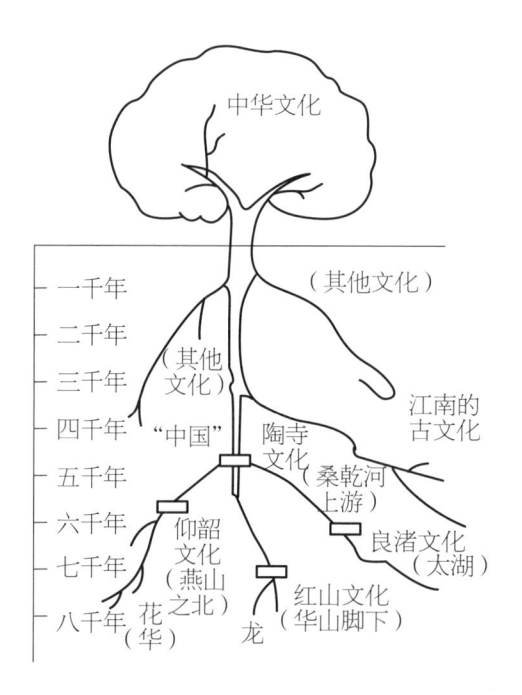

```
                    中华文化
                     ╱╲
─一千年              │  │（其他文化）
─二千年        （其他
─三千年         文化）
─四千年       "中国"  陶寺
─五千年                文化      江南的
                                 古文化
─六千年                         桑乾河
       仰韶                      上游）
─七千年 文化                    良渚文化
       （燕山                   （太湖）
─八千年 之北）      红山文化
       花          （华山脚下）
       （华）    龙
```

相关链接

考古学著作入选首届国家图书奖

　　苏秉琦先生从事考古五十年时出版的《苏秉琦考古学论述选集》，誉满学界，荣获了首届国家图书奖。五年后，考古界又推出的《庆祝苏秉琦考古五十五年论文集》，还配发了苏公的一张照片。

　　照片上，苏公身后的墙上是一张巨大的地图，图前挂着一幅由著名历史学家张政烺用小篆体书写的条幅，上面是苏公作的《晋文化颂》："华山玫瑰燕山龙，大青山下斝与瓮。汾河湾旁磬和鼓，夏商周及晋文公。"这从考古发现的角度，生动地描绘了中国文明起源到国家形成的历史过程。

学术的语言就是这样冗长乏味，但文字中所表达的绝不仅仅是考古界的考古学，不仅仅是考古学家的考古学，而是一种考古发现。考古过程本身就是发现的诗篇，在考古学家心里，发现已经不是一个考古过程中纯粹的概念了，他们旨在不断打碎和重建我们历史观的考古历险，早已不是普通的刑事侦探所能比喻——尽管我们在第三章中曾经毫不客气地称他们为不幸的侦探。

弥补文献阙如的中国史前考古发现，经历了漫长的过程。早在1920年，有两个西方人不约而同地论及中国的

中国考古学会前理事长苏秉琦先生

史前史，但他们的观点却截然相反。否定者摩根宣称："中国文明始于公元前8、前7世纪，我们完全不必理会它的史前史。"而瑞典学者安特生则以"中国新石器类型的石器"为题，公布了他在中国采集到的石器。翌年，安特生正式发掘河南渑池仰韶村等新石器时代遗址，成为中国考古学诞生的标志，以该遗址命名的仰韶文化作为中国的第一个考古学文化名称，在世界考古大事年表中位列中国考古事件之首，摩根的论调不攻自破。六十年后，英国学者丹尼尔在论述全球考古学发展史时进一步提出，中国在二战后出现了"考古学的黄金时代"，并预言"在未来的几个十年内，对于中国重要性的新认识，将是考古学中一个关键性的发展"。

实际上，早在20世纪80年代起，以苏秉琦先生为代表的考古学家就先后提出了"古文化古城古国""中国古代国家起源三部曲（古国—方国—帝国）""发展模式三类型（原生型、次生型、续生型）"等颇具影响力的学术理论，对探讨中国古代文明起源与国家形成等问题，起到了重大的推动作用。

苏秉琦先生曾将中国历史的基本情况概括为四句话:"超百万年的文化根系,上万年的文明起步,五千年的古国,两千年的中华一统实体。"而在世界范围内,考古学已经揭示了一个从猿到人(约距今五百万年),从茹毛饮血经历了原始的狩猎采集、最早的农耕畜牧(距今一万年左右)到后来的文明社会(距今五千年左右)的一个人类社会与文化的漫长的、科学的发展历程,并在新、旧大陆极其广泛的时空范围之内,为这个粗犷的历史轮廓提供了丰富的实物证据。

> **相关链接**
>
> ### 考古写史第一书
>
> 用考古材料撰写的史前史,集中在两本权威性的史学著作中:一本是上海人民出版社1994年出版的白寿彝总主编、苏秉琦主编、张忠培和严文明撰写的《中国通史》第二卷《远古时代》;一本是上海人民出版社为飨读者,把《中国通史》第二卷更名为《中国远古时代》,于2010年单独出版。

的确,在中国考古学发端时曾扮演过重要角色的新石器时代考古学,经过20世纪下半叶的风雨洗礼,所展现给世人的已不仅仅是日夜兼程的殷殷轨迹,还有春华秋实的累累硕果。20世纪末的1996年,中国考古学一代宗师苏秉琦先生回顾中国近八十年的考古历程时,曾满怀深情地说道:"我们的考古学,经过几十年的风风雨雨,已经成长为一棵参天的大树了,但我们还期望更美好的未来。我希望,明天它会成为一片郁郁葱葱的森林。"

一个稍具文化素养的人对中国几千年历史或多或少都会有所了解,甚至有所思考,有所感悟。但是对许多人来讲,考古学却是既熟悉又陌生的。熟悉的是,新闻媒体经常报道一些重要的考古发现,像北京猿人、杭州良渚古城遗址、陕西石峁遗址、洛阳二里头遗址、安阳殷墟遗址、成都三星堆和金沙遗址、西安秦始皇陵兵马俑遗址、长沙马王堆汉墓等。陌生的是，那些让考古学家们为之着迷的古代遗存，从简单的打制石器、陶器到精美的玉器，再到神奇瑰丽的殷墟青铜器……无数的考古新发现和新研究中，究竟隐藏着哪些神奇的内容？又从中解读出了哪些心得？考古学家们执着于其中的古代遗存，对我们今天又有什么实在的价值？新闻报道难道仅仅是为了满足人们的好奇心么？为什么不见有学者通过研究，把历史拉后了多少年而享誉学界或媒体呢？

其实，一次又一次的考古发现，大多只是一些为配合国家基本建设或为某些学术目的而进行的常规发掘，远没有那么容易成为"之最"甚至"改写历史"。至此我们已经清晰地认识到，考古学的最大贡献不在于发现了多少古代遗存。换言之，与其说考古改写了历史，还不如说考古发现向历史提出了新的问题，改变了构架我们知识体系的资料来源和研究方法，并由此丰富了人类现在甚至未来的知识体系和思维方式，进而改变了人类自己的世界观。

考古学是个正在成长的巨人，考古发现还会叫我们惊掉下巴，目瞪口呆；考古研究还会令我们连呼意料之外，原来如此；考古保护还会促使我们明白不能主动发掘帝王陵墓；考古利用还会带我们穿越时空，体验历史带来的文化消费；考古传承还会指引我们为了子孙后代，传续人类的过去。

这就是考古学：透物见事，透事见人，透人见史，透史见道。

篇末议题

1. 1988年高考语文阅读题答案：

①（2分）D

②（3分）a.A；b.A；c.C（对1个得1分）

③（2分）

与以龙为标志的文化有关的器物是：c、g

与以花为标志的文化有关的器物是：a、e、i

（以上两项各1分，多填少填都算错）

④（8分）

错误有以下几点：

c 陶寺文化地理位置不对

d 红山、仰韶、良渚三种文化并非同时对接（或：仰韶、红山两种文化的对接点不对）

e "江南的古文化"不应独立一支（或：文中"江南的古文化"指的就是"良渚文化"）

f 仰韶文化出现时间不对

答案覆盖以上内容即可，表述不要求一致，分几条都可以。（上述内容按六项计，答出其中一项到四项的，每项得1分；答出其中五项的，得6分；全部覆盖的得8分。指出错误而表述不清的，酌情处理。又：本文意在说明"龙""华""中国"这三个概念的渊源，不涉及古文化的其他区系。中学历史课本中曾谈到大汶口文化，学生答案中如涉及到这类问题，不算错。）

2. 中华文明探源工程首席科学家、中国考古学会前理事长王巍用高度凝练的几句话，为我们列述了中华文明的起源和形成过程：

万年奠基：大约一万年前栽培农业出现，定居村落形成；

八千年起源：农业初步发展，精神生活日益丰富，社会开始出现分化的端倪；

六千年加速：社会出现明显的分化，大型中心性聚落和规模较大的墓葬开始出现；

五千多年进入古国时代：大型都邑性城址和权贵阶层的大墓出现、社会分化显著；

四千年建立王朝：夏王朝在中原地区的建立，文明进入以中原地区为引领的一体化进程，由古国文明向王国文明过渡。

3. 中国历史研究将来会取得什么成果，我们可以平心静气地说不知道，中国考古的所有谜团是否终有一天能真相大白，我们足以断言不太可能。但考古成果可以探寻中华文明起源和发现中国历史之道却不是梦想。因而我们不能不追思再三：考古发现和研究的追本溯源，考古保护和利用的透古通今，考古传承和弘扬的赓续传薪，对于中华文明、中华民族、中华大地、中国人民而言，究竟意味着什么呢？对于普罗大众的你我他来说，又有什么样式的直接关系和间接关联呢？

附录一
历年全国十大考古新发现（1990—2023）

1990 年度

湖北郧县人头骨化石

山东城子崖龙山与岳石文化遗址

河南殷墟郭家庄 160 号墓

河南三门峡上村岭周代虢季墓

山东后李春秋车马坑和淄河店 2 号战国大墓

陕西汉景帝阳陵从葬坑及其彩绘陶俑

陕西汉长安城陶俑官窑窑址

河南隋唐洛阳城应天门东阙遗址

宁夏宏佛塔天宫西夏文物

北京金中都水关遗址

1991 年度

山东邹平丁公龙山文化城址

浙江余杭汇观山良渚文化祭坛和大墓遗址

西藏拉萨曲贡遗址

河南殷墟花园庄商代甲骨窖藏

河北定州商代方国贵族墓葬

江西瑞昌铜岭商周铜矿矿冶遗址

河南三门峡上村岭西周虢仲墓

甘肃敦煌汉悬泉置遗址

河南永城芒砀山汉梁孝王王后墓

黑龙江渤海国王陵区大型石室壁画墓

1992 年度

湖北荆州鸡公山遗址

内蒙古赤峰兴隆洼原始聚落遗址

湖南澧县城头山屈家岭文化古城址

江苏昆山赵陵山良渚文化遗址

山西曲沃晋侯墓地的发现与研究

河南丹江口水库楚国贵族墓

安徽天长三角圩汉墓群

云南江川李家山古墓群

内蒙古辽代耶律羽之墓

河南洛阳北宋衙署庭园遗址

1993 年度

贵州盘县大洞遗址

江苏高邮龙虬庄遗址

浙江余杭莫角山良渚遗址大型建筑基址

山西曲沃晋侯邦父及夫人墓

湖南长沙国王后"渔阳"墓

山西大同云冈石窟第三窟遗址

江苏扬州唐城遗址

江西丰城洪州窑窑址

河北宣化下八里辽代壁画墓群

辽宁绥中元代沉船水下考古调查

1994 年度

江苏南京汤山古人类头骨化石

重庆三峡工程淹没区考古调查

河南邓州八里岗新石器时代聚落遗址

安徽蒙城尉迟寺新石器时代聚落遗址

河南辉县孟庄遗址

山东滕州前掌大商周贵族墓地

河南永城西汉梁国王陵与寝园

陕西西安隋唐灞桥遗址

陕西麟游隋仁寿宫唐九成宫 37 号殿址

内蒙古阿鲁科尔沁宝山辽代贵族墓

1995 年度

江西万年仙人洞和吊桶环遗址

湖南道县玉蟾岩遗址

河南郑州西山仰韶文化城址

河南郑州小双桥遗址

山东长清仙人台邿国贵族墓地

广东广州南越国宫署御苑遗迹

江苏徐州狮子山西汉楚王陵

新疆民丰尼雅遗址

黑龙江宁安虹鳟鱼场渤海国墓群遗址

浙江杭州赵氏太庙遗址

1996年度

重庆丰都烟墩堡遗址

河南孟津妯娌新石器时代聚落遗址

四川成都平原史前古城址群

河南平顶山应国墓地

山东长清双乳山西汉济北王陵

湖南长沙走马楼三国吴纪年简牍

辽宁北票喇嘛洞鲜卑贵族墓地

山东青州龙兴寺佛教造像窖藏

青海都兰吐蕃墓群的发掘

四川华蓥南宋安丙家族墓地

1997年度

陕西洛南盆地旧石器地点群

山东章丘西河遗址

广西邕宁顶蛳山遗址

湖南澧县城头山大溪文化城墙及汤家岗文化水稻田

香港东湾仔北遗址

河南偃师商城小城

河南新郑郑韩故城郑国祭祀遗址

辽宁绥中石碑地遗址

广东广州南越国御苑遗址

新疆尉犁营盘汉晋墓地

1998 年度

河北泥河湾盆地阳原于家沟遗址

安徽含山凌家滩新石器时代祭坛和墓地

江苏金坛三星村新石器时代遗址

重庆忠县中坝遗址

辽宁北票康家屯城址

浙江绍兴印山越国王陵

重庆三峡库区云阳李家坝遗址

河南小浪底水库东汉漕运建筑基址及古黄河栈道

江苏南京仙鹤观、象山东晋贵族墓地

浙江慈溪上林湖寺龙口越窑窑址

1999 年度

江苏江阴高城墩遗址

河南焦作府城商代早期遗址

湖南虎溪山一号汉墓

云南昆明羊甫头墓地

吉林通化万发拨子遗址

辽宁桓仁五女山山城遗址

山西太原虞弘墓

安徽淮北柳孜隋唐大运河遗址

河北张北元中都遗址

四川成都水井街酒坊遗址

2000 年度

福建三明万寿岩旧石器时代遗址

江苏连云港藤花落龙山时代城址

河南新密古城寨龙山时代古城

广东博罗横岭山先秦墓地

湖北潜江龙湾宫殿遗址

四川成都古蜀国大型船棺独木棺墓葬遗址

山东章丘洛庄汉墓陪葬坑和祭祀坑遗址

江苏南京钟山六朝坛类建筑遗址

浙江杭州南宋临安府治遗址

河南宝丰清凉寺汝官窑遗址

2001 年度

山西吉县柿子滩旧石器时代遗址

浙江萧山跨湖桥新石器时代遗址

青海民和喇家齐家文化遗址

广东深圳屋背岭商代遗址

四川成都金沙商周遗址

贵州赫章可乐遗址墓葬

浙江杭州雷峰塔遗址

河南禹州钧窑遗址

浙江杭州老虎洞南宋窑址

浙江杭州南宋恭圣仁烈皇后宅遗址

2002 年度

广西百色革新桥新石器时代遗址

湖南里耶古城及出土秦简牍

山东日照海曲汉代墓地

河北临漳邺南城东魏北齐塔基遗迹

山西太原王家峰北齐徐显秀墓

湖北巴东旧县坪遗址

吉林延边西古城城址

黑龙江阿城刘秀屯金代大型宫殿基址

江西李渡元代烧酒作坊遗址

浙江宁波元代庆元路永丰库遗址

2003年度

辽宁凌源牛河梁新石器时代遗址

河南郑州大师姑夏代城址

陕西眉县杨家村西周青铜器窖藏

陕西扶风周原李家西周铸铜作坊遗址

山东章丘危山汉代墓葬与陪葬坑及陶窑

山东临沂洗砚池晋墓

陕西唐昭陵北司马门遗址

内蒙古通辽吐尔基山辽墓

内蒙古元代集宁路古城遗址

江西景德镇珠山明清御窑遗址

2004年度

河北易县北福地史前遗址

山西芮城清凉寺墓地

河南偃师二里头遗址宫殿区

新疆若羌罗布泊小河墓地

湖南宁乡炭河里西周城址

江苏无锡鸿山越国贵族墓

辽宁朝阳十六国三燕龙城宫城南门遗址

广东广州大学城南汉二陵

浙江杭州严官巷南宋临安城御街遗址

四川绵竹城关镇剑南春酒坊遗址

2005 年度

浙江嵊州小黄山遗址

湖南洪江高庙遗址

河南鹤壁刘庄遗址

福建浦城猫耳弄山商代窑群

贵州威宁中水遗址

山西绛县横水西周墓地

陕西韩城梁带村两周遗址

江苏句容、金坛周代土墩墓群

河南内黄三杨庄汉代聚落遗址

山西大同沙岭北魏壁画墓

2006 年度

云南富源大河旧石器洞穴遗址

广东深圳咸头岭新石器时代遗址

河南灵宝西坡新石器时代大型墓地

广东高明古椰贝丘遗址

山西柳林高红商代遗址

福建浦城管九村土墩墓

甘肃张家川战国墓地

甘肃礼县大堡子山遗址

安徽六安双墩墓地

上海志丹苑元代水闸遗址

2007 年度

河南许昌灵井旧石器遗址

河南新郑唐户遗址

浙江余杭良渚文化古城遗址

湖北郧县辽瓦店子遗址

河南荥阳关帝庙遗址

江西靖安李洲坳东周墓葬

新疆巴里坤东黑沟遗址

河南洛阳偃师东汉帝陵与洛阳邙山墓群

新疆库车友谊路晋十六国时期砖室墓

河北磁县东魏元祐墓与河南安阳固岸东魏北齐墓地

2008 年度

陕西高陵杨官寨遗址

甘肃临潭磨沟齐家文化墓地

山东寿光双王城盐业遗址群

陕西岐山周公庙遗址

云南剑川海门口遗址

河南荥阳娘娘寨遗址

江苏无锡阖闾城遗址

安徽蚌埠双墩一号春秋墓

河南新郑胡庄墓地

四川成都江南馆街唐宋街坊遗址

2009 年度

河南新密李家沟旧石器至新石器过渡阶段遗址

安徽固镇垓下大汶口文化城址

江苏张家港东山村遗址

内蒙古赤峰二道井子夏家店下层文化聚落遗址

山东高青陈庄西周城址

陕西富县秦直道遗址

陕西咸阳西汉帝陵考古调查及发掘

河南安阳西高穴曹操高陵

河北曲阳涧磁村定窑遗址

江西高安华林造纸作坊遗址

2010 年度

河南新郑望京楼夏商时期城址

山东济南大辛庄商代遗址

山西翼城大河口西周墓地

江苏苏州木渎古城遗址

陕西西安凤栖原西汉家族墓地

新疆鄯善吐峪沟石窟群和佛寺遗址

陕西蓝田北宋吕氏家族墓园

湖南永顺老司城遗址

江苏南京大报恩寺遗址

广东汕头"南澳Ⅰ号"明代沉船遗址

2011 年度

河南郑州老奶奶庙旧石器时代遗址

福建漳平奇和洞遗址

浙江余杭玉架山史前聚落遗址

内蒙古通辽哈民忙哈史前聚落遗址

四川宜宾石柱地遗址

湖北随州叶家山西周早期曾侯墓地

辽宁建昌东大杖子战国墓地

江苏盱眙大云山江都王陵

山西大同云冈石窟窟顶北魏辽金佛教寺院遗址

山东京杭大运河七级码头、土桥闸与南旺分水枢纽遗址

2012 年度

河南栾川孙家洞旧石器遗址

江苏泗洪顺山集新石器时代遗址

四川金川刘家寨新石器时代遗址

陕西神木石峁遗址

新疆温泉阿敦乔鲁遗址与墓地

山东定陶灵圣湖汉墓

河北内丘邢窑遗址

内蒙古辽上京皇城西山坡佛寺遗址

重庆渝中区老鼓楼衙署遗址

贵州遵义海龙囤遗址

2013 年度

陕西宝鸡石鼓山西周墓地

湖北随州文峰塔东周墓地

山东沂水纪王崮春秋墓葬

湖南益阳兔子山遗址

四川成都老官山西汉木椁墓

河南洛阳新安汉函谷关遗址

陕西西安西汉长安城渭桥遗址

江苏扬州曹庄隋唐墓（隋炀帝墓）

四川石渠吐蕃时代石刻

江西景德镇南窑唐代遗址

2014 年度

广东郁南磨刀山遗址与南江旧石器地点群

河南郑州东赵遗址

湖北枣阳郭家庙曾国墓地

云南祥云大波那墓地

浙江上虞禁山早期越窑遗址

西藏阿里故如甲木墓地和曲踏墓地

内蒙古正镶白旗伊和淖尔墓群

河南隋代回洛仓与黎阳仓粮食仓储遗址

北京延庆大庄科辽代矿冶遗址群

贵州遵义新蒲播州杨氏土司墓地

2015 年度

云南江川甘棠箐旧石器遗址

江苏兴化、东台蒋庄遗址

浙江余杭良渚古城外围大型水利工程的调查与发掘

海南东南部沿海地区新石器时代遗存

陕西宝鸡周原遗址

湖北大冶铜绿山四方塘遗址墓葬区

江西南昌西汉海昏侯刘贺墓

河南洛阳汉魏洛阳城太极殿遗址

内蒙古多伦辽代贵妃家族墓葬

辽宁"丹东一号"清代沉船（致远舰）水下考古调查

2016 年度

宁夏青铜峡鸽子山遗址

贵州贵安新区牛坡洞洞穴遗址

湖北天门石家河遗址

福建永春苦寨坑原始青瓷窑址

陕西凤翔雍山血池秦汉祭祀遗址

北京通州汉代路县故城遗址

浙江慈溪上林湖后司岙唐五代秘色瓷窑址

上海青浦青龙镇遗址

山西河津固镇宋金瓷窑址

湖南桂阳桐木岭矿冶遗址

2017 年度

新疆吉木乃通天洞遗址

山东章丘焦家遗址

陕西高陵杨官寨遗址

宁夏彭阳姚河塬西周遗址

河南新郑郑韩故城遗址

陕西西安秦汉栎阳城遗址

河南洛阳东汉帝陵考古调查与发掘

江西鹰潭龙虎山大上清宫遗址

吉林安图宝马城金代长白山神庙遗址

四川彭山江口明末战场遗址

2018年度

广东英德青塘遗址

湖北沙洋城河新石器时代遗址

陕西延安芦山峁新石器时代遗址

新疆尼勒克吉仁台沟口遗址

山西闻喜酒务头商代墓地

陕西澄城刘家洼东周遗址

江苏张家港黄泗浦遗址

河北张家口太子城金代城址

重庆合川钓鱼城范家堰南宋衙署遗址

辽宁庄河海域甲午沉舰遗址（经远舰）水下考古调查

2019年度

陕西南郑疥疙洞旧石器时代洞穴遗址

黑龙江饶河小南山遗址

陕西神木石峁遗址皇城台

河南淮阳平粮台城址

山西绛县西吴壁遗址

甘肃敦煌旱峡玉矿遗址

湖北随州枣树林春秋曾国贵族墓地

新疆奇台石城子遗址

青海乌兰泉沟吐蕃时期壁画墓

广东"南海Ⅰ号"南宋沉船水下考古发掘项目

2020 年度

贵州贵安新区招果洞遗址

浙江宁波余姚井头山遗址

河南巩义双槐树遗址

河南淮阳时庄遗址

河南伊川徐阳墓地

西藏札达桑达隆果墓地

江苏徐州土山二号墓

陕西西安少陵原十六国大墓

青海都兰热水墓群2018血渭一号墓

吉林图们磨盘村山城遗址

2021 年度

四川稻城皮洛遗址

河南南阳黄山遗址

湖南澧县鸡叫城遗址

山东滕州岗上遗址

四川广汉三星堆遗址祭祀区

湖北云梦郑家湖墓地

陕西西安江村大墓

甘肃武威唐代吐谷浑王族墓葬群

新疆尉犁克亚克库都克烽燧遗址

安徽凤阳明中都遗址

2022年度

湖北十堰学堂梁子遗址

山东临淄赵家徐姚遗址

山西兴县碧村遗址

河南偃师二里头都邑多网格式布局

河南安阳殷墟商王陵及周边遗存

陕西旬邑西头遗址

贵州贵安新区大松山墓群

吉林珲春古城村寺庙址

河南开封州桥及附近汴河遗址

浙江温州朔门古港遗址

2023年度

山东沂水跋山遗址群

福建平潭壳丘头遗址群

安徽郎溪磨盘山遗址

湖北荆门屈家岭遗址

河南永城王庄遗址

河南郑州商都书院街墓地

陕西清涧寨沟遗址

甘肃礼县四角坪遗址

山西霍州陈村瓷窑址

南海西北陆坡一号、二号沉船遗址

附录二
世界考古论坛·上海"重大田野考古发现"
（2013—2023）

2013年度（第一届）

危地马拉塞哇遗址的早期祭祀遗迹和玛雅文明起源

印度南部历史早期手工业暨贸易中心库都马纳遗址的考古发掘

乌拉尔最古老的冶金祭祀场所

埃及吉萨金字塔城聚落考古

寻找消失的文明：良渚古城考古新发现

秘鲁亚马孙河上游古代神庙的考古研究

土耳其东南哥贝克力石阵：巨石神庙和新石器革命

墨西哥特奥蒂瓦坎庙宇建筑所体现的世界观和社会史

石峁：公元前两千纪中国北方石城

追踪迈锡尼拉科尼亚的统治者：迈锡尼王国宫殿聚落的发掘

2015年度（第二届）

揭秘北美印第安人建立的最早城市：卡霍基亚遗址东圣路易斯区的再发现和大规模发掘

土耳其马拉蒂亚狮子山遗址最早的宫殿区：国家起源新说

诺音乌拉古冢发掘新收获：中亚游牧人群的隐秘生活

技术的黎明：肯尼亚图卡纳湖发现距今330万年石器

埃及瓦迪伊尔加尔夫第四王朝胡夫法老时期海港的发现

伊特鲁里亚古城塔尔奎尼亚海港的格拉维斯卡希腊贸易站：苏里与卡娃塔圣所的最新发掘

墨西哥特奥蒂瓦坎羽蛇神庙地下隧道的调查

欧洲的早期城市化？乌克兰特里波耶文化巨型遗址

中国西南土司遗址考古调查和发掘：帝国扩张及其与边疆的动态关系

抢救考古揭示台湾5 000年的历史

2017年度（第三届）

东南亚岛屿热带雨林的觅食（狩猎采集）和耕作：5万年前婆罗洲岛尼亚洞穴的史前史

匈牙利南部下涅克新石器时代：一处公元前六千纪到前五千纪绵延1 300年的遗址

国王之水：大希律王在马萨达的水资源管理

印度尼西亚梁步亚洞穴佛罗勒斯人的序列和年代校对

墨西哥尤卡坦半岛尼格娄水下岩洞的考古探索

水资源控制、物品交换与仪式行为：新墨西哥州查科峡谷普韦布洛博尼托遗址的考古发掘

65 000年前居于澳洲的现代人类

伯利兹苏南图尼奇遗址A9号墓和第3、4号象形文字碑的发现及其政治意义

世界上利用最古老的深穴环境：法国布鲁尼克尔遗址和早期尼安德特人

长江中游地区史前文明的中心：石家河聚落考古新发现

2019年度（第四届）

史前克罗斯岛城市化与全球化的萌芽：爱琴海地区公元前三千年的第一次信

息革命

    安纳托利亚国家的出现与巩固：库尔土丘的考古发掘

    早期海上丝绸之路的全球化：克拉地峡系统和多元的历史

    非洲撒哈拉以南玻璃的考古研究

    圣胡安堡与帝国边界：贝里遗址所见的殖民历史过程

    多瑙河下游皮尔曲勒红铜时代的莫谷拉戈加纳土丘遗址

    卡劳洞穴和吕宋人的发现

    苏格兰奥克尼群岛布罗德加的尼斯遗址

    十五世纪秘鲁北部沿海儿童与骆驼的大规模献祭

    地下奢华：西汉海昏侯墓的考古发掘

2023年度（第五届）

    四川广汉三星堆遗址：古蜀荣光和中华文明多元一体的见证

    墨西哥阿瓜达—费尼克斯的早期纪念性建筑

    土耳其卡拉汉特佩的专用公共建筑群

    赞比亚卡兰博瀑布古木构件的发现、分析与解读

    乌克兰中部森林草原地区的超大型遗址群

    印度尼西亚苏拉威西早期洞穴艺术

    印度古吉拉特邦朱纳卡提亚墓地

    哥伦比亚亚马孙地区林多萨山地的彩色岩画

    玻利维亚亚马孙地区莫霍斯平原前西班牙时期的聚落

附录三
禁止出国（境）展览文物目录

随着我国改革开放的深化和对外文化交流的扩大，文物出国（境）展览呈现出日益繁荣的局面。但也因此加大了文物遭受损害的可能性，对文物的安全构成了潜在威胁。2002年国家文物局印发《首批禁止出国（境）展览文物目录》。2012年，国家文物局发布《第二批禁止出国境展览文物目录（书画类）》。2013年，国家文物局发布《第三批禁止出境展览文物目录》，此后称为"禁止出境展览文物"。

三批加在一起，共计195件（组）。

首批禁止出国（境）展览文物目录

序号	名称	时代	收藏单位
1	彩绘鹳鱼石斧图陶缸	新石器时代	中国国家博物馆
2	陶鹰鼎	新石器时代	中国国家博物馆
3	后母戊鼎（旧称司母戊鼎）	商	中国国家博物馆
4	利簋	西周	中国国家博物馆
5	大盂鼎	西周	中国国家博物馆
6	虢季子白盘	西周	中国国家博物馆
7	凤冠	明	中国国家博物馆
8	嵌绿松石象牙杯	商	中国社会科学院考古研究所

（续 表）

序号	名　　称	时代	收　藏　单　位
9	晋侯苏钟（一套14件）	西周	上海博物馆
10	大克鼎	西周	上海博物馆
11	太保鼎	西周	天津艺术博物馆
12	河姆渡出土朱漆碗	新石器时代	浙江省博物馆
13	河姆渡出土陶灶	新石器时代	浙江省博物馆
14	良渚出土玉琮王	新石器时代	浙江省文物考古研究所
15	水晶杯	战国	杭州市博物馆
16	淅川出土铜禁	春秋	河南博物院
17	新郑出土莲鹤铜方壶	春秋	河南博物院
18	齐王墓青铜方镜	西汉	山东省淄博博物馆
19	铸客大铜鼎	战国	安徽博物院
20	朱然墓出土漆木屐	三国	马鞍山市博物馆
21	朱然墓出土贵族生活图漆盘	三国	马鞍山市博物馆
22	司马金龙墓出土漆屏	北魏	大同市博物馆
23	娄睿墓鞍马出行图壁画	北齐	山西省考古研究院
24	涅槃变相碑	唐	山西博物院
25	常阳太尊石像	唐	山西博物院
26	大玉戈	商	湖北省博物馆
27	曾侯乙编钟	战国	湖北省博物馆
28	曾侯乙墓外棺	战国	湖北省博物馆
29	曾侯乙青铜尊盘	战国	湖北省博物馆
30	彩漆木雕小座屏	战国	湖北省博物馆

（续　表）

序号	名　　称	时代	收　藏　单　位
31	红山文化女神像	新石器时代	辽宁省文物考古研究所
32	鸭形玻璃注	北燕	辽宁省历史博物馆
33	青铜神树	商	四川省考古研究所
34	三星堆出土玉边璋	商	四川省考古研究所
35	摇钱树	东汉	绵阳市博物馆
36	铜奔马	东汉	甘肃省博物馆
37	铜车马	秦	秦俑博物馆
38	墙盘	西周	周原博物馆
39	淳化大鼎	西周	淳化县博物馆
40	何尊	西周	宝鸡青铜器博物院
41	茂陵石雕	西汉	茂陵博物馆
42	大秦景教流行中国碑	唐	西安碑林博物馆
43	舞马衔杯仿皮囊式银壶	唐	陕西历史博物馆
44	兽首玛瑙杯	唐	陕西历史博物馆
45	景云铜钟	唐	西安碑林博物馆
46	银花双轮十二环锡杖	唐	法门寺博物馆
47	八重宝函	唐	法门寺博物馆
48	铜浮屠	唐	法门寺博物馆
49	"五星出东方"护膊	东汉至魏晋	新疆考古研究所
50	铜错金银四龙四凤方案	战国	河北省文物研究所
51	中山王铁足铜鼎	战国	河北省文物研究所
52	刘胜金缕玉衣	西汉	河北省博物馆

(续　表)

序号	名　称	时代	收藏单位
53	长信宫灯	西汉	河北省博物馆
54	铜屏风构件5件	西汉	南越王墓博物馆
55	角形玉杯	西汉	南越王墓博物馆
56	人物御龙帛画	战国	湖南省博物馆
57	人物龙凤帛画	战国	湖南省博物馆
58	直裾素纱禅衣	西汉	湖南省博物馆
59	马王堆一号墓木棺椁	西汉	湖南省博物馆
60	马王堆一号墓T型帛画	西汉	湖南省博物馆
61	红地云珠日天锦	北朝	青海省文物考古研究所
62	西夏文佛经《吉祥遍至口和本续》纸本	西夏	宁夏文物考古研究所
63	青花釉里红瓷仓	元	江西省博物院
64	竹林七贤砖印模画	南朝	南京博物院

第二批禁止出国境展览文物目录（书画类）

序号	名　称	时代	收藏单位
书法作品			
1	陆机《平复帖》卷	西晋	故宫博物院
2	王珣《伯远帖》卷	东晋	故宫博物院
3	冯承素摹王羲之《兰亭序》卷	唐	故宫博物院
4	欧阳询《梦奠帖》卷	唐	辽宁省博物馆
5	国诠书《善见律》卷	唐	故宫博物院

(续　表)

序号	名　　称	时　代	收　藏　单　位
6	怀素《苦笋帖》卷	唐	上海博物馆
7	杜牧《张好好诗》卷	唐	故宫博物院
8	唐人《摹王羲之一门书翰》卷	唐	辽宁省博物馆
9	杨凝式《神仙起居法帖》卷	五代	故宫博物院
10	林逋《自书诗》卷	北宋	故宫博物院
11	蔡襄《自书诗》卷	北宋	故宫博物院
12	文彦博《三帖卷》	北宋	故宫博物院
13	韩琦《行楷信札卷》	北宋	贵州省博物馆
14	王安石《楞严经旨要》卷	北宋	上海博物馆
15	黄庭坚《诸上座》卷	北宋	故宫博物院
16	米芾《苕溪诗》卷	北宋	故宫博物院
17	赵佶《草书千字文》卷	北宋	辽宁省博物馆
绘画作品			
18	展子虔《游春图》卷	隋	故宫博物院
19	韩滉《五牛图》卷	唐	故宫博物院
20	周昉《挥扇仕女图》卷	唐	故宫博物院
21	孙位《高逸图》卷	唐	上海博物馆
22	王齐翰《勘书图》卷	五代	南京大学
23	周文矩《重屏会棋图》卷	五代	故宫博物院
24	胡瓌《卓歇图》卷	五代	故宫博物院
25	顾闳中《韩熙载夜宴图》卷	五代	故宫博物院
26	卫贤《高士图》轴	五代	故宫博物院

（续　表）

序号	名　　称	时代	收藏单位
27	董源《山口待渡图》卷	五代	辽宁省博物馆
28	黄筌《写生珍禽图》卷	五代	故宫博物院
29	王诜《渔村小雪图》卷	北宋	故宫博物院
30	梁师闵《芦汀密雪图》卷	北宋	故宫博物院
31	祁序《江山牧放图》卷	北宋	故宫博物院
32	李公麟《摹韦偃牧放图》卷	北宋	故宫博物院
33	张择端《清明上河图》卷	北宋	故宫博物院
34	王希孟《千里江山图》卷	北宋	故宫博物院
35	马和之《后赤壁赋图》卷	南宋	故宫博物院
36	赵伯骕《万松金阙图》卷	南宋	故宫博物院
37	宋人摹阎立本《步辇图》卷	宋代	故宫博物院

第三批禁止出境展览文物目录

序号	名　　称	时代	收藏单位	备　　注
一、青铜器类				
1	商子龙鼎	商	中国国家博物馆	
2	商四羊方尊	商	中国国家博物馆	1938年湖南宁乡月山铺出土
3	商龙纹兕觥	商	山西博物院	1959年山西石楼桃花庄出土
4	商大禾方鼎	商	湖南省博物馆	1959年湖南宁乡出土
5	商铜立人像	商	广汉三星堆博物馆	1986年四川广汉三星堆遗址2号祭祀坑出土

（续　表）

序号	名　　称	时代	收藏单位	备　注
6	西周天亡簋	西周	中国国家博物馆	
7	西周伯矩鬲	西周	首都博物馆	1975年北京房山琉璃河燕国墓地251号墓地出土
8	西周晋侯鸟尊	西周	山西博物院	1992年山西曲沃北赵村晋侯墓地114号墓出土
9	西周㝬簋	西周	周原博物馆	1978年陕西扶风法门镇齐村出土
10	西周逨盘	西周	宝鸡青铜器博物院	2003年陕西眉县杨家村窖藏出土
11	春秋越王勾践剑	春秋	湖北省博物馆	1965年湖北江陵望山出土
12	战国商鞅方升	战国	上海博物馆	
13	战国错金银镶嵌丝网套铜壶	战国	南京博物院	1982年江苏盱眙南窑庄出土
14	西汉诅盟场面贮贝器	西汉	中国国家博物馆	云南晋宁石寨山出土
15	西汉彩绘人物车马镜	西汉	西安博物院	1963年陕西西安红庙坡出土
16	西汉杀人祭柱场面贮贝器	西汉	云南省博物馆	云南晋宁石寨山出土
二、陶瓷类				
1	新石器时代仰韶文化彩陶人面鱼纹盆	新石器时代	中国国家博物馆	1955年陕西西安半坡遗址出土
2	新石器时代马家窑文化彩陶舞蹈纹盆	新石器时代	中国国家博物馆	1973年青海大通上孙家寨出土

（续　表）

序号	名　称	时代	收藏单位	备　注
3	新石器时代马家窑文化彩陶贴塑人纹双系壶	新石器时代	中国国家博物馆	1974年青海乐都柳湾墓葬出土
4	新石器时代仰韶文化彩陶网纹船形壶	新石器时代	中国国家博物馆	1958年陕西宝鸡北首岭遗址出土
5	新石器时代龙山文化彩绘蟠龙纹陶盘	新石器时代	中国社会科学院考古研究所	1980年山西襄汾陶寺遗址第3072号墓出土
6	新石器时代仰韶文化彩陶人形双系瓶	新石器时代	甘肃省博物馆	1973年甘肃秦安邵店大地湾出土
7	新石器时代大汶口文化彩陶八角星纹豆	新石器时代	山东省文物考古研究所	1974年山东泰安大汶口遗址出土
8	吴"永安三年"款青釉堆塑谷仓罐	三国吴	故宫博物院	1935年浙江绍兴出土
9	吴"赤乌十四年"款青釉虎子	三国吴	中国国家博物馆	1955年江苏省南京赵士岗吴墓出土
10	吴青釉褐彩羽人纹双系壶	三国吴	南京市博物馆	1983年江苏南京雨花区长岗村出土
11	西晋青釉神兽尊	西晋	南京博物院	1976年江苏宜兴周处家族墓出土
12	北齐青釉仰覆莲花尊	北齐	中国国家博物馆	1948年河北景县封氏墓群出土
13	北齐白釉绿彩长颈瓶	北齐	河南博物院	1971年河南安阳范粹墓出土
14	隋白釉龙柄双联传瓶	隋	天津博物馆	
15	唐青釉凤首龙柄壶	唐	故宫博物院	

（续　表）

序号	名　　称	时代	收藏单位	备　　注
16	唐鲁山窑黑釉蓝斑腰鼓	唐	故宫博物院	
17	唐代陶骆驼载乐舞三彩俑	唐	中国国家博物馆	1957年西安鲜于庭海墓出土
18	唐长沙窑青釉褐蓝彩双系罐	唐	扬州博物馆	1974年江苏扬州石塔路出土
19	唐越窑青釉褐彩云纹五足炉	唐	临安市文物馆	1980年浙江临安水邱氏墓出土
20	唐长沙窑青釉褐彩贴花人物纹壶	唐	湖南省博物馆	1973年湖南衡阳出土
21	唐三彩骆驼载乐俑	唐	陕西历史博物馆	1959年陕西西安中堡村唐墓出土
22	五代耀州窑摩羯形水盂	五代	辽宁省博物馆	1971年辽宁北票水泉辽墓出土
23	五代越窑莲花式托盏	五代	苏州博物馆	1956年江苏苏州虎丘云岩寺塔出土
24	五代耀州窑青釉刻花提梁倒流壶	五代	陕西历史博物馆	1968年陕西彬县出土
25	北宋汝窑天青釉弦纹樽	北宋	故宫博物院	
26	北宋官窑弦纹瓶	北宋	故宫博物院	
27	北宋钧窑月白釉出戟尊	北宋	故宫博物院	
28	北宋定窑白釉刻莲花瓣纹龙首净瓶	北宋	定州市博物馆	1969年河北定县净众院塔基地宫出土
29	北宋官窑贯耳尊	北宋	吉林省博物院	
30	宋登封窑珍珠地划花虎豹纹瓶	宋	故宫博物院	

（续　表）

序号	名　　称	时代	收藏单位	备　注
31	元青花萧何月下追韩信图梅瓶	元	南京市博物馆	江苏南京印堂村观音山沐英墓出土
32	元蓝釉白龙纹梅瓶	元	扬州博物馆	
三、玉器类				
1	新石器时代红山文化玉龙	新石器时代	中国国家博物馆	1971年内蒙古翁牛特旗赛沁塔拉村出土
2	新石器时代良渚文化神人兽面纹玉钺	新石器时代	浙江省博物馆	1986年浙江余杭反山12号墓出土
3	夏七孔玉刀	夏	洛阳博物馆	1975年河南偃师二里头遗址出土
4	西周晋侯夫人组玉佩	西周	山西博物院	1992年山西曲沃M63墓（晋穆侯次夫人墓）出土
5	战国多节活环套练玉佩	战国	湖北省博物馆	1978年湖北随县曾侯乙墓出土
6	西汉"皇后之玺"玉玺	西汉	陕西历史博物馆	1968年陕西咸阳汉高祖长陵附近发现
7	东汉镂雕东王公西王母纹玉座屏	东汉	定州市博物馆	1969年河北定州中山穆王刘畅墓出土
8	西晋神兽纹玉樽	西晋	湖南省博物馆	1991年湖南安乡西晋刘弘墓出土
9	元"统领释教大元国师之印"龙钮玉印	元	西藏博物馆	
四、杂项类				
1	商太阳神鸟金箔片	商	成都金沙遗址博物馆	2001年四川成都金沙遗址出土

（续　表）

序号	名　　称	时　代	收藏单位	备　　注
2	商金杖		广汉三星堆博物馆	
3	战国包金镶玉嵌琉璃银带钩	战国	中国国家博物馆	1951年河南辉县固围村5号战国墓出土
4	西汉"滇王之印"金印	西汉	中国国家博物馆	1956年云南晋宁石寨山古墓群出土
5	西汉错金银镶松石狩猎纹铜伞铤	西汉	河北省文物研究所	
6	唐龟负论语玉烛酒筹鎏金银筒	唐	镇江博物馆	1982年江苏丹徒丁卯桥唐代窖藏出土
7	战国彩绘乐舞图鸳鸯形漆盒	战国	湖北省博物馆	1978年湖北随县曾侯乙墓出土
8	西汉识文彩绘盝顶长方形漆奁	西汉	湖南省博物馆	1973年湖南长沙马王堆3号墓出土
9	西汉黑漆朱绘六博具	西汉	湖南省博物馆	1973年湖南长沙马王堆3号墓出土
10	吴彩绘季札挂剑图漆盘	三国吴	安徽省文物考古研究所	1984年安徽马鞍山三国吴朱然墓出土
11	吴皮胎犀皮漆鎏金铜釦耳杯（2件）	三国吴	安徽省文物考古研究所	1984年安徽马鞍山三国吴朱然墓出土
12	北宋木雕真珠舍利宝幢（含木函）	北宋	苏州博物馆	1978年江苏苏州瑞光寺塔出土
13	新石器时代大汶口文化象牙梳	新石器时代	山东省博物馆	1959年山东泰安大汶口遗址出土
14	新石器时代河姆渡文化双鸟朝阳纹象牙雕刻器	新石器时代	浙江省博物馆	1977年浙江余姚河姆渡遗址出土
15	隋绿玻璃盖罐	隋	中国国家博物馆	1957年陕西西安李静训墓出土

（续 表）

序号	名　称	时 代	收藏单位	备　注
16	隋绿玻璃小瓶	隋	中国国家博物馆	1957年陕西西安李静训墓出土
17	汉红地对人兽树纹罽袍	汉	新疆维吾尔自治区文物考古研究所	1995年新疆尉犁营盘遗址墓地出土
18	北魏刺绣佛像供养人	北魏	敦煌研究院	1965年甘肃敦煌莫高窟出土
19	北朝方格兽纹锦	北朝	新疆维吾尔自治区博物馆	1968年新疆吐鲁番阿斯塔那北区99号墓出土
20	北宋灵鹫纹锦袍	北宋	故宫博物院	1953年新疆阿拉尔出土
21	战国石鼓（1组10只）	战国	故宫博物院	
22	唐昭陵六骏石刻（什伐赤、白蹄乌、特勒骠、青骓4幅）	唐	西安碑林博物馆	1950年原陕西历史博物馆移交
23	宋拓西岳华山庙碑册（华阴本）	宋	故宫博物院	
24	明曹全碑初拓本（"因"字不损本）	明	上海博物馆	
25	唐写本王仁煦《刊谬补缺切韵》	唐	故宫博物院	
26	北宋刻开宝藏本《阿惟越致经》（1卷）	北宋	中国国家图书馆	
27	北宋刻本《范仲淹文集》（30卷）	北宋	中国国家图书馆	
28	唐章怀太子墓壁画马球图（1组）	唐	陕西历史博物馆	

（续 表）

序号	名　称	时代	收藏单位	备　注
29	唐章怀太子墓壁画狩猎出行图（1组）	唐	陕西历史博物馆	
30	唐懿德太子墓壁画阙楼图（1组）	唐	陕西历史博物馆	
31	唐永泰公主墓壁画宫女图（1组）	唐	陕西历史博物馆	
32	战国简《金縢》	战国	清华大学	
33	战国郭店楚简《老子（甲、乙、丙）》	战国	荆门市博物馆	
34	战国楚简《孔子诗论》	战国	上海博物馆	
35	秦云梦睡虎地秦简《语书》	秦	湖北省博物馆	
36	秦简《数》	秦	湖南大学	
37	西汉马王堆汉墓帛书《周易》	西汉	湖南省博物馆	

附录四
中国世界遗产名录（1987—2024）

文化遗产（34项）

长城（黑龙江、吉林、辽宁、河北、天津、北京、山东、河南、山西、陕西、甘肃、宁夏、青海、内蒙古、新疆）

莫高窟（甘肃）

明清皇宫（北京故宫，北京；沈阳故宫，辽宁）

秦始皇陵及兵马俑（陕西）

周口店北京人遗址（北京）

拉萨布达拉宫历史建筑群（含罗布林卡和大昭寺）（西藏）

承德避暑山庄及其周围寺庙（河北）

曲阜孔庙、孔林和孔府（山东）

武当山古建筑群（湖北）

丽江古城（云南）

平遥古城（山西）

苏州古典园林（江苏）

北京皇家祭坛—天坛（北京）

北京皇家园林—颐和园（北京）

大足石刻（重庆）

龙门石窟（河南）

明清皇家陵寝（明显陵，湖北；清东陵，河北；清西陵，河北；明孝陵，江苏；明十三陵，北京；盛京三陵，辽宁）

青城山—都江堰（四川）

皖南古村落—西递、宏村（安徽）

云冈石窟（山西）

高句丽王城、王陵及贵族墓葬（吉林、辽宁）

澳门历史城区（澳门）

殷墟（河南）

开平碉楼与村落（广东）

福建土楼（福建）

登封"天地之中"历史建筑群（河南）

元上都遗址（内蒙古）

大运河（北京、天津、河北、山东、河南、安徽、江苏、浙江）

丝绸之路：长安—天山廊道的路网（河南、陕西、甘肃、新疆）

土司遗址（湖南、湖北、贵州）

鼓浪屿：历史国际社区（福建）

良渚古城遗址（浙江）

泉州：宋元中国的世界海洋商贸中心（福建）

北京中轴线——中国理想都城秩序的杰作（北京）

自然遗产（15项）

黄龙风景名胜区（四川）

九寨沟风景名胜区（四川）

武陵源风景名胜区（湖南）

云南三江并流保护区（云南）

四川大熊猫栖息地（四川）

中国南方喀斯特（云南、贵州、重庆、广西）

三清山国家公园（江西）

中国丹霞（贵州、福建、湖南、广东、江西、浙江）

澄江化石地（云南）

新疆天山（新疆）

湖北神农架（湖北）

青海可可西里（青海）

梵净山（贵州）

中国黄（渤）海候鸟栖息地（第一期，江苏；第二期，上海、山东、河北、辽宁）

巴丹吉林沙漠—沙山湖泊群（内蒙古）

文化和自然混合遗产（4项）

泰山（山东）

黄山（安徽）

峨眉山—乐山大佛（四川）

武夷山（福建）

文化景观（6项）

庐山国家公园（江西）

五台山（山西）

杭州西湖文化景观（浙江）

红河哈尼梯田文化景观（云南）

左江花山岩画文化景观（广西）

普洱景迈山古茶林文化景观（云南）

后记　考古不是挖宝

2007年是我入考古之门的第三十个年头。在自己专业生涯的"而立之年",不出专业书,却写大众书,我觉得挺值当。因为我一直认为,虽然考古现在还是冷门学科,从业者不多,尚不是大众之学,但也绝不是小众之学。考古学家习惯了在象牙塔里做道场,可考古之花,墙外也香。

曾经挺诚心地把写成的草稿捧给几位业内的朋友看,他们多是翻了翻就撂在一边,说这是给初中生看的。听后,我第一个感觉挺欣慰,因为不论你是高端人物,还是草根百姓,只要一走出自己的专业领域,顶多也就是初中水平,说明这书找准了定位。同时,我听后的第二个感觉是有点伤感,因为我知道业内的朋友们无暇顾及此道,给足我面子的潜台词里包含着不务正业的嗔怪。这应了我写本书之前的两个忧虑:一是我能不能写出新意,二是我在圈内的名声会不会糟糕起来。

其实名声不太重要,因为我本来也没什么名,最多是背上骂名,在圈里混不下去。可是能不能写出新意我却很在意,如果圈内人不喜欢,圈外人看着没劲,那就白忙乎了。欣慰的是,几个圈外的朋友口碑不错,还说和常见的写考古发现的书不太一样。上海大学的老友张雨声甚至说他是连夜一口气读完的,并建议我如何改进。他从事图书情报学研究,能掺和进来谈考古,说明他看懂了。后来我还给我的朋友和学生们传阅,梁睿红、王太一、刘晓婧及冯小妮等还提了修订意见,删改了许多难懂的专业句式——对我而言,大众能读懂才最重要。尽管把专业写到初中生看得懂,着实很难很难。

其实，叫我逐步认识到这个重要性的，是两位德高望重的前辈。一是苏秉琦先生，一是张忠培先生。后者是我的业师，前者是我业师的业师。这二位，都是中国考古大众化的倡导者。

苏先生在《六十年圆一梦》中说过他的考古梦："考古是人民的事业，不是少数专业工作者的事业。"他甚至憧憬道："21世纪的中国考古学已在眼前，梦不再是梦。人民大众的、真正科学的中国考古等待着我们开拓。路已打通，让我们举起双手迎接新世纪的到来吧！"一位85岁高龄的老人，在晚年还能如此积极地挥洒他的激情，让我从中受到了专业理想主义的熏染。

张先生对此的解读是："苏秉琦先生在晚年，特别注重科学的大众化问题。所以，人们期望在新的世纪，一流的考古学家在努力吸引更多的青年菁英加盟之外，

本书作者与苏秉琦先生等合影

本书作者和吉林大学1985级硕士同学乔梁、赵宾福、关强毕业论文答辩后，与答辩委员会诸位先生的合影。其时，导师张忠培先生已从吉林大学调任故宫博物院院长。前排坐者为苏秉琦，立者左起：李伯谦、陈雍、严文明、乔梁、李伊萍、黄景略、赵宾福、张忠培、关强、高蒙河。

还能深入浅出地向公众介绍考古学的原理和成就。考古学本来就是关于人的科学，有必要让更多的人们了解和关心它。"这难道不正如《孟子·尽心下》所说"言近而指远者，善言也。守约而施博者，善道也"一样？2006年底，张先生在安徽参加会议时与我聊天说，考古如何大众化，他已经思考了很久。对于考古学家而言，大众化不是普及基础上的提高，而是提高基础上的普及。这既是张先生为中国考古学大众化设计的路径，也是给我的新功课。现在书写好了，心仍忐忑，不知道这本书，是否及格？

最后要说的是，对于中国考古学来讲，2007年是我们敬仰的苏秉琦先生逝世10周年；对于我个人而言，还是他1988年在故宫做我的硕士毕业论文答辩委员会主席20周年。这里，请允许我谨以此书，献给苏秉琦和张忠培两位先生，以及他们所引领的中国考古大众化历程！

高蒙河

2007年春节初稿于上海复旦大学

2008年初秋定稿于浙江良渚古城

增订本后记　致敬考古，感谢时代

《考古不是挖宝》这本书已出版15年了，一直也没再版。我倒是见到过几种盗版，也没去维权，就不说它了。

不说是不说了，但既然有盗版，就说明市面有需求，社会需要考古，公众乐享考古，盗版可鄙，考古无辜。

我想说的是，《考古不是挖宝》这个书名，后来变成了我常讲常新的科普考古话题。因为考古常有新成果面世，我做PPT时就不断补订进去。谁找我讲座，我就问对方：聊这个话题行不？他们说好。一来二去，十几年嘚吧下来，不说上百场，几十场也是有的。不仅说明这类书有看客，也说明这类话题有听众缘。

现在有了社会缘和公众缘的考古，时光流转回15年之前甚至之前的之前，那可不是一般的冷门，而是冷到考古门前地上霜。举个例子，我那时每年参加学校组织的高考招生咨询，各院系都分得一个摊位，拉横幅，挂彩旗，造声势。考古的摊头好像是最没生缘的，人家那边都是门庭若市，我们这边却是门可罗雀。偶尔有个家长来问，问的不是学什么，而是问毕业能分到什么单位工作，待遇好不好，工资高不高。好不容易看到有个女考生来到摊前，还没等她张口，就见妈妈挡过来，母女俩的对话是这样的：

"考古那么苦，一天到晚钻山沟，你学啥不好学考古？"

"我喜欢嘛！"

"你喜欢我不喜欢！你敢学考古，我和你爸就不给你出学费！"

对话到此结束，女生被拉着手拽走。我这边厢，却只能是摇头，是垂头，是无奈，是无可奈何花落去。

当然，这是极个别的例子，却也如实反映出那时考古给人的印象，不是挺酷，而是挺苦，不是享福，而是吃苦。吃苦不适合女生，就招的男生多，我们1978级吉林大学考古专业班，19个男生，1个女生，女生被男生们宠成了女神。1988级考古班招进来20个"光榔头"，被戏称为"和尚班"，用现在的话说，其实就是男神班。

现而今考古男神班不可能再出现了，因为考古女神班已经实现了逆袭。我虽然没听说全女生建制的考古班，可一个班上只有一两个男生，也是时有耳闻。正可谓三十年河东又河西，盖因时代变了，社会变了，考古变了，考古人也变了。

考古冷门不冷门？不那么冷门了。考古热门没热门？也没那么热门。这种社会现象的变化如果从社会学视角观察，大致存在两个基础原因：一个是主观的原因，一个是客观的原因。

主观因素的变化是，现在考生选择专业方向，有了更多的自主意识，自发性变成了自觉性。按照自己的喜好和兴趣来选专业，越来越纳入考生的人生规划中。他们注重的不仅是衣食住行的生存权，而是实现人生价值的发展权。而伴随着这种选择取向的增长基础或者说底层逻辑，是中国已经和正在出现的中产家庭或中产阶层。这类家庭和阶层的家长们，不少都受过高等教育，大都是成才路上和成功途中的亲历者和当事人，他们理解、愿意、能够、足以支持孩子做自己的选择，而不再"横扒拉竖挡"式地让孩子按长辈意愿、替晚辈选择那种"包办高考"了。

客观原因是考古老钻山沟的方式改变了，也就是不再那么艰苦了。即便还去山里，但山里的衣食住行条件早已"换了人间"。20世纪90年代，我在日本参加发掘时，就非常羡慕日本考古人员都是开着车去考古的，连应召来的挖土志愿者也都是开着车来出工，工地周边停满了车，简直是在车展嘉年华。30年过去了，我们的考古工地尽管还没做到，但交通的便捷早已和过去不可同日而语。其他的生活方便程度在这也不必一一细数，想象一下越来越现代化的农村，答案不言自明。而今，农村有考古，郊区有考古，城里也有了考古，上海甚至近几年还提出了"海派城市考古",虽然此考古非纯考古,但"农村包围城市"式的考古局面,已是时可见考古工地在野,偶可看考古大棚在城了。过去考古人老是拿自己开涮,经常自嘲地说"远看是挖土的,近看是考古的",过去的考古也的确就是"面朝黄土背朝天,动手动脚找东西"式的考古,可现在不一样了,虽说做不到每个考古都能像三星堆遗址那样在遮风避雨、恒温保湿的"太空舱"里考古,但在钢架大棚或充气大棚里做野外考古的条件,已经一改以往那种风餐露宿的考古形象了。

这种局面的改变,也来自考古学科在变,考古学科的目标在变,相关的培养方式、学习方式、就业方式、成才方式都在变。首先,考古专业由一直以来历史学科下的二级学科,变成了一级学科。过去的二级学科的考古学以发现和研究历史为圭臬,属于基础学科,以培养科研人才为主。而升为一级学科后的考古学,走出了纯学术的"象牙塔",加持了更多的应用学科成分,像博物馆学、文化遗产学、科技考古学、文物保护学等,连过去大家无暇顾及甚至不屑一顾的活化利用、公众考古、研学教育也越来越得到认可。其次,考古学科结构的调整、优化和完善,使学生的学习面宽了,选择项多了,择业面广了,建功立业的机会多了。过去一个考古研究所招人,清一色都招能做田野考古的,现在可能还会招做文物保护的、科技考古的、公众考古的。

凡此种种,就不必再铺陈絮叨了,还是说回《考古不是挖宝》吧。

2023年夏,我在安徽参加一个考古论坛,一个帅小伙子自报家门,鞠躬作揖感谢我。我不认识他,一下子蒙住了。他说:高老师,我是看了您写的考古书,才报考了考古专业的,毕业后到了考古所工作,实现了我的考古梦。《考古不是挖宝》是我看过的"考古第一爽文"!听他这话,我一下子没反应过来,但周边一帮人已在哈哈大笑。原来一本考古科普小册子,居然还能改变一个人的人生?!善哉善哉!

2023年末,我在四川绵阳参加央视网举办的"2023,一起阅过"年度阅读盛典活动,央视主持人康辉作为社科类荐书人,推介我继《考古不是挖宝》之后的考古科普新书《考古真好》。叫我感动的是,一个绵阳中学的女生专程来见我,说看过我的书，是我"考古老高"微博的常客，立志报考考古专业。于是，我主动提出和她合影，告诉她可以发朋友圈，借以立志，借以考古。

社会需要考古，考古需要社会。《考古不是挖宝》就这样进入了我的增订再版快车道，甚至在2024龙年到来前后的除夕夜和大年初一，我都未敢懈怠地伴着窗外的爆竹声声，增删赶稿，除旧迎新。

感谢上海古籍出版社的邀约，感谢副社长吴长青，感谢编辑宋佳，感谢在我增订过程中付出辛劳的宋雨晗、赵荦、胡芳博以及梁威、王浩南各位同道。

当然，最要致敬的是一百年来的中国考古！最要感谢的是被我赶上了的这个建设具有中国特色、中国风格、中国气派的考古学时代！

2024年元宵节之夜于上海虹桥